Hartmut Roder (Hg.)

Piraten

Die Herren der Sieben Meere

EDITION TEMMEN

Inhalt

Hartmut Roder
  Einleitung   6

David Cordingly
  Piraten – Die Herren
  der Sieben Meere   8

Robert Bohn
  Ein Streifzug durch die Geschichte
  der Piraterie   14

Helke Kammerer-Grothaus
  Von Argonauten und Piraten
  in der Antike   22

Ulrich Weidinger
  Die Wikingereinfälle im Bereich
  der südlichen Nordseeküste   26

Hartmut Roder
  Klaus Störtebeker –
  Häuptling der Vitalienbrüder   36

Renate Niemann
  »Wo zu Bremen etliche
  Seeräuber hingerichtet
  worden sind«   44

Detlef Quintern
  Bremer Sklaven in Afrika?   48

Hartmut Roder
  Kaperer und Freibeuter
  im Kampf um die Schätze
  der Neuen Welt   64

Barry Clifford
Meine Suche
nach den Whydah-Piraten 80

Udo Allerbeck
Piraterie in China 84

Jann M. Witt
»Vor den Kapern
hatte ich viel mehr Furcht,
wie vor Seegefahren« 90

Heide Menge
Piratenbräute
und andere Weibsbilder 100

P. Mukundan
Piraterie und bewaffnete
Raubüberfälle auf Schiffe 108

Doris Möller
Produktpiraten:
Die Seeräuber des
20. Jahrhunderts 114

Uwe Strohbach
Von Software-
und Musikpiraten 120

Peter René Becker
Piratenhaftes in der Natur 124

Kay Hoffmann
Unterm Pflaster liegt der Strand –
Einige Anmerkungen
zum Piraten im Film 130

Peter Kuckuk
Über die Vorbildfunktion
von Seeräubern –
Piratengeschichten
in Kinderbüchern 136

Karin Kuckuk
Der Rote Korsar –
ein Comic 144

Peter Kuckuk
Die Beschädigung
eines Berufsbildes 148

Glossar 153

Ausgewählte Literatur 156

Autoren 157

Impressum 159

Hartmut Roder

Einleitung

Die Geschichte der Piraterie umfaßt einen nachgewiesenen Zeitraum von mehr als 3000 Jahren, der Raub ist so alt wie die Menschheit selbst. Somit haben Piraten, Seeräuber, Bukanier, Flibustiers, Kaperkapitäne, Freibeuter und Korsaren das Geschehen und das Bild der Welt entscheidend mitbestimmt. Piraterie wurde Teil einer weltweiten Verkehrsform, von der Goethe im *Faust* bemerkte: »Krieg, Handel und Piraterie. Dreieinig sind sie nicht zu trennen.« Die Geschichte der Piraterie ist unlösbar verflochten mit der Handels-, Kriegs-, Sozial- und Rechtsgeschichte und sie erlebt im Zeitalter der Globalisierung von Handel, Finanzen und Informationen völlig neue Formen und Dimensionen.

Von der »Renaissance der Seeräuberei« bis zum Fälschen und Nachahmen von Textilien, Medikamenten, Autoteilen, CD-Roms, wertvoller Software oder Produkten des alltäglichen Bedarfs reicht das Einsatzgebiet der »modernen« Piraten des 21. Jahrhunderts, deren Feld nunmehr die ganze Warenwelt ist. Die modernen Piraten haben fast endgültig die Weite der Meere gegen die Unendlichkeit realer und virtueller Märkte ausgetauscht. Man findet kaum noch einen gesellschaftlichen Bereich, der nicht Ziel von piratenhaften Übergriffen ist. Piraterie ist zum kriminellen internationalen Wachstumsmarkt mit glänzenden Zukunftsaussichten geworden. Schon lange reicht die Definition der UN-Seerechtskonvention von 1982 nicht mehr aus. Piraterie ist demzufolge nicht

mehr nur »ein zum Zwecke der privaten Bereicherung durchgeführter Angriff auf ein Schiff auf See, bei dem Gewalt ausgeübt wird, Personen oder Eigentum illegal festgehalten oder Waren gestohlen bzw. zerstört werden.« Die Piraten selbst, ihre Motive, ihre Herkunft, ihre Mittel, ihr Aktionsraum und ihre Erfolgsaussichten haben sich stark gewandelt und stellen schon lange kein einheitliches soziales Phänomen mehr dar, das einfach zu analysieren und eindeutig zu interpretieren und zu bewerten wäre.

Trotz Mord, Totschlag und brutaler Übergriffe und obwohl das Leben dieser gesetzlosen Draufgänger zumeist nur kurz, intensiv und nicht selten äußerst entbehrungsreich ist, ist die Piraterie in all ihren Facetten weiterhin von einer Aura romantischer Verklärung und geheimnisvoller Anziehungskraft umgeben. Schon die historischen Vitalienbrüder oder Freibeuter kündeten von einer freien Existenz, sie durchquerten nach Lust und Laune die unendlichen Weiten der Meere auf der Suche nach einem Dasein, das nicht mehr von der Plackerei und Einförmigkeit des Alltags bestimmt war. Auch ihre parasitäre Existenz, die von der Arbeit anderer Leute lebte, tat der Bewunderung von Abenteuerei und Heldentum keinen Abbruch. Damit reiht sich die Piratenfigur in ihrer Klischeehaftigkeit als Bösewicht oder romantischer Held ein in die Reihe ähnlicher Typen, wie den Cowboys, Zwerge oder Hexen. Piraten nähren anscheinend die attraktive Hoffnung vieler Menschen auf ein anderes neues Leben, das sich mit dem zeitlosen Traum vom schnellen Wohlstand und vom Wirtschaften zum eigenen Vorteil verbindet.

Weil Piraten stets schwer faßbare, kaum Spuren hinterlassende Gestalten waren und sind, die urplötzlich angreifen und im Nichts verschwinden, will der vorliegende Katalog mehr Licht ins Dunkel der Vergangenheit und Gegenwart bringen. Indem der aktuelle Stand der historischen Seeräuberforschung von der Antike bis in die Gegenwart zusammengefaßt und diskutiert wird, soll der Verschmelzung von geschichtlicher Wirklichkeit und phantasiereicher Dichtung in Abenteurerromanen sowie auf Bühne und Leinwand entgegengewirkt werden.

Dabei wird den Piraten der Freien Hansestadt Bremen und der »Whydah« – dem bislang einzig weitgehend geborgenen originalen Piratenschiff – erstmals ein spezielles Augenmerk zuteil, denn Bremen ist die erste Station der gleichzeitig zu diesem Buch veranstalteten Austellung »Piraten – Die Herren der Sieben Meere«. Die einzigartigen Funde der »Whydah« stehen im Mittelpunkt dieser Ausstellung.

Um sich dem fortwährenden Glanz und der emotionalen Anziehungskraft sowie dem anhaltend positiven Image der Piraten anzunähern, wird das Piratenbild im Film, im Kinderbuch und im Comic untersucht. Daß Piraterie heutzutage keinesfalls mehr mit Seeräuberei gleichzusetzen ist, machen die Autoren der Beiträge über Piratenhaftes in der Natur und über Produkt- und Softwarepiraten deutlich.

Die vorliegende Darstellung erhebt keinerlei Anspruch auf Vollständigkeit, weder in der historischen Analyse, noch in der literarischen Rezeptionsgeschichte und dem sich ständig ausweitenden Feld der Produkt- oder Ideenpiraterie. Sie beleuchtet mosaikartig verschiedene Aspekte eines immerwährend spannenden und vor allem aktuellen Themas, welches weiterer Aufklärung bedarf und gleichzeitig immer wieder sehr unterhaltsam ist.

David Cordingly

Piraten

Die Herren der Sieben Meere

»Sie kommen im Mondschein«
betitelte Frank Schoonover dieses
Gemälde eines Piratenangriffs.

Vor wenigen Jahren entdeckte man ein Wrack
in den Gewässern North-Carolinas. Die Lage
des Wracks sowie die Größe und das Alter
der Waffen, die man bergen konnte, weisen
darauf hin, dass es sich mit an Sicherheit gren-
zender Wahrscheinlichkeit um die Überbleib-
sel der *Queen Anne's Revenge* handelt, dem
Schiff, das einst der legendäre Pirat Blackbeard kommandierte, der berüchtigste und
schillerndste Seeräuber in der Karibik. Die
Entdeckung erregte ein großes öffentliches
Interesse, Zeitungen und Fernsehsender hielten ihr Publikum über die Unterwasser-
arbeiten auf dem Laufenden. Erst vor kurzem konnte der Forscher Barry Clifford ein
weiteres Wrack vor der Küste von Madagaskar lokalisieren, vermutlich Käpt'n Kidds
Schiff. Wieder füllten sich die Zeitungsseiten
und die Fernsehprogramme. Barry Cliffords
frühere Entdeckung des Piratenschiffs *Whydah*,
das 1718 vor der Küste Cape Cods sank, hatte endlose Debatten und Zeitungskolumnen
zur Folge. Warum konnten diese Wracks so
viel Aufmerksamkeit gewinnen, und was fas-
ziniert und so an den Piraten?

Obwohl es nur wenige von ihnen verdienten, haben Piraten ein merkwürdig romantisches Image erworben. Ein Teil ihrer Anziehungskraft beruht darauf, dass man sie als
Freigeister und Rebellen gegen jede Autorität ansieht. Das Leben der meisten von uns
ist vorhersagbar. Wir fügen uns den Regeln
der Gesellschaft und folgen einer täglichen
Routine, die oft langweilig und selten span-
nend ist. Piraten gehorchen keinen Regeln,
sie handeln gesetzlos und spontan. Sie segeln wohin und wann sie wollen. Sie leben
an exotischen Orten. Die meisten Piraten des
17. und 18. Jahrhunderts hielten sich in den
tropischen Gewässern des Karibischen und
Indischen Ozeans auf. Viele von ihnen operierten von Nassau auf den Bahamas aus. Die
Insel Madagaskar war ein bekannter Schlupfwinkel für Piraten, und Port Royal auf Ja-

maika wurde von Sir Henry Morgan und den Bukaniern als Basisstation genutzt. Deswegen assoziieren wir Piraten mit Korallen inseln und weißen, palmengesäumten Stränden. Wir verbinden sie in Gedanken mit Schätzen und hölzernen Kisten, die überquellen von Golddublonen, Silberbarren und kostbaren Münzen.

Einige Piraten sind sicher durch das Plündern von Schatzschiffen reich geworden, doch die typische Beute eines Raubzugs bestand eher aus Seiden- und Baumwollballen, Fässern mit Tabak und Rum, ein paar Ersatzsegeln und dem Werkzeug des Schiffszimmermanns. Wie vergrabene Schätze und der Gang über die Planke entspringt vieles, was wir mit Piraten assoziieren, mehr der Fiktion als historischer Realität. Unser Piratenbild wurde durch Gedichte, Balladen, Theaterstücke, Abenteuerromane und Filme geprägt. Robert Louis Stevensons Buch *Die Schatzinsel*, das 1881 veröffentlicht wurde, war zum größten Teil verantwortlich für das Bild von Schatzkarten, vergrabenen Schätzen, schwarzen Schonern und einbeinigen Piraten mit Papageien auf der Schulter. J. M. Barries *Peter Pan* brachte uns den furchterregenden Käpt'n Hook und machte die irreführende Idee populär, dass die Opfer über die Planke gehen mussten. Tatsächlich töteten Piraten die Opfer eher oder setzten sie auf einsamen Inseln aus. Lord Byrons episches Gedicht *The Corsair*, das Verdi zu seiner Oper *Il Corsaro* und Berlioz zu seiner Ouvertüre *Le Corsaire* inspirierte, erhob den Piraten von einem gewöhnlichen Kriminellen zu einem romantischen Helden. Das Glamourbild des Piratenführers wurde verstärkt durch eine Reihe von Piratenfilmen mit säbelrasselnden Stars in der Hauptrolle, wie Douglas Fairbanks sen., Errol Flynn und Burt Lancaster.

Viele Hollywood-Regisseure, genauso wie R. L. Stevenson und andere Autoren von Abenteuergeschichten, ließen sich durch ein bemerkenswertes Buch anregen, das 1724 veröffentlicht wurde, zu einer Zeit, als sich das goldene Zeitalter der Piraterie seinem Ende zuneigte. Geschrieben von dem mysteriösen Captain Charles Johnson mit dem Titel *A General History of the Robberies and Murders of the Most Notorious Pyrates,* lieferte es authentische und detaillierte Informationen über etwa 20 Piraten, darunter Käpt'n Kidd, Blackbeard, Calico Jack und die Piratinnen Anne Bonny und Mary Read. Die meisten der beschriebenen Piraten kamen aus England, und da das Buch ein Bestseller wurde und man es in viele Sprachen übersetzte, hat es ihnen übermäßigen Ruhm eingebracht. Britannien hat sicher einen unangemessen hohen Anteil an Piraten produziert, doch es gab sie in allen seefahrenden Nationen der Welt. Es gab auch berüchtigte französische, deutsche und holländische Piraten, und enorme Ausmaße hatte die Piraterie im Fernen Osten.

Piraterie blühte entlang den Routen, die von der Handelsschifffahrt genutzt wurden, insbesondere dort, wo die Routen durch enge Meeresstraßen führten. Handelsschiffe waren in der Weite des Ozeans schwer aufzuspüren, aber wenn sie sich durch Wege wie die Straßen von Gibraltar, Hormuz und Malakka schleusen mussten, konnten sich die Piraten auf sie stürzen. Inseln waren ein beliebtes Schlupfloch der Piraten, weil sie sich auf ihnen verstecken und sie als Ausgangspunkt für ihre Angriffe nutzen konnten. Die vielen unbewohnten Inseln in der Karibik waren ideal, sie hatten frisches Wasser, abgeschlossene Strände, wo Schiffe gereinigt und repariert werden konnten, reichlich Nahrung wie Schildkröten, Fische und Wildschweine. In Europa versorgte die schier endlose Prozession reich beladener Schiffe hin und zurück auf dem Ärmelkanal holländische und französische Piraten mit reicher Beute, v.a. auch die Piraten von Dünkirchen, die im 16. und 17. Jahrhundert die größte Gefahr darstellten.

Im Mittelmeer operierten Piraten schon in der frühesten Zeit. Herodot und Thukydides berichteten von den Abenteuern der Piraten des klassischen Griechenlands. Während der Blüte des Römischen Imperiums hatten die Piraten von Cilesien an der Südküste der Türkei mehr als tausend Schiffe zur Verfügung. Sie besiegten eine römische Flotte, attackierten Syrakus und plünderten vierhundert Küstenorte. Aber die berühmtesten Piraten des Mittelmeeres waren die Barbaresken, sie waren fast dreihundert Jahre lang eine Bedrohung für die Schifffahrt. Sie operierten von Hafenstädten an der nordafrikanischen Küste aus, besaßen flinke Galeeren, angetrieben mit Rudern und Segeln. Sie griffen die langsamen, schwer beladenen Schiffe an, die durch die Straße von Gibraltar kamen, und fingen solche ab, die zwischen den grossen Hafenstädten Genua, Venedig und Alexandria hin- und herfuhren. Die Barbaresken erleichterten die Schiffe um ihre Ladung, nahmen Passagiere und Mannschaft gefangen, behielten sie als Geiseln oder verkauften sie in die Sklaverei. Erst als 1816 ihre Hauptbasis Algier von einer alliierten Flotte zerstört wurde, war die Macht der Korsaren endlich gebrochen.

Taktik der Piraten

Die Taktik der Piraten war auf der ganzen Welt die gleiche. Wenn sie ein mögliches Opfer am Horizont erspäht hatten, beschatteten sie es aus der Entfernung. War es ein Marineschiff oder ein schwer bewaffneter Ostindienfahrer, scherten sie aus und suchten ein leichteres Ziel. Wenn das Schiff bei näherer Inspektion leicht bewaffnet schien und aussah, als trüge es reiche Ladung, zogen sie näher. Oft hissten sie die Flagge einer befreundeten Nation, um das Opfer nicht misstrauisch zu machen. Auf ein Signal des Anführers starteten sie den Angriff. Die befreundete Flagge wurde durch die Piraten-

flagge ersetzt und ein Schuss gegen den Bug gefeuert als Aufforderung, das Schiff möge beidrehen. Um den Schrecken auf den Höhepunkt zu treiben und die sofortige Aufgabe zu erzwingen, schleuderten die Piraten Granaten auf das Handelsschiff und schrien markerschütternde Drohungen herüber, sie feuerten Pistolen ab und schwangen Entermesser und -beile. Da Piratenschiffe über große Mannschaften von 50 bis 100 Mann verfügten, der durchschnittliche Kauffahrer aber selten mehr als 20 Mann an Bord hatte, stand das Ergebnis fest. Manchmal raubten die Piraten nur Gold, Silber, Alkohol, Waffen und die Ausrüstung, die sie brauchten, und ließen das Schiff weitersegeln. Manchmal unterwarfen sie die Besatzung einer schrecklichen Tortur der Folter und willkürlichen Gewalt. Die Kapitäne der Handelschiffe, die unter Verdacht standen, besonders grausam zu ihren Leuten zu sein, wurden oft ermordet und ihr Schiff in Brand gesteckt. Kräftige Seeleute und solche, die über besondere Fertigkeiten verfügten wie Zimmermänner und Böttcher wurden überredet oder gezwungen, sich den Piraten anzuschließen.

Deserteure und Abenteurer

Und welche Männer wurden Piraten? Studien über Piratenmannschaften, die vor Gericht gestellt wurden, sowie Berichte von Kolonialgouverneuren und Kapitänen zeigen, dass die Mehrheit der Piraten frühere Seeleute waren, die ihr Handwerk auf Handelsschiffen oder in der Marine gelernt hatten. Einige waren Deserteure, andere waren als überflüssig entlassen worden, wenn es nach Kriegszeiten zum Friedensschluss gekommen war, wieder andere waren Meuterer, einige waren in die Piraterie gezwungen worden. Wie der größte Teil der Seeleute auch, waren es junge Männer um die zwanzig Jahre, denn bei jedem Wetter auf einem Segelschiff in der Takelung herumzuklettern, war kein Job für jemanden, der nicht fit und beweglich war. Anführer, Quartiermeister und Bootsmänner waren meist etwas älter, aber wenige Piratenführer hielten länger als 3 bis 4 Jahre durch. Die Karriere der meisten Piraten wurde durch Schiffbruch, Tod, Verletzungen im Gefecht, tropische Krankheiten oder Gefangennahme frühzeitig beendet. Gefangene Piraten wurden vor das Gericht der Vizeadmiralität gestellt; die Akten vieler Gerichtsverhandlungen sind erhalten. Wenn der Gefangene eine gute Verteidigung hatte und beweisen konnte, dass er in die Piraterie gepresst worden war, wurde er manchmal nicht schuldig gesprochen. Aber die meisten wurden ins Gefängnis gesteckt oder zum Tod durch den Strick verurteilt. Die Exekutionen fanden öffentlich statt und zogen meist große Menschenmassen an. In England und seinen Überseekolonien war es übliche Praxis, die Leichen der Piraten an einem Galgen auf einer Insel oder auf einem Vorsprung nahe einer Hafenzufahrt aufzuhängen. Man bestrich die Körper mit Teer und hängte sie in Eisenkäfigen oder Ketten auf, als schreckeneinflößende Warnung an die Seeleute, die mit ihren Schiffen in den Hafen einliefen.

»... offene Missachtung des Himmels«
Männer, die von Piraten gefangen genommen wurden, machten eine schreckliche Erfahrung. Philip Ashton, der ihnen 1722 in die Hände fiel, schrieb später: »Ich fand bald heraus, dass jeder Tod dem vorzuziehen wäre, an solch bösartige Mannschaft von Schurken gekettet zu sein, die aus Vergnügen Unheil anrichteten, deren ständige Beschäftigung übermäßiges Trinken, monströses Fluchen und Lästern, Blasphemien, offene Missachtung des Himmels und der Hölle war, außer wenn Schlaf den Lärm und die Zechereien zur Ruhe kommen ließ.« Dieser Bericht spiegelt die allgemeine Ansicht des 18. Jahr-

hunderts, dass Piraten nur Mörder und Kriminelle waren, der Gotteslästerung, Trinkgelagen und willkürlicher Gewalt zugetan. In den letzten Jahren hat man versucht, diese Sichtweise zu differenzieren, man hat vorgebracht, dass viele der Piraten Radikale, Revolutionäre und Führer im Kampf gegen die Ungerechtigkeiten des kapitalistischen Systems waren. Historiker zeigten auf, dass Seeleute auf Handelsschiffen grausam von den Schiffseignern und Kapitänen ausgebeutet wurden. Piraterie war also eine Art Protest gegen niedrige Löhne und harte Behandlung, die die Männer auf den Handelsschiffen und in der Marine zu erdulden hatten.
Indem sie gegen despotische Regime rebellierten, entwickelten die Piraten eine Form der Demokratie, die die Ideale der Französischen Revolution, Freiheit, Gleichheit und Brüderlichkeit, vorwegnahm. Viele Piraten

1923 wurde dieses wild-romantische Gemälde von Frank Schoonover veröffentlicht. Es zeigt einen amerikanischen Privateer-Piraten kurz vor dem Entern.

unterzeichneten Verträge, die in starkem Gegensatz zu den Regeln standen, die man auf
Marineschiffen jener Zeit vorfand. Piratenkapitäne wurden von der Mannschaft gewählt
und konnten auch wieder abgewählt werden,
wenn sie sich im Kampf als ungeeignet erwiesen; jeder Pirat war stimmberechtigt bei
»aktuellen Anlässen«, jeder Schatz und alle
erbeuteten Werte wurden gerecht verteilt, eine
Art medizinisches Versicherungssystem wurde eingerichtet, indem man Geld beiseite legte, das an diejenigen ausgezahlt wurde, die
bei Aktionen verletzt wurden. Von einigen
bemerkenswerten Ausnahmen abgesehen waren Frauen an Bord von Piratenschiffen nicht
willkommen. Es gibt viele Belege, dass ein
grosser Teil der Mannschaften in der Karibik aus früheren Sklaven bestand. Sie scheinen als freie Männer behandelt worden zu
sein, obwohl sie in einigen Fällen die schwe-
reren und niedrigen Arbeiten an Bord ver-
richten mussten.

Piraten machen Weltgeschichte?

Das Ausmaß, in dem Piraten die Geschichte
beeinflussten, ist umstritten. Die Angriffe der
Bukanier auf die spanischen Häfen in Mittelamerika halfen sicherlich, das spanische
Kolonialsystem zu destabilisieren. Piraten
könnten als Schlüsselfiguren im Kampf um
die Vorherrschaft in der Neuen Welt angesehen werden. Die Piraten, die ihnen im frühen 18. Jahrhundert nachfolgten, störten den
Handel zwischen Europa und Westindien un-

gefähr zehn Jahre lang auf schwere Weise, bis
die königliche Marine sie zur Strecke brachte. Ab 1725 etwa waren sie keine ernste Bedrohung mehr. Die Barbaresken machten das
Segeln im Mittelmeer zu einem riskanten Unternehmen, aber sie brachten den Handel nie
zum Erliegen. Im Südchinesischen Meer terrorisierten mehrere hundert Kriegsdschunken
die Küstenschifffahrt im frühen 19. Jahrhundert, aber ab etwa 1810 waren auch sie verschwunden, angesichts der Kriegsschiffe, die
gegen sie ausliefen.

Gewalttätiger Raub

Heute blüht die Piraterie in der Straße von
Malakka und bei den indonesischen Inseln.
Die Piraten fahren Fischerboote, angetrieben
von starken Außenbordmotoren, und greifen die Schiffe nach Singapur an. Die riesigen Tanker und Containerschiffe haben kleine Mannschaften und sind sehr gefährdet bei
Nachtangriffen. Die Piraten sind mit Maschinenpistolen, Sturmgewehren und Messern
bewaffnet, aber ihre Methoden ähneln denen
der Piraten früherer Zeiten.
Diese modernen Piraten sind eine heilsame
Erinnerung daran, dass Seeräuberei dank
Säbelrasselfilmen und Abenteuergeschichten
zwar ein romantisches Image bekommen hat,
aber nicht mehr und nicht weniger ist als
gewalttätiger Raub, der zufällig auf hoher See
stattfindet und nicht auf der Straße.

Piraten

Robert Bohn

Ein Streifzug durch die Geschichte der Piraterie

Im April 1722 fand in dem englischen Fort Cape Coast Castle an der guineischen Küste Westafrikas einer der größten Piratenprozesse statt, den die britische Admiralität jemals geführt hat. Die aus diesem Prozess stammenden Dokumente geben nicht nur interessante Aufschlüsse über den eigentlichen Prozessverlauf und dessen unmittelbare Vorgeschichte, sie erhellen auch viele Aspekte des Piratenwesens überhaupt. Das ist der Verfahrensweise des Gerichts zu danken, das bemüht war, bei der wilden Schar von rund 200 Männern, die in seine Gewalt gefallen waren, die Spreu vom Weizen zu trennen. Denn es ging ihm nicht darum, alle Gefangenen pauschal als Piraten zu verurteilen, sondern möglichst bei jedem einzelnen durch Erforschen von dessen Lebensgeschichte den Grad der Schuld festzustellen. Andere Gerichte und vor allem solche aus Ländern, die von der Piraterie besonders betroffen waren, führten in der Regel gegen gefangene Piratenmannschaften einen kurzen Prozess – wenn ein solcher überhaupt stattfand und nicht die unmittelbare Hinrichtung nach der Gefangennahme, wie es von den arg gebeutelten Spaniern lange gehandhabt wurde.

Die in Cape Coast Castle wegen Seeräuberei Angeklagten waren die Männer des berüchtigten Piratenkapitäns Batholomew Roberts, der in dem Seegefecht mit der Royal Navy vor der Guineaküste zu Tode gekommen war. Eine Kartätsche hatte ihm die Halsschlagader zerfetzt. Roberts war der vielleicht ›erfolgreichste‹ Piratenkapitän seiner Zeit überhaupt, der, obwohl die goldenen Jahre der Piraterie des späten 17. Jahrhunderts vorbei waren, in den Jahren um 1720 mehr als 400 Schiffe aufgebracht hatte. Sein Revier war der gesamte Atlantik zwischen den Karibischen Inseln und Afrika, doch seine größte Beute machte er im Golf von Guinea, wo mit schöner Regelmäßigkeit fette holländische oder englische Handelsschiffe aus Fernost oder den im Sklavenhandel reich gewordenen europäischen Handelsniederlassungen an der westafrikanischen Küste anzutreffen waren. Roberts Karriere als Piratenkapitän kann stellvertretend für viele andere Seeräuberviten hingestellt werden, auch wenn jene nicht so erfolgreich waren wie er. Erst 1719 war Roberts als damals dritter Offizier auf dem englischen Handelsschiff *Princess* vor der Guineaküste bei einem Überfall des walisischen Piratenkapitäns Howell Davis in dessen Piratendienst gepresst worden. Es war das gewöhnliche Verfahren der Mannschaftsauffrischung, dass man der Besatzung eines überfallenen Schiffes die Wahl zwischen Mitmachen oder Gang über die Planke ließ. Viele machten dann sogar nur allzu gern mit, denn der Dienst auf Handels- und vor allem Kriegsschiffen war für den gemeinen Seemann in der Regel gekennzeichnet durch Entbehrung, Not und Strafen. Und zu diesem Dienst war man nicht selten ebenfalls gepresst worden, denn die Unterbesetzung war ein ständiges Problem der englischen Marine im 17. und 18. Jahrhundert. Die Mannschaft von Roberts rekrutierte sich überwiegend aus ehemaligen Seeleuten der englischen Kriegs- und Handelsflotte, die die erstbeste Gelegenheit genutzt hatten, dem für sie unerträglichen Leben auf ihren Schiffen zu entkommen. Der Traum vom schnellen Reichtum war für diese Männer, die in der Regel aus den untersten sozialen Schichten stammten, ein weiterer starker Beweggrund, sich einer Piratenmannschaft anzuschließen. Bei Männern wie Roberts, denen wegen ihrer Herkunft ein weiterer Aufstieg in der englischen Marine versagt war, kam noch ein persönlicher Ehrgeiz hinzu. Besonders begehrt waren auf Piratenschiffen Spezialisten: Zimmerleute, Steuermänner, niedere Offiziere, die sich in Navigation auskannten, und Ärzte. Letztere erhielten bevorzugte Bedingungen, wenn sie an Bord eines Piratenschiffes kamen; sie

mussten gewöhnlich nicht einmal die jeweiligen Piratenartikel unterschreiben.

Dass die Mehrzahl der Mannschaften und der Piratenkapitäne zu dieser Zeit Engländer waren (oder zumindest englische Namen trugen) war kein Zufall. Denn mit dem Aufstieg der Royal Navy und dem quasi permanenten Kriegszustand mit irgendeiner der europäischen Seemächte (meistens Spanien, Frankreich oder Holland) war England nicht nur zu einer Seefahrtsnation par excellence geworden, sondern hatte sich immer auch der Piraterie und Kaperei für die eigenen strategischen Zwecke bedient.

Piraten im Dienste Ihrer Majestät

Das Ende von Roberts und seinen Mannen läutete gewissermaßen die Schlussphase der ›klassischen‹ Piratenepoche in der Seefahrtsgeschichte ein. Die Karibischen Inseln waren nach der Aushebung des Piratennestes von New Providence (Nassau) für die Seeräuber immer unsicherer geworden. Dort auf den Bahamas hatte sich seit etwa 1700 eine blühende Piratengemeinschaft entwickelt, in die im Laufe der Jahre immer mehr Piraten nicht nur aus den anderen Schlupfwinkeln in der Karibik, sondern sogar aus dem Indischen Ozean gelockt worden waren – zuletzt eine Ansammlung von rund 2000 Mann (und dazu eine Vielzahl von Prostituierten und Händlern), wie berichtet wurde. Im Hafen lagen zeitweise über 40 Piratenschiffe verschiedener Größe. Dass dieser Ort der Gesetzlosigkeit und der Gesetzlosen viele Jahre bestehen konnte, lag an zweierlei: zum einen am Spanischen Erbfolgekrieg (1701–1713), während dem die Royal Navy gern auf die Hilfsdienste der Karibikpiraten als irreguläre Kaperfahrer gegen Spanier und Franzosen zurückgriff; zum anderen an der schieren Größe dieses Piratennestes, an das sich nur eine ausreichend starke Flotte unter umsichtiger Führung hätte heranmachen können.

Und hierfür bedurfte es nicht zuletzt eines politischen Willens. Das Inselarchipel der Bahamas war für Piraten ein idealer Stützpunkt, denn von hier aus waren die vielbefahrenen Schifffahrtsrouten zwischen Karibik und Europa bzw. Nordamerika schnell erreichbar. Andererseits waren die seichten und mit Untiefen übersäten Inselgewässer für schwere Kriegsschiffe kaum passierbar. Nach dem Ende des Spanischen Erbfolgekrieges hatten sich die Seeräuber hier am nördlichen Rand der Karibik massenhaft niedergelassen und bald war die gesamte Handelsschifffahrt an der amerikanischen Küste bis hinauf nach Maine und hinunter nach Guayana nahezu gelähmt. ›Berühmte‹ Piratenkapitäne wie Thomas Barrow, Charles Vane und vor allem Edward Teach (der berüchtigte Blackbeard) schrieben sich dabei in die Annalen der Seefahrtsgeschichte ein.

Die englische Kriegsflotte sah dem Treiben fast machtlos zu. Mitunter hatten die Kommandanten von Marineeinheiten aber auch gar kein Interesse an der Aushebung von Piratennestern oder der Verfolgung von Seeräuberschiffen. Deren Existenz brachte ihnen nämlich reichhaltige Nebeneinnahmen, waren die Handelsschiffe doch auf Konvoischutz angewiesen, der teuer bezahlt werden musste. Kommandanten der Royal Navy durften 12% des berechneten Warenwertes einfordern. So spielten sich Kommandanten und Piratenkapitäne einander oft in die Hand. Auch die Schiffsversicherer kassierten in dieser Lage kräftig ab. Nützlich waren die Piraten auch manchem Handelsmann in den nordamerikanischen Kolonien Englands, indem sie die Waren heranschafften, die sonst nur über das teure englische Monopol bezogen werden konnten. Mitunter finanzierten diese Händler Schiffe und Ausrüstung der Piraten oder gingen sogar selbst auf Raubfahrt, wie beispielsweise der in New York ansässige William Kidd. Dieses Zusammenspiel wurde nicht selten sogar von den Gouverneuren gedeckt, die den betreffenden Seeräubern in ihrer Kolonie eine Freistatt gaben. Einen zweifelhaften Ruf erwarb sich in dieser Hinsicht North Carolina.

Dieses lukrative Zusammenspiel wurde auf den Bahamas erst beendet, als eine Gruppe einflussreicher englischer Kaufleute und Reeder, die von der Piraterie besonders betroffen waren, die Inselgruppe von der Krone pachtete und dort 1717 den ehemaligen Kaperfahrer Woodes Rogers als Gouverneur einsetzen ließ. Er erhielt die Vollmacht, die Piraterie »auf jede beliebige Weise« auszurotten, wozu ihm eine Kriegsschiffflottille beigegeben wurde. Innerhalb eines Jahres vermochte es Rogers, mit dem Seeräubernest von New Providence aufzuräumen.

Obgleich Piraten auf allen Weltmeeren anzutreffen waren – und auch heute noch anzutreffen sind, wie einschlägigen Medienberichten immer wieder entnommen werden kann –, gab es im ›klassischen‹ Zeitalter der Piraterie, auf das sich der Piratenmythos immer wieder bezieht, drei regionale Schwerpunkte: an erster Stelle der karibische Raum bis hinauf zu den Bermudas, dann die westafrikanische Küste mit Schwerpunkt Golf von Guinea sowie die Gewässer zwischen Madagaskar und Indien. Mitunter kam es aus verschiedenen Gründen zu regionalen Verlagerungen, wie beispielsweise nach Ostindien in die Fahrwasser der holländischen Vereinigten Ostindischen Compagnie oder an die Westküste Süd- und Mittelamerikas. Berüchtigt als Piratenstützpunkt war im späten 17. Jahrhundert lange Zeit die Insel Madagaskar, wo sich eine Art Seeräuberstaat herausbildete.

Die Piraten bildeten mit ihren Regeln und ihrem sozialen Gefüge eine im wahrsten Sinne des Wortes verschworene Gemeinschaft. Ihre Sprache und ihre Flaggen waren deren Symbole. Die berühmten schwarzen Flaggen als ›Firmenzeichen‹ des unabhängigen Piratenkapitäns kamen allerdings erst im 17. Jahrhundert auf. Dabei war der allgemein bekannte einfache Totenkopf mit den gekreuzten Knochen etwas für Phantasielose. Jeder Kapitän hatte bald sein ganz persönliches Zeichen, wobei sich die Symbole allerdings stets wiederholten und nichts anderes als Variationen der Trias Tod, Gewalt und begrenzte Zeit beinhalteten. Roberts Flagge beispielsweise zeigt ihn und den Sensenmann, wie sie gemeinsam das Stundenglas hochhalten; auf

1811 zeichnet Thomas Rowlandson das Hafenviertel von Portsmouth Point als Heimat eines zwielichtigen und kriminellen Milieus.

derjenigen des berüchtigten Blackbeard sehen wir den Leibhaftigen abgebildet, in der Rechten das Stundenglas und in der Linken einen Spieß, mit dem er auf ein blutrotes Herz zielt.

Spaniens ärgste Feinde: die Bukaniers

Wie in der Antike und im Mittelalter waren es auch in der frühen Neuzeit verwickelte machtpolitische Verhältnisse, die die Ausbildung und Entwicklung des Piratenwesens begünstigt haben. Spanien und Portugal versuchten nämlich mit aller Gewalt, die wirtschaftliche Ausbeutung der von ihren Seefahrern neu entdeckten oder neu erreichten Gebiete für sich allein zu sichern, wofür sie sogar ein Machtwort von Papst Alexander VI. erwirken konnten (Vertrag von Tordesillas, der 1494 die koloniale Welt zwischen den beiden Mächten aufteilte). Spanien betrachtete die westliche Hemisphäre als alleiniges Eigentum. Die Aussperrung der anderen aufstrebenden europäischen Seefahrtsnationen vom dortigen Kolonialhandel konnte Spanien aber nur so lange bewerkstelligen, wie es die Seeherrschaft im Atlantik besaß. Doch diese begann schon

bald zu bröckeln. Französische, holländische und besonders englische Kaperfahrer stürzten sich mit ihren schnellen und wendigen Seglern in immer größerer Zahl auf die schwerfälligen spanischen Silberflotten, die in der Inselwelt der Antillen eine leichte Beute waren. Sogar große Hafenstädte wie Cartagena, Maracaibo und Porto Bello waren vor ihnen nicht mehr sicher.

Es war die Stunde der ersten englischen Seehelden, der Raleighs, Frobishers und natürlich Drakes. So herrschte in der Karibik seit dem späten 16. Jahrhundert ein Kleinkrieg aller nichtspanischen Europäer gegen die Spanier. Zugleich entwickelten die Freibeuter im Laufe der Zeit einen florierenden Schleichhandel mit den spanischen Kolonien, und sie bildeten fallweise sogar eigene Siedlungen auf einer der Antilleninseln. Besonders beliebt waren Jamaika und Hispaniola sowie das diesem vorgelagerte kleine Eiland Tortuga. Bukaniers nannten sich die im frühen 17. Jahrhundert sesshaft gewordenen Freibeuter nach einer indianischen Bezeichnung für geräuchertes Fleisch. Von ihren Inselstützpunkten aus machten sie Jagd auf spanische (und nach und nach auch andere) Handelsschiffe. Mit der Zeit ging man auch in diesem Gewerbe arbeitsteilig vor. Hehler ließen sich nieder. Die holländische Westindische Compagnie soll aus dem Schleichhandel und dem Ankauf von Raubgut fabelhafte Gewinne gezogen haben. Aus Kaperfahrern und schmuggelnden Kaufleuten waren allmählich und sehr zahlreich Seeräuber im eigentlichen Sinne des Wortes geworden. Es wiederholte sich nun ein Phänomen, dass es in der Geschichte der Seeräuberei immer wieder gegeben hat, nämlich die Bildung von Seeräuberstaaten. In diesem Fall handelte es sich um die Gemeinschaft der Bukaniers oder Flibustiers, wie sie auch genannt wurden.

Hauptstützpunkt der Bukaniers/Flibustiers wurde die verhältnismäßig kleine, aber aufgrund ihrer felsigen und zerklüfteten Topographie für die Spanier kaum zu erobernde Insel Tortuga. Es war ein bunt gemischter Haufen, der sich hier an der Hauptausfahrtsroute aus der Karibik zusammengetan hatte und an Zahl ständig zunahm. Diese Piratengemeinschaft entwickelte einen strengen Ehrenkodex, gegen den zu verstoßen die schlimmsten Strafen nach sich zog. Wer in die Gemeinschaft eintrat, wurde nicht nach seiner Vergangenheit gefragt, sogar der Name wurde abgelegt und ein – oft phantasievoller – Nom de Guerre angenommen. Überliefert sind die Namen von Anführern wie Pierre le Grand, Montbars l'Exterminateur oder François l'Olonnais. Die Namen deuten an, dass viele der Bukaniers französischstämmig waren. Das Zusammenleben soll hier einen gewissermaßen urkommunistischen Zug besessen haben. Dies, die klimatischen Bedingungen und nicht zuletzt das schon damals verbreitete Schrifttum über diese Gemeinschaft, wie das 1678 geschriebene und weit verbreitete Buch des Holländers Exquemelin, der unter ihnen lebte, oder der 1722 in acht Bän-

den erschienene Bericht des Paters Labat über seinen Aufenthalt in der Karibik von 1690 bis 1705, haben kräftig dazu beigetragen, dass die romantischen Vorstellungen von der Karibik-Piraterie in den ›freien‹ Bukaniers ihren ersten und prägenden Stoff fanden. Dabei haben sie während ihrer hundertjährigen Geschichte mit zahlreichen und meist verwegenen Raubtaten zu Wasser und zu Lande an der Legendenbildung erheblich mitgewirkt.

Piraten haben eine Stadt erobert und fordern von der Bevölkerung Tribut, Illustration aus Howard Pyles »Book of Pirates«, 1921.

19

Der legendäre Captain Kidd an Deck der Adventure Galley. Illustration aus Howard Pyles »Book of Pirates«, 1921.

Zeitgenössische Darstellung des berüchtigten Piraten Howell Davis, der um 1719 die Küste vor Guinea unsicher machte.

Einen kaum zu überschätzenden Beitrag zum Piratenmythos lieferte auch die 1724 erschienene enzyklopädische *General History* der zeitgenössischen Seeräuberei, die von Daniel Defoe unter einem Pseudonym verfasst wurde und schnell mehrere Auflagen in mehreren Sprachen erlebte. Wenngleich die Schicksale der Piratenkapitäne hier in aufklärerischer und letztlich auch abschreckender Absicht realistisch geschildert werden, kann der Autor seine Bewunderung für manch eine ›Leistung‹, auch und gerade auf dem Gebiet der Nautik und Seemannschaft, nicht verbergen.

Seeräubergemeinschaften

Bereits die Autoren der klassischen Antike berichten über dergleichen Seeräuber-Gemeinschaften als Geißel des Seehandels und der Küstenbevölkerung gleichermaßen. Im griechischen Mythos rüstet der Kreterkönig Minos systematisch gegen die phönizische Piratenbruderschaft, und der Argonautenzug war nicht zuletzt auch gegen die Schwarzmeerpiraten gerichtet. Im Rom der späten Republik erhielt Pompeius durch die Lex Gabinia außergewöhnliche und bis dahin für einen einzelnen Römer nicht gekannte militärische Vollmachten, um mit den Seeräuberstaaten, vor allem an der Küste Kleinasiens, aufzuräumen, die die Lebensmittelversorgung Italiens bedrohten. Aus dem mittelalterlichen Nordeuropa sind die Vitalienbrüder (oder Likedeeler = Gleichteiler) mit den sagenumwobenen Anführern Klaus Störtebeker und Godecke Michels ein Begriff geworden. Diese Piratengemeinschaft entstand nach dem gleichen Muster wie die in der Karibik. Ihre Ursprünge lagen in antidänischer Kaperfahrt im Auftrag norddeutscher Fürsten. Als die machtpolitischen Konstellationen im Ostseeraum sich änderten und die Kaperfahrer nun lästig wurden, haben die Vitalienbrüder – wie viele vor und nach ihnen – notgedrungen auf eigene Faust das vertraute und meist lohnende Gewerbe weiterbetrieben. Ihr Seeräubernest wurde die Insel Gotland, von wo aus sie den gesamten Ostseeraum für die – überwiegend hansischen – Handelsschiffe unsicher machten. Erst die militärische Macht des Deutschen Ordens machte dem Piratenwesen 1398 ein Ende: Der Orden eroberte Gotland und vertrieb die Vitalienbrüder aus dem Ostseeraum.

Für Romantik kein Platz

Dass das Seeräuberleben keineswegs immer frei, ungebunden und, wenngleich risikobehaftet, auch angenehm war, wird aus den Befragungen des eingangs genannten Gerichtsverfahrens mehr als deutlich. Trotz noch so schönem Piratenkodex war letztlich immer das Recht des Stärkeren ausschlaggebend. Es gab auch eine Klassengesellschaft an Bord: Die ›Offiziere‹ auf Piratenschiffen gebärdeten sich oftmals wie diejenigen auf den Schiffen der Royal Navy, nannten sich in Abgrenzung zu den ›gemeinen‹ Piraten gar ›Oberhaus‹, wobei sie in Verhalten und Kleidung sogar den englischen Adel imitierten. Hunger und Krankheiten, auf See wie an Land, setzten dem Idyll gehörig zu. Und ständige Alkoholexzesse sorgten schließlich dafür, dass schon allein deshalb kaum einer das damalige Durchschnittsalter erreichte. Die Mannschaft von Roberts war im Durchschnitt 28 Jahre alt, der jüngste der zum Tode Verurteilten war 19, der älteste 45. Der Neunzehnjährige war noch als Knabe zu Roberts gestoßen. Bemerkenswert ist noch, dass von dem Admiralitätsgericht ›nur‹ 54 Todesurteile verhängt wurden und immerhin 74 Gefangene sogar freigesprochen wurden. Unter den Hingerichteten waren aber alle Mitglieder des robertschen ›Oberhauses‹. Dass Seeräuberkarrieren auch anders enden konnten als diejenige von Bartholomew Roberts in Ausübung des Piratenberufs oder von

William Kidd am Galgen in London, zeigt die Vita des wohl berühmtesten Flibustiers, des Iren Henry Morgan. In den 1670er Jahren war er der größte Schrecken der Spanier, dessen Raubzüge mitunter schon den Charakter von Heerzügen annahmen. Sagenumwoben ist sein Zug mit 1200 Mann über den Isthmus von Panama im Jahre 1671, als er auf der Pazifikseite die Stadt Panama und die im dortigen Hafen liegenden spanischen Schiffe eroberte und mit unermesslicher Beute in die Karibik zurückgelangte. 1682 wurde er für seine ›Verdienste‹ vom englischen König geadelt und später Gouverneur von Jamaika, das 1655 an England gefallen war. Als solcher trug er dann sogar seinen Teil zur Eindämmung des Seeräuberwesens, sofern es England schädigte, bei. Ein anderer namentlich bekannter Flibustierkapitän, der rechtzeitig den ›Absprung‹ in die Legalität der ›zivilen‹ Gesellschaft schaffte, war der bereits genannte Pierre le Grand. Nachdem er ein Admiralsschiff der spanischen Silberflotte gekapert hatte, setzte er sich mit der reichen Beute nach Frankreich ab, wo er fortan das Leben eines wohlhabenden Privatiers und Geschäftsmannes führte.

Das Festsetzen anderer europäischer Seemächte in Westindien, die Anlage von Handelsniederlassungen, Siedlungen und Plantagen, schließlich Kolonien, führte zur Verdrängung der Bukaniers/Flibustiers. Denn diese Mächte waren an ungestörtem Seehandel interessiert. Die Zeiten, in denen ihnen die Piraterie von Nutzen war, waren vorbei. Eine kurze Nachblüte erlebten hier Piraterie und Freibeuterei nur noch während des nordamerikanischen Unabhängigkeitskrieges und während der Befreiungskriege der spanischen Kolonien in Mittelamerika.

So verlagerte sich in den ersten Jahrzehnten des 18. Jahrhunderts die Piraterie zunächst in die Außenbezirke der Antillen, auf die Bahamas und dann an die Guineaküste Westafrikas. Zugleich veränderte das Seeräuberwesen auch seinen Charakter. Jetzt waren es in erster Linie einzeln umherstreifende Piratenschiffe, »Marooners« mit nicht selten gemischtethnischer Besatzung, die bis in die zweite Hälfte des Jahrhunderts hinein den mittleren Atlantik und den Indischen Ozean unsicher machten. »Long-Distance-Piracy« wurde diese Erscheinungsform auch genannt. Es waren versprengte Haufen, von den Seefahrtsnationen systematisch verfolgt, die im Grunde genommen an keinem Ort mehr sicher sein konnten. Kaum ein Piratenkapitän starb noch eines natürlichen Todes. Denn gegen sie führte vor allem die Royal Navy einen anhaltenden und unerbittlichen Kleinkrieg. Dies vor allem ist der Zeitabschnitt, aus dem die Piratenliteratur und die Piratenfilme immer wieder Stoff für neue Erzählungen geschöpft haben. Es war die Zeit eines Anführers vom Schlage John Silvers, den wir aus Stevensons Schatzinsel kennen.

Dieser Text erschien erstmals in: DAMALS 1/1999. Neudruck mit freundlicher Genehmigung von DVA/DAMALS.

Britisches Kriegsschiff verfolgt ein Piratenschiff im englischen Kanal.

Helke Kammerer-Grothaus

Von Argonauten und Piraten in der Antike

An den Steilküsten der Levante begegnen dem Reisenden häufig »Sarazenen-Türme« unklarer Datierung: Sie erinnern an die Tradition der Piraterie seit dem Altertum.

Seeraub und -handel, Seekrieg, Kaperei und Piraterie waren zu Beginn der mediterranen Schifffahrt untrennbar miteinander verbunden. Die Bezeichnung *peirates* ist jedoch erst seit hellenistischer Zeit für die griechischen Seeräuber gebräuchlich.

Am Anfang der griechischen Seefahrt stand nicht der reguläre, friedliche Handel, sondern der Seeraub, der als gefahrvoller aber durchaus ehrenhafter Erwerbszweig galt. Das wird durch die homerischen Epen bestätigt, die nicht nur die Praxis des 8. Jahrhunderts v.Chr. wiederspiegeln, sondern auch die Seeräuberei mykenischer Zeit.

Frühzeit

Der legendäre Argonautenzug markiert den Beginn bronzezeitlicher Seefahrt. Der Mythos reflektiert erste griechische Kolonialisierungsversuche des Schwarzmeergebietes im 7. Jahrhundert. Dieser Argonautenzug hatte durchaus piratischen Charakter und hinter dem Mythos des goldenen Vlies verbirgt sich der eigentliche Zweck der Expedition: die Erkundung der Goldvorräte in Kolchis.

Der Ausgangspunkt der Argonauten war der Iolkos, das Zentrum des mykenischen Thessalien. Jason war der Führer der Argonauten, Mopsos der Seher, Lynkeus der Späher; unter den Teilnehmern befanden sich ferner Herakles, der Sänger Orpheus und die Dioskuren, die Brüder Helenas. Die zauberkundige kolchische Königstochter Medea half den Argonauten, den Goldschatz aus dem Osten zu holen, ein auch nautisch nicht leichtes Unterfangen bei den schwierigen Strömungsbedingungen am Hellespont und den Dardanellen. Doch das mythische Schiff »Argo« mit den Helden an Bord wurde von starkem Rückenwind begünstigt.

Mit ihren leichten und schnellen Kampfschiffen waren die Piraten den schwerfälligen Handelsschiffen weit überlegen.

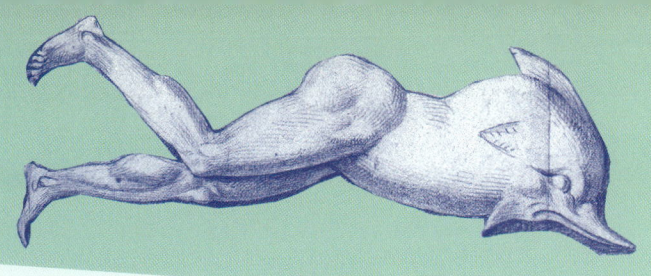

Die erste bekannte Flotte besaß der sagenhafte kretische König Minos. Er soll die karischen und lelagischen Seeräuber aus den Kykladen vertrieben oder in seine Dienste gezwungen haben. Im Falle des Minos ist nicht zwischen einem Herrscher zur See oder einem besonders mächtigen Seeräuber zu unterscheiden.

So unterstellt der griechische Geschichtsschreiber Thukydides (5. Jh. v. Chr.) grundsätzlich allen Unternehmungen vor dem Trojanischen Krieg piratischen Charakter, deren Motivation neben der Erkundung möglicher Handelsplätze und neuer Einflusssphären vor allem die Beute war: Vieh, Nahrungsmittel, Edelmetalle, Menschen, vor allem Frauen.

Griechenland in archaischer und klassischer Zeit

Die Piraterie wurde durch das Küstenrelief des östlichen Mittelmeeres begünstigt, das mit seinen zahlreichen Vorgebirgen, Buchten und Inseln überall ideale Schlupfwinkel bot.

Zwei übliche Schiffstypen homerischer Zeit waren die Zwanzig- und Fünfzigruderer. Die Böotier sollen nach der Ilias sogar mit 120 Mann an Bord vor Troja gelandet sein. Die für die Hochseefahrten geeigneten Schiffe erforderten Schnelligkeit und Manövrierfähigkeit, mussten zugleich aber geräumig sein, um eine lohnende Menge Beute an Bord nehmen zu können.

Pirateritaugliche Schiffe konnten erst an der Wende vom 7. zum 6. Jahrhundert v.Chr. gebaut werden. Der Begriff Triere (Dreiruderer) taucht nun erstmalig bei Hipponax in der zweiten Hälfte des 6. Jahrhunderts v.Chr. auf. Erst dieser Schiffstyp eignete sich für die Verfolgung und für den schwierigen Vorgang des Enterns.

Thukydides berichtet, dass in frühgeschichtlicher Zeit erstmals die kretische Marine gegen Seeräuber vorging, später auch die Flotte der Korinther im 7. Jahrhundert v.Chr.,

denn die schriftlichen Quellen legen nahe, dass von der Insel Samos unter dem Tyrannen Polykrates in der Mitte des 6. Jahrhunderts v.Chr. regelmäßig Piraterie-Unternehmungen ausgingen, die mit der Technik des Enterns wohlvertraut waren und so die einfache Küstenpiraterie zur gefährlichen Seeräuberei entwickelten.

Die Seeräuberei wurde eine solche Plage, dass der Tod durch Piraten ein Hauptmotiv der neuen Komödie und des griechischen Romans wurde. Der Athener Stadtstaat unternahm mehrfache energische Versuche, die Seeräuberei zu unterbinden.

Der attische Seebund sorgte zeitweise für Ruhe im Ägäischen Meer; davon zeugt die Expedition gegen die dolopischen Seeräuber auf Kyos. Die Doloper bewohnten die Insel Skyros, lebten vom Seeraub, überfielen aber auch die einlaufenden Handelsschiffe. Deshalb wurden sie von den Amphiktionen (Umwohnern) zu einer hohen Geldstrafe verurteilt und gerieten darüber untereinander in Streit.

Dem attischen Herrscher Kimon (um 510–450/449 v.Chr.) kam dieser Zwischenfall nur

Der Mittelmeerraum bot den Piraten ideale Bedingungen. Schroffe Küsten, Höhlen, Grotten und unzugängliche Buchten waren Rückzugsgebiet und Versteck der Seeräuber.
(© Tessloff Verlag, Was ist was?, Bd. 7)

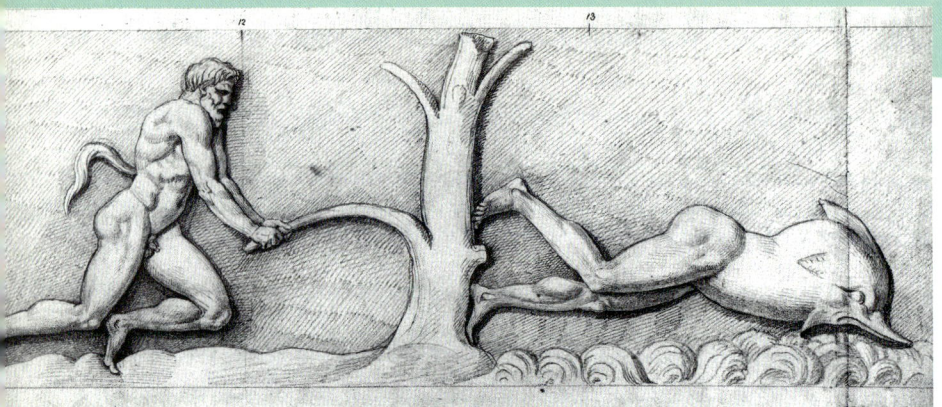

Besonders gefürchtete Piraten waren in der Antike die Thyrrhener, ein kleinasiatisch-etruskischer Volksstamm, der besonders auf den Inseln Lemnos und Imbros sein Unwesen trieb. Ein im 7. Homerischen Hymnos überliefertes Jugendabenteuer des Weingottes Dionysos ist seine Begegnung mit den tyrrhenischen Seeräubern. Sie nahmen den Gott gefangen, um sich an seinen Schätzen zu bereichern oder um ihn gegen Lösegeld zu verkaufen. Dionysos offenbarte seine göttliche Macht; er belegte die Seeräuber mit Wahnsinn und verwandelte sie in Delphine. Nicht nur ihre Gestalt wurde verändert, sondern auch ihr Charakter; von nun an zeigten sie Freude an der Musik und waren den Menschen wohlgesonnen.
Diese Sage schildert u.a. ein Marmorfries am Lysikrates-Denkmal (334 v. Chr.), den Martin v. Wagner im 19. Jahrhundert nachgezeichnet hat. Der Ausschnitt zeigt Satyr und ein Mischwesen mit einem Delphin-Oberkörper und Seeräuber-Unterkörper. (Foto: M. v. Wagner, Museum d. Universität Würzburg)

gelegen; er vertrieb die räuberischen Doloper und konnte so Skyros zu einem weiteren Stützpunkt der attischen Seemacht ausbauen. Seitdem sahen die Athener den Schutz des Meeres als ihre vornehme Aufgabe an und wetteiferten darin mit dem König Philipp von Makedonien, der diese Machtposition aus strategischen Gründen gerne gemeinsam mit den Athenern ausüben wollte.

Hellenistische Zeit

Beim Niedergang Athens und des Delisch-Attischen Seebundes nach dem Peloponnesischen Krieg und Karthagos nach den Punischen Kriegen lebte das Seeräuberwesen wieder auf.
Und auch in der Zeit der Diadochenkämpfe im auseinander fallenden Reich Alexanders des Großen begann für die Seeräuber wieder eine Periode des Aufstiegs. Dem Seeräuberwesen, das seinen bevorzugten Sitz auf der Insel Leuke vor der Donaumündung hatte, versuchte Eumelos, der König von Pontos, zwischen 309 und 304 v.Chr. mit großer Energie ein Ende zu bereiten. Die ausgedehnten Seehandel treibenden Rhodier mussten in dem furchtbaren Angriff des Demetrios Poliorketes 305/4 v.Chr. gegen die mit ihm verbündeten Piraten kämpfen, denn in den regulären Kriegen kämpften die Piraten stets auf der Seite, auf der sie sich die reichste Beute versprachen.
286/5 v.Chr. übernahm Ägypten die Vormachtstellung im Schutzbund der griechischen Inseln und stationierte mehrere ptolemäische Garnisonen unter anderem auf der Insel Thera, wo sie schnell und effektiv vorgingen. In späteren Jahren führte Rhodos den Bund der Inseln.

Zahlreiche Inschriften berichten über die allgegenwärtigen Auseinandersetzungen mit Piraten. Auf Delos findet man Fluchformeln gegen Piraten, die es wagen sollten, die heilige Insel zu überfallen. Eine Inschrift auf Teos berichtet von einem Volksbeschluss über die Finanzierung von Erpressungsgeldern, die Piraten verlangt hatten. Eine Inschrift von der Kykladeninsel Tenos (neugriech. Tinos) berichtet über Anleihen bei dem römischen Bankhaus L. Aufidius Bassus, die die Stadt aufgrund zahlreicher Piratenüberfälle machen musste. Sogar Gesetze gegen Piraterie wurden erlassen, wie beispielsweise das Seeraubgesetz von Delphi 100 v.Chr.
Ein Versuch, den berüchtigten kretischen Seeräubern auf diplomatischem Weg beizukommen, ist von den Gesandten der Insel Teos überliefert. Ihr diplomatischer Auftrag war die Anerkennung des Asylrechts für das Dionysos-Heiligtum in Teos zu erreichen. In der Volksversammlung von Knossos und Priansos rezitierten sie zur Kithara aus den Werken der kretischen Dichter. Damit ernteten sie begeisterten Beifall im Kreise der bieder lauschenden Seeräuber.
Diese Anekdote zeigt aber auch, dass die unter Tabu stehenden Heiligtümer von Piraten besonders oft überfallen wurden, um die kostbaren Tempelschätze zu rauben. Bekannt sind solche Überfälle beispielsweise von Epidauros, Samos, dem Apollon-Heiligtum am Isthmos, Klaros oder Didyma.
Immer häufiger wurden auch Lösegeldforderungen zur üblichen Praxis. Die Einnahmen daraus wurden als »Soldatensold« bezeichnet. Vor allem blühte der Menschenhandel, der Verkauf von Gefangenen auf dem Sklavenmarkt. Der vornehme Kaufmann Semos entdeckte beispielsweise auf dem berüchtigten Sklavenmarkt von Delos einige Frauen aus Theangela, er kaufte sie frei und sandte sie in ihre Vaterstadt zurück.

Piraterie in römischer Zeit

Die Gegenmaßnahmen der Römer gegen die Schlupfwinkel der kilikischen Seeräuber im südlichen Taurus begannen mit dem Zug von Marcus Antonius 102 v.Chr.

Im Jahre 78 v.Chr. wurde der junge Offizier C. Julius Caesar mit dem Kampf gegen die Seeräuber in Kilikien betraut. Auf dem Weg nach Rhodos geriet er, wie Sueton berichtet, in die Hände von Seeräubern. Er wurde »in der Nähe der Insel Pharmacussa von Seeräubern aufgegriffen und musste bei diesen zu seinem größten Ärger beinah vierzig Tage mit nur zwei Kammerdienern bleiben; seine restlichen Begleiter hatte er nämlich gleich anfangs fortgeschickt, um das nötige Lösegeld zu beschaffen. Er bezahlte 50 Talente und wurde daraufhin an der Küste abgesetzt. Unverzüglich sammelte er eine Flotte zur Verfolgung der Fliehenden und bestrafte diese nach ihrer Gefangennahme mit dem Tode, wie er es ihnen oft im Scherz angedroht hatte«.

Als Spartacus 70 v.Chr. zu einer Sklavenerhebung nach Sizilien übersetzen wollte, traf er ein Abkommen mit den Seeräubern über den Transport von 2000 Mann über die Meerenge von Messina.

Die Räuber auf allen Meeren waren miteinander verbündet. Das machte ihre Stärke aus, so dass sie sogar in der Lage waren, die Getreidezufuhr der Stadt Rom abzuschneiden, was zur Lex Gabinia führte. Durch die *lex Gabinia de bello piratico* vom Januar 67 v.Chr. hatte der Volkstribun A. Gabinius gegen den Widerstand der Senatspartei den Oberbefehl für Gnaeus Pompeius durchgesetzt. Pompeius wurde mit herausragenden Machtbefugnissen ausgestattet, ihm unterstand die gesamte römische Flotte – 200 Schlachtschiffe und 70 leichte Fahrzeuge, mit denen er den Kampf gegen die Piraten aufnahm.

Für die kilikischen Seeräubervölker wurde der Feldzug eine Katastrophe: Pompeius vernichtete systematisch die Flotte der Seeräuber im gesamten Mittelmeer und griff danach die Stützpunkte und Siedlungen auf dem Land an.

Mit diesem Feldzug im Jahre 67 v.Chr. war die Seeräuberei des Altertums gebrochen.

Über die erreichte *pax maritima* wachten in der römischen Kaiserzeit fortan stehende Flottenverbände, denn immer wieder flackerte das Piratenwesen auf. So führte Octavian 35 v.Chr. einen schweren Schlag gegen die illyrischen Seeräuber.

Trotz aller militärischen Bemühungen blieb der Mittelmeerraum von Seeräubern gebeutelt. Als beispielsweise die Goten und Skythen um 250 n.Chr. ihre Seefahrten bis weit in das Mittelmeer ausdehnten, entlehnten sie Schiffsbau und Taktik der Praxis der Seeräuber im Schwarzen Meer und verbreiteten Furcht und Schrecken.

Auch die byzantinische Marine hatte mit Seeräubern zu kämpfen. Sie behauptete sich zwar im 7. Jahrhundert n.Chr. zunächst erfolgreich gegen arabische Seeräuber, unterlag aber später im 12. Jahrhundert dem Kommando des Steiriones, des »Ärgsten aller Korsaren«.

Doch bald schon traten in anderen Regionen neue Generationen von Seeräubern auf: z.B. die Normannen in Nordeuropa.

Julius Cäsar ließ sich als junger Politiker von Piraten fangen.

Ägyptische Kriegsschiffe in einer Seeschlacht 1186 v. Chr.

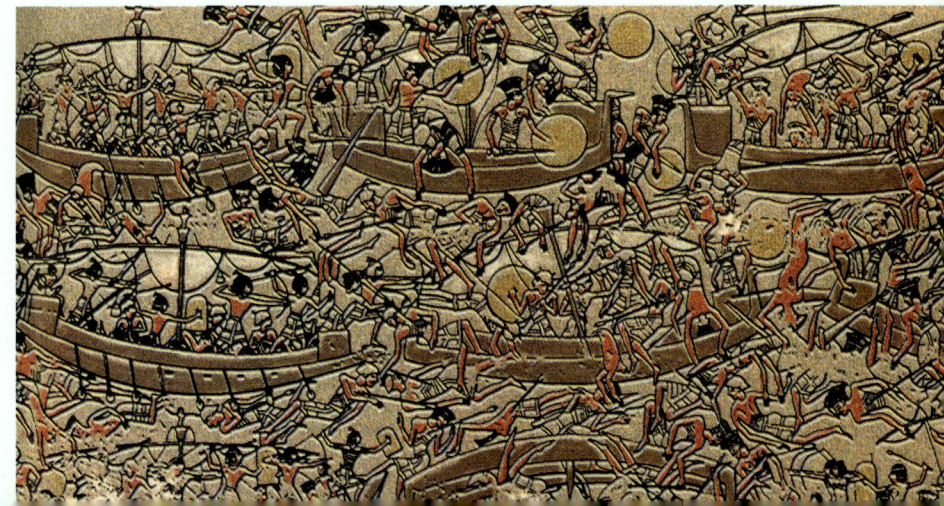

Ulrich Weidinger

Die Wikingereinfälle im Bereich der südlichen Nordseeküste

Im letzten Jahrzehnt des 10. Jahrhunderts wurde das Herzogtum Sachsen durch Verwüstungen, Plünderungen und Brandschatzungen schwer in Mitleidenschaft gezogen. In der nur wenige Jahrzehnte später entstandenen Lebensbeschreibung des Bischofs Bernward von Hildesheim (993–1022) heißt es dazu: »Damals wurden weite Teile Sachsens von wilden Seeräubern und Barbaren verheert und standen ihren unaufhörlichen Raubzügen offen. Weil aber die Barbaren beide Elbufer und sämtliche Schiffe in ihrer Hand hatten und sich auf dem Wasserweg mit Leichtigkeit über ganz Sachsen ergießen konnten, scheiterten alle Versuche, der Eindringlinge Herr zu werden.«[1]

Die hier beschriebene Art der Kriegsführung – das sich-Festsetzen an den beiden Flussufern der Strommündung, die plötzlichen Überraschungsangriffe mit dem Schiff tief ins Landesinnere – lässt unschwer erkennen, dass es sich bei den »Piraten und Barbaren« um nor-

Bild oben rechts:
Runenstein, errichtet vom dänischen König Sven Gabelbart.

Bau eines typischen Wikingerschiffes, festgehalten auf dem Teppich von Bayeux, um 1080.

dische Wikinger gehandelt haben muss. Eine bewegliche Taktik, Überraschungsangriffe und die Anwendung von Kriegslist gelten gemeinhin als Kennzeichen normannischer Invasion; insbesondere die großen Plünderungszüge entlang des westfränkischen Stromsystems (Rhein, Maas, Schelde, Seine, Loire, Garonne) decken sich weitestgehend mit der in der »Vita Bernwardi« beschriebenen Vorgehensweise. Stets nisteten sich die Normannen an den Mündungen der großen Ströme ein, um von dort aus bei passender Gelegenheit mit ihren Flotten tief ins Binnenland vorzustoßen, wo ihnen der Überfall auf reiche Klöster, Bistümer, königliche Pfalzen und Handelsimperien reiche Beute versprach.[2]

Als Beginn des Wikingerzeitalters gilt der Überfall norwegischer Piraten auf das nordost-englische Kloster Lindisfarne im Jahre 793.[3] Sachsen, das Land zwischen Elbe und Ems, blieb jedoch trotz seiner unmittelbaren Nachbarschaft zu Dänemark und obwohl der dänische König Göttrik Sachsen und Friesland – völlig entgegen der Realität – »als seine Provinzen ansah«[4], zunächst noch längere Zeit von normannischen Einfällen verschont. Das hängt sicherlich damit zusammen, dass die Wikinger in der Anfangszeit ihre Überfälle zumeist auf Ziele in unmittelbarer Küstennähe beschränkten[5]. Der von Sumpfland und Mooren überzogene, eher siedlungsfeindliche sächsische Küstenstreifen bot in dieser Hinsicht zweifelsohne wenig lohnenswerte Angriffsziele für die beutegierigen Normannen.

Dies änderte sich schlagartig, nachdem die Normannen seit den 30er und 40er Jahren des 9. Jahrhunderts immer häufiger mit vergleichsweise großen Flottenverbänden entlang der Küstenströme tief ins Landesinnere vorgestoßen waren. Mit dieser neuen Taktik gerieten jetzt auch die zumeist weiter binnenwärts angesiedelten reichen Handels- und Ha-

fenstädte an den Flussunterläufen in den Aktionsradius der Wikinger und wurden zum Objekt ihrer Beutegier. Auch das bislang verschont gebliebene Sachsen traf nun die geballte Wucht der wikingischen Angriffsschläge in voller Härte; erstes Opfer wurde im Jahre 845 der gerade erst zu bescheidener Blüte aufgestiegene Bischofs- und Handelsort Hamburg.

Nach der Lebensgeschichte des bremischen Erzbischofs Ansgar (848–865) spielte sich die Zerstörung Hamburgs folgendermaßen ab: Völlig unvermutet waren die wikingischen Seeräuber mit ihren Schiffen - die Annalen des westfränkischen Klosters St. Bertin nennen die unglaubwürdige, sicherlich weit übertriebene Zahl von 600 Schiffen[6] - auf der Elbe aufgetaucht und schlossen Hamburg ein, das sich damals aus dem durch Wall und Graben befestigten Dombezirk sowie einer kleinen, noch unbefestigten Händlerniederlassung zusammensetzte. In Abwesenheit des Gaugrafen sah sich Bischof Ansgar außerstande, den Ort erfolgreich zu verteidigen und entschloss sich unter Mitnahme der Reliquien zur Flucht, um sich vor den anstürmenden Wikingerscharen in Sicherheit zu bringen. Mit ihm suchten auch die Geistlichen und die restliche Bevölkerung des Ortes Hals über Kopf das Weite. Das solchermaßen entvölkerte und wehrlose Hamburg wurde zur leichten Beute der Piraten, die den Ort zwei Tage und zwei Nächte lang ausplünderten und brandschatzten; u.a. waren die Bischofskirche, das Kanonikerstift, die Bibliothek und das wertvolle Kirchengerät ein Raub der Flammen geworden.[7] Allerdings haben neuere archäologische Untersuchungen den Nachweis

1 Thangmari Vita S. Bernwardi episcopi Hildesheimensis, Frhrr. vom Stein-Gedächtnisausgabe, Bd. 22, S. 283-285.
2 P. Riché, Die Welt der Karolinger, S. 299; W. Vogel, Die Normannen und das Fränkische Reich bis zur Gründung der Normandie, S. 57; H. Zettel, Das Bild der Normannen und Normanneneinfälle in westfränkischen, ostfränkischen und angelsächsischen Quellen des 8. bis 11. Jahrhunderts, S. 251ff.
3 G. Faber, Die Normannen. Piraten, Entdecker, Staatengründer, S. 38ff.; F.D. Logan, Die Wikinger in der Geschichte, S. 40; P.H. Sawyer, The age of the Vikings, S. 1.
4 Einhard, Vita Karoli Magni, cap. 14, Frhrr. vom Stein-Gedächtnisausgabe, Bd. 5, S. 182f.
5 W. Vogel, a.a.O., S. 49.
6 Annales Bertiniani, a.845, Frhrr. vom Stein-Gedächtnisausgabe, Bd. 6, S. 66f.
7 Rimberti Vita Anskarii, cap. 16, Frhrr. vom Stein-Gedächtnisausgabe, Bd. 11, S. 50-53. Vgl. dazu auch E. Dümmler, Geschichte des ostfränkischen Reiches, Bd. 1, S. 268f.; Hamburg. Geschichte der Stadt und ihrer Bewohner, Bd. 1, hg. von W. Jochmann und H.-D. Loose, S. 37f.; H. Harthausen, Die Normanneneinfälle im Elbe- und Wesermündungsgebiet mit besonderer Berücksichtigung der Schlacht von 880, S. 10-19; E. Rüther, Die Wikinger zwischen Elb- und Wesermündung, in: Jahrbuch der Männer vom Morgenstern 30, 1940, S. 64.

Wikingerschiff mit Pferden und
Soldaten.
Bild rechte Seite:
Pferde werden entladen.
Beide Ausschnitte nach dem
Teppich von Bayeux, um 1080.

8   Hamburg. Geschichte der Stadt
    und ihrer Bewohner, Bd. 1, S.
    38ff.; H. Harthausen, a.a.O., S.
    22-27; R. Schindler, Ausgra-
    bungen in Alt-Hamburg. Neue
    Ergebnisse zur Frühgeschichte
    der Hansestadt, S. 23ff.; ders.,
    Hamburgs Frühzeit im Lichte
    der Ausgrabungen, in:
    Zeitschrift des Vereins für
    Hamburgische Geschichte 43,
    1956, S. 49ff.
9   Rimberti Vita Anskarii, cap. 34
    und 40, a.a.O., S. 106f und S.
    122f.
10 Miracula S. Willehadi, MGH SS
    II, S. 385. Vgl. auch A. Röpcke,
    Willehad. Das Leben des
    heiligen Willehad und die
    Beschreibung der Wunder an
    seinem Grabe, S. 77f.
11 Annales Bertiniani, a.858,
    a.a.O., S. 96f. Vgl. auch H.
    Harthausen, a.a.O., S. 29ff.
12 Vgl. dazu W. Helling, Dorf und
    Domburg als alte bremische
    Siedlungsbereiche, Sonderheft
    »Der Aufbau« 54, 1999, S. 31;
    U. Weidinger, Mit Koggen zum
    Marktplatz. Bremens
    Hafenstrukturen vom frühen
    Mittelalter bis zum Beginn der
    Industrialisierung, S. 40f.
13 Zur Domburg vgl. W. Helling,
    a.a.O., S. 33-41; R. Stein, Das
    vergangene Bremen, S. 33f.; U.
    Weidinger, a.a.O., S. 88-91.

erbracht, dass der Handelsbetrieb der zu
Füßen der Domburg gelegenen Händlersiedlung durch die Zerstörungen allenfalls
kurzfristig unterbrochen wurde und schon
bald wieder in gewohnten Bahnen seinen
Fortgang nahm.[8]

Rückzug nach Bremen

Indirekt hinterließ der Wikingerüberfall auf
Hamburg auch im fernen Bremen seine Spuren, denn dem aus Hamburg vertriebenen
Ansgar wurde nach Jahren ruhelosen Um-
herirrens schließlich der durch den Tod Bischof Leuderichs (838–845) verwaiste Bremer
Bischofsstuhl übertragen. Sollte sich Ansgar
nach Bremen zurückgezogen haben, weil er
sich hier vor den anstürmenden Wikingern
sicherer fühlte, so sollte er sich allerdings bald
getäuscht sehen: Die Normannenplage, der
er einst mit knapper Not entronnen war,
holte Ansgar auch in seinem neuen Bistums-
sprengel an der Weser wieder ein. In der »Vita
Anskarii«, der Lebensbeschreibung Ansgars
durch seinen Amtsnachfolger Rimbert, ist
von der »unendlichen Mühsal« die Rede, die
Ansgar »durch Barbareneinfälle, Plünderungen und böswillige Gegnerschaft« in seiner
Diözese erdulden musste; beinahe ständig sei
sein gesamter Sprengel den »verwüstenden
Einfällen von Piraten aus den Heiden-
ländern« ausgesetzt gewesen.[9] Auch Ansgar
selbst berichtet in den von ihm wohl kurz
nach 860 verfassten »Wundertaten des heiligen Willehad« (»Miracula S. Willehadi«) von
den unzähligen Gefahren, die seinem Bistum
damals von Seiten feindseliger Heiden –
womit selbstverständlich die Wikinger gemeint sind – drohten. Besonders schwer
scheint Bremen, der Hauptort der Diözese,

betroffen gewesen zu sein, dessen Einwohner offensichtlich vor den heranrückenden
Normannen großenteils die Flucht ergriffen
hatten. Jedenfalls forderte Ansgar die Bewohner Bremens auf, sie sollten im Vertrauen auf
den Schutzheiligen des Ortes – den heiligen
Willehad – wieder in ihre verlassenen Wohnsitze zurückkehren, aus denen sie durch einen feindlichen Einfall vertrieben worden
seien.[10] Man datiert diese Wikingereinfälle im
Bistum Bremen im Allgemeinen in die Zeit
um 858, weil für dieses Jahr auch die Annalen des westfränkischen Klosters St. Bertin
von Einfällen dänischer Wikinger in Sachsen berichten.[11]

Daß die Einwohner Bremens damals Hals
über Kopf ihre Wohnsitze verließen und das
Weite suchten, hatte seinen guten Grund. Der
Ort Bremen war zu jener Zeit nämlich nur
unzulänglich befestigt, so dass ein organisier-
ter Widerstand gegen die anstürmenden Wikinger wohl von vornherein aussichtslos erschien. Es ist bis heute noch nicht einwandfrei geklärt, ob der Bremer Dombezirk als
Ganzes bereits in karolingischer Zeit eine
geschlossene Befestigung etwa in Form einer
einfachen pallisadenbewehrten Wallanlage
aufwies.[12] Die außerhalb des Dombezirks
gelegenen Wohnstätten – und damit auch eine
wahrscheinlich bereits in Ansätzen vorhandene Kaufleutesiedlung – waren in jedem Fall
feindlichen Angriffen völlig schutzlos preis-
gegeben. Immerhin scheint der engere Bereich
der Bischofsresidenz, die sog. Domburg mitsamt der in ihrer Mitte befindlichen Wilhadikirche, einen besonderen Befestigungsschutz
genossen zu haben.[13] Nur unter dieser Annahme ist es nämlich verständlich, dass Bischof Willerich (804/5–838) die Gebeine des

hl. Willehad aus der – offensichtlich nicht oder zumindest doch ungenügend befestigten – Domkirche in die anscheinend besser geschützte Wilhadikirche umbetten ließ. Dies geschah laut Adam von Bremen ausdrücklich aus Furcht vor den wikingischen Seeräubern.[14] Tatsächlich scheint die unter Bischof Willerich als Steinbau errichtete Domkirche bei den Wikingerüberfällen um 858 ein Raub der Flammen geworden zu sein. Jedenfalls ließ Erzbischof Ansgar nach überstandener Gefahr einen – auch archäologisch nachgewiesenen – Neubau anstelle des zerstörten Doms errichten[15], in den er um 860 nun auch wieder die Gebeine des hl. Willehad zurückführen ließ.[16] Die Verteidigungssituation Bremens war in der Mitte des 9. Jahrhunderts also alles in allem wenig befriedigend, so dass die angreifenden Normannen verhältnismäßig leichtes Spiel gehabt haben dürften.

Vernichtende Niederlage

Nach den schweren Verwüstungen, die in den 50er Jahren vor allem im Wesermündungsgebiet und speziell in Bremen großen Schaden angerichtet hatten, scheint Sachsen dann zwei Jahrzehnte lang nicht weiter von den Normannen belästigt worden zu sein. Zumindest berichten die Quellen nichts dergleichen. Ein neuerlicher Einfall wikingischer Heerscharen erfolgte dann im Jahre 880. Die »Annales Fuldenses« (Fuldaer Annalen) berichten dazu, dass ein zur Abwehr der Wikinger aufgebotener sächsischer Heeresverband unter der Führung von Herzog Brun »unglücklich gegen die Normannen gekämpft habe«. Dies ist sicherlich eine recht verharmlosende Umschreibung des Geschehens, denn tatsächlich erlitten die Sachsen eine vernichtende Niederlage: Neben Herzog Brun selbst fielen in dem erfolglosen Abwehrkampf zwei sächsische Bischöfe, elf Grafen und 18 königliche Vasallen; unzählige Sachsen gerieten

in Gefangenschaft.[17] Als Tag der entscheidenden Schlacht gibt der Geschichtsschreiber Thietmar von Merseburg den 2. Februar 880 an.[18] Unklar ist dagegen, wo genau die Abwehrschlacht stattgefunden hat. Die spätere legendenhafte Ausschmückung der Schlacht nennt entweder Ebstorf bei Uelzen oder Hamburg als angeblichen Schlachtort.[19] Doch ist dieser lokale Bezug völlig unhistorisch und hält einer fundierten Quellenkritik nicht stand. Tatsächlich hat sich der Ort des Geschehens bis heute nicht genau lokalisieren lassen. Möglicherweise war auch in diesem Fall die Weser das Einfallstor für die Wikinger. Jedenfalls fällt auf, dass der Bremer Erzbischof Rimbert (865–888) damals durch Veräußerung fast seines gesamten Besitzes Gefangene – vermutlich die »unzähligen« Gefangenen der Schlacht von 880[20] – von den Heiden freigekauft hat.[21]

14 Magister Adam Bremensis, Gesta Hammaburgensis ecclesiae pontificum I, cap. 18, a.a.O., S. 190f.
15 K.H. Brandt, Die Ausgrabungen im Bremer St.-Petri-Dom 1973 bis 1976 und 1979, in: Jahrbuch der Wittheit zu Bremen 26, 1982, S. 65.
16 Magister Adam Bremensis I, cap. 31, a.a.O., S. 204f.
17 Annales Fuldenses, Frhrr. vom Stein-Gedächtnisausgabe, Bd. 7, a.880, S. 112f. Zur Schlacht vgl. auch E. Dümmler, a.a.O., Bd. 2, S. 136f.; H. Harthausen, a.a.O., S. 35–43.
18 Thietmar Merseburgensis Episcopi Chronicon II, cap. 23, Frhrr. vom Stein-Gedächtnisausgabe, Bd. 9, S. 58f.
19 Zur legendenhaften Ausgestaltung vgl. H. Harthausen, a.a.O., S. 61–144.
20 H. Harthausen, a.a.O., S. 37f.
21 Vita S. Rimberti, cap. 17, MGH SS II, S. 773.

22 Magister Adam Bremensis I, cap. 39, S. 210f. Seltsamerweise fehlt in der Lebensbeschreibung des Erzbischofs Rimbert, der »Vita S. Rimberti«, jeglicher Hinweis auf diese Wundertat ihres Helden. Zur Schlacht bei Norden vgl. auch H. Schmidt, Politische Geschichte Ostfrieslands, S. 16.

23 Magister Adam Bremensis I, cap. 39, a.a.O., S. 212f.

24 Annales Fuldenses, a.884, a.a.O., S. 122f.

25 Magister Adam Bremensis I, cap. 52, a.a.O., S. 224/25.

26 So die Interpretation der Textpassage bei W. Vogel, a.a.O., S. 309. Harthausen zieht die Glaubwürdigkeit der Nachricht sogar gänzlich in Zweifel. Vgl. H. Harthausen, a.a.O., S. 149f.

Der Hafen von Haithabu als Warenumschlagsplatz.
(© Tessloff, Was ist was?, Bd. 58)

Wenige Jahre nach der Schlacht von 880 kam es Mitte der 80er Jahre zu weiteren Einfällen von Normannen in Sachsen, die jedoch allesamt – im Unterschied zur Invasion von 880 – erfolgreich abgewehrt wurden. Für Bremen und den Weserraum ist dabei vor allem das siegreiche Gefecht der Friesen 884 in der Nähe der ostfriesischen Stadt Norden von besonderer Bedeutung, weil der bremische Erzbischof Rimbert (865–888), in dessen Sprengel der Schlachtort lag, dabei eine herausragende Rolle gespielt haben soll. Laut Adam von Bremen, der am ausführlichsten über diesen Kampf berichtet, hatte Rimbert durch seinen Zuspruch, seine Anweisungen und sein unermüdliches Gebet maßgeblichen Anteil am Sieg der Friesen. Der Hügel, von dem aus Rimbert betend das Schlachtgeschehen verfolgte, soll sich durch immergrünen Rasen ausgezeichnet haben.[22] Adam zufolge errangen die Friesen in der Schlacht einen überwältigenden Sieg und töteten 10.377 Wikinger, weitere Feinde seien auf der Flucht beim Durchqueren der Gewässer ums Leben gekommen.[23] Selbstverständlich ist die Zahl der Gefallenen nicht wortwörtlich zu nehmen und sicherlich weit übertrieben; auf jeden Fall ist auch in den Fuldaer Annalen von »sehr vielen« Toten, die auf dem Schlachtfeld zurückblieben, die Rede.[24]

Nach der erfolgreichen Vertreibung der Normannen in der siegreichen Schlacht bei Norden scheint in Sachsen für längere Zeit wieder Ruhe geherrscht zu haben. Erst für die letzten Jahre des bremischen Erzbischofs Hoger (909–916) berichtet Adam von Bremen dann wiederum von Einfällen von Dänen, Slawen, Böhmen und Ungarn, durch die ganz Sachsen entsetzlich heimgesucht worden sei.[25] Was die Dänen anbetrifft, so ist indes fraglich, ob Adam damit Wikingerfahrten im herkömmlichen Sinn meint oder nicht vielmehr auf Grenzverstöße regulärer dänischer Truppen, die über die Eidergrenze vorrückten, anspielt.[26] Tatsächlich scheinen

in jener Zeit für Sachsen und insbesondere für den Weserraum nicht die dänischen Normannen, sondern die von Süden und Osten einfallenden Ungarn die Hauptgefahr dargestellt zu haben. So wurde Bremen 915 durch einen Überfall ungarischer Krieger erheblich in Mitleidenschaft gezogen: Kirchen wurden in Brand gesteckt, Priester vor den Altären erschlagen, die übrige Bevölkerung teils ermordet, teils versklavt.[27] Auch in der Regierungszeit des Bremer Erzbischofs Unni (919–936) sollen sowohl die Ungarn als auch die Dänen Angst und Schrecken in Sachsen verbreitet haben.[28]

Wikinger auf Elbe und Weser

Den Überfällen der Ungarn und Dänen in den 30er Jahren des 10. Jahrhunderts folgte wiederum eine längere Zeit der Ruhe; etwa ein halbes Jahrhundert lang konnten Sachsen und der Weserraum sich von den schrecklichen Folgen fortwährender feindlicher Invasionen einigermaßen erholen. Während die Ungarngefahr jedoch durch den Sieg Ottos des Großen auf dem Lechfeld (955) endgültig gebannt wurde, nahmen die Wikinger ihre Plünderungs- und Eroberungszüge nach einer längeren Phase der Zurückhaltung gegen Ende des 10. Jahrhunderts wieder in vollem Umfang auf. Auch die Lande zwischen Weser und Elbe waren davon betroffen. Besonders bedrohlich spitzte sich hier die Lage im Jahre 994 zu, als zwei wikingische Heeresverbände nahezu gleichzeitig auf der Weser und auf der Elbe erschienen und ins Binnenland vordrangen. Die beiden Unternehmungen auf Weser und Elbe, hinter denen wahrscheinlich der auf Wikingfahrt befindliche dänische König Sven Gabelbart (986–1014) stand[29], müssen als Teil einer groß angelegten Gesamtstrategie gesehen werden. Offensichtlich unternahmen die Dänen den Versuch, die sächsischen Kernlande in einer Art Zangenbewegung einzuschließen und zu zermürben.

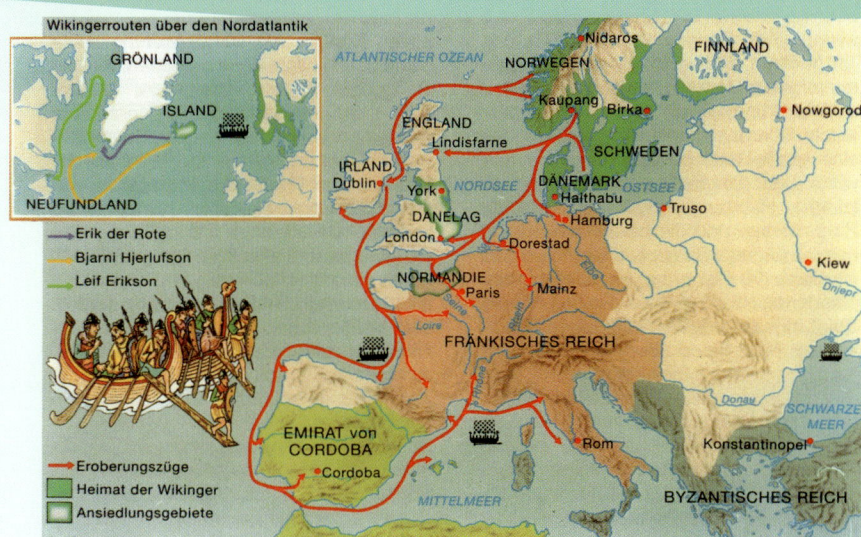

An der Unterelbe organisierten die unmittelbar betroffenen Grafen von Stade zwar unverzüglich den sächsischen Widerstand gegen die plündernden dänischen Piraten, doch endete die entscheidende Abwehrschlacht am 23. Juni 994 in einem Fiasko: Die Grafen Heinrich, Siegfried und Ethelger gerieten in Gefangenschaft, Graf Udo fiel auf dem Schlachtfeld. Um noch Schlimmeres zu verhüten, willigten die Sachsen in die Zahlung eines hohen Lösegeldes – in den Quedlinburger Annalen ist von 7000 Talenten die Rede[30] – ein. Doch war der daraufhin vereinbarte Friede nur von kurzer Dauer. Inzwischen war nämlich Graf Siegfried, der von den »verruchten Kerlen« vermutlich auf einer Elbinsel gefangen gehalten wurde, unter Anwendung einer List die Flucht zur gräflichen Burg Harsefeld an der Lühe geglückt. Daraufhin überfielen die Wikinger den nahe gelegenen Ort Stade – es handelt sich hier um die erste Erwähnung des Ortes überhaupt[31] –, weil sie irrtümlicherweise glaubten, der Entlaufene habe hier Unterschlupf gefunden. Da sie Siegfried nicht auffanden, ließen sie ihrer Wut freien Lauf, raubten, um nicht ohne Beute abziehen zu müssen, den Frauen gewaltsam die Ohrringe und verstüm-

Wikingerrouten über den Nordatlantik. (© Tessloff, Was ist was?, Bd. 58)

27 Magister Adam Bremensis I, cap. 53, a.a.O., S. 226f. Allgemein zu den Ungarneinfällen in Sachsen vgl. auch Widukindi res gestae Saxonicae I, cap. 20, Frhrr. vom Stein-Gedächtnisausgabe, Bd. 8, S. 48f; E. Dümmler, a.a.O., Bd. 2, S. 543ff.

28 Magister Adam Bremensis I, cap. 55, S. 226f.

29 H. Harthausen, a.a.O., S. 155ff.

30 Annales Quedlinburgenses, a.994, MGH SS III, S. 72.

31 J. Bohmbach, Vom Kaufmannswik zum Schwerpunktort. Die Entwicklung Stades vom 8. bis zum 20. Jahrhundert, S. 15.

32 Thietmari Merseburgensis Episcopi Chronicon II, cap. 23-25, a.a.O., S. 138-143. Vgl. auch H. Harthausen, a.a.O., S. 167-182; E. Rüther, a.a.O., S. 65.

33 Magister Adam Bremensis II, cap. 31, 32, a.a.O., S. 266-269.

34 Vgl. dazu H. Harthausen, a.a.O., S. 182-187.

35 Vgl. dazu ebd., S. 188ff.

36 Magister Adam Bremensis II, cap. 32, a.a.O., S. 268f. Vgl. auch H. Harthausen, a.a.O., S. 187-194; E. Rüther, a.a.O., S. 65; K.Th. Strasser, Die Wikingerschlacht im Teufelsmoor, in: Niedersachsen, 35. Jg., 1930, S. 615-620.

37 H. Harthausen, a.a.O., S. 190ff.

38 Magister Adam Bremensis II, cap. 33, a.a.O., S. 268f.

Gokstadschiff (oben) und Osebergschiff (rechts) der Wikinger.

melten die ihnen verbliebenen Geiseln. Danach machten sie sich mit unbekanntem Ziel davon. So weit die Schilderung des Hergangs durch den Chronisten Thietmar von Merseburg, der aufgrund seiner nahen Verwandtschaft mit den Hauptakteuren, den Grafen von Stade, die Ereignisse wohl aus erster Hand erfuhr und dessen Bericht deshalb als äußerst glaubwürdig gelten muss.[32]

Eine punktuell anders geartete Darstellung des Ereignisablaufs bietet der Bremer Historiograph Magister Adam. Im Unterschied zu Thietmar, bei dem die Wikinger ungeschoren davonkommen, lässt Adam, der die wikingischen Piraten nach ihren Schiffen, den sogenannten Asken, auch als Askomannen bezeichnet, die Sachsen für die empfangene Schmach Rache nehmen: Ein von Herzog Benno und Markgraf Siegfried aufgebotenes Heer habe die abziehenden Piraten vernichtend geschlagen.[33] Während die ältere Forschung der Version Adams wenigstens zum Teil gefolgt ist, hält man im jüngeren Schrifttum Thietmars Darstellung allein aufgrund der Nähe des Autors zu den geschilderten Vorgängen – Thietmar verweilte während der Ereignisse auf der nahen Burg Harsefeld – für authentisch und verweist Adams Version in das Reich der Fabel.[34]

Das auf der Elbe eingefallene Wikingerheer blieb also aller Wahrscheinlichkeit nach unbesiegt, was umso schwerer wog, weil gleichzeitig ein weiterer wikingischer Heeresverband in die Weser eingefahren und dort an Land gegangen war. Über das Geschehen an der Weser ist Adam von Bremen unsere einzige Quelle. Adam schreibt, dass die Askomannen das Land Hadeln bis hinauf nach Lesum, wo sich ein großer billungischer Eigengüterkomplex befand[35], verheert und dabei eine große Zahl Gefangener gemacht hätten. Anschließend seien sie weiter in Richtung Stade gezogen, vermutlich um sich dort mit den Elbwikingern zusammenzuschließen. Doch dazu kam es nicht. Ein sächsischer Gefangener namens Herward habe die ortsunkundigen Normannen wissentlich in das gefährliche, unwegsame Sumpfgebiet des Glinstedter Moores (westlich Zeven) geführt, wo die von den großen Anstrengungen ermatteten Wikinger von den Sachsen überwältigt und »bis auf den letzten Mann« erschlagen worden seien. Die Zahl der Toten soll laut Adam – sicherlich weit übertrieben – 20.000 betragen haben.[36] Die angebliche Heldentat des Herward gehört gewiss in den Bereich der volkstümlichen Sage und wird von Adam unkritisch übernommen worden sein. Tatsächlich dürfte der Hauptanteil am überwältigenden Sieg dem billungischen Sachsenherzog Bernhard I. zuzuschreiben sein, der den sächsischen Heerbann aufbot und der in Lesum ja auch allodialen Eigenbesitz zu verteidigen hatte.[37] Sicherlich kam ihm dabei die weite, unwegsame Moorlandschaft bei Bremervörde äußerst hilfreich zustatten.

Bei ihrem Einfall auf der Weser waren die Wikinger 994 bis nach Lesum (heutiger Stadtteil von Bremen-Nord) vorgedrungen und hatten sich damit der Bischofsresidenz Bremen in bedrohlicher Weise, nämlich bis auf etwa 15 km, genähert. Es ist zu vermuten, dass die Askomannen, hätten sie nicht aus strategischen Gründen die Verbindung mit dem an der Elbe operierenden Heeresverband gesucht, aller Wahrscheinlichkeit nach die reiche Kaufmannssiedlung Bremen als nächstes Ziel angegriffen hätten. Verständlicherweise herrschte dort höchste Alarmstufe. Erzbischof Libentius (988–1013) traf deshalb die nötigen Vorkehrungen gegen den befürchteten Überfall auf Bremen. So ließ er den Kirchenschatz und alle Kirchengeräte – für die Wikinger stets begehrte Beutestücke – vorsorglich aus Bremen entfernen und in dem tiefer im Binnenland gelegenen und deshalb sichereren Stift Bücken (nahe Hoya) verwahren. Auch seine geistlichen Machtmittel brachte Libentius zum Einsatz und traf die sein Bistum verheerenden Piraten »mit dem Schwerte des Bannfluchs«.[38]

Stadtmauern für Bremen

Vor allen Dingen aber sorgte der Erzbischof für eine Verbesserung des Befestigungsschutzes. Libentius ließ Bremen, wie Adam schreibt, durch einen »sehr starken Wall« sichern.[39] Zweifellos hat dieser Libentius-Wall noch nicht die gesamte Siedlungsfläche des Ortes einschließlich der sicherlich schon vorhandenen Kaufleute- und Hafensiedlung umschlossen. Vielmehr beschränkte sich die um 1000 im Zeichen der Normannengefahr errichtete Wallbefestigung auf den eigentlichen Dombezirk auf der Kuppe der Düne – die sogenannte Domimmunität –, welche den Dom, die erzbischöfliche Residenz mitsamt der Wilhadikapelle sowie den Klerikerbereich mit den kirchlichen Nebengebäuden umfasste.[40] Möglicherweise steht die Wallanlage in Verbindung mit einem auf der südlichen Hälfte des Domshofes archäologisch nachgewiesenen doppelten, weitgehend parallel verlaufenden Spitzgrabensystem, doch ist diese Ansicht in der Forschung – nicht zuletzt mangels datierbaren Fundmaterials – umstritten.[41] Auf jeden Fall besaß Bremen mit dem Wallbau jetzt eine Verteidigungsanlage, die vermutlich den gesamten Dombereich unmittelbar schützte und für den noch unbefestigten Teil des Ortes – die Händlersiedlung am Hafen – die Funktion einer Fluchtburg wahrnahm, in die sich die Bewohner im Bedrohungsfall zurückziehen konnten. Tatsächlich scheinen die gegen die Normannen gerichteten Verteidigungsmaßnahmen unter Erzbischof Libentius ihren Zweck nicht ganz verfehlt zu haben, denn Thietmar von Merseburg berichtet, dass Bremen zu Lebzeiten des Libentius von den ständigen Einfällen der »wilden Seeräuber« verschont geblieben sei.[42]

Auch nach der verheerenden Niederlage im Glinstedter Moor setzten die Wikinger also ihre Streifzüge und Überfälle fort. Das bestätigt auch Adam von Bremen, der lakonisch feststellt, dass die Piraten um die Jahrtausendwende »immer wieder« in feindseliger Absicht in diesen Gegenden – d.h. im Bereich der Elb- und Wesermündung – einfielen und eer konstatiert, dass alle Orte Sachsens deswegen von Furcht erfüllt waren.[43] Genaueres über Zeit, Art und Umfang dieser Räubereien teilen die Quellen allerdings nicht mit.

Überfall auf Lesum

Der nächste genauer datierbare und lokalisierbare wikingische Raubzug erfolgte dann vermutlich im Jahre 1042, als der spätere dänische König Sven Estridsen (†1074) auf der Überfahrt nach England mehr oder weniger im Vorbeigehen im Lande Hadeln und

39 Ebd.

40 W. Helling, a.a.O., S. 42ff.; H. Schwarzwälder, Entstehung und Anfänge der Stadt Bremen, S. 171ff.; U. Weidinger, a.a.O., S. 124ff.

41 Zur diesbezüglichen Forschungsdiskussion vgl. neuerdings W. Helling, a.a.O., S. 33ff.

42 Thietmari Merseburgensis Episcopi Chronicon VI, cap. 88, a.a.O., S. 336f.

43 Magister Adam Bremensis II, cap. 33, a.a.O., S. 268f.

Schwert als Beigabe eines
Königsgrabes.
(© Tessloff, Was ist was?, Bd. 58)

in der Wesermündung einfiel.[44] Es war zugleich der letzte größere Überfall dieser Art an der südlichen Nordseeküste. Adam von Bremen, der auch diesmal wieder unser Gewährsmann ist, berichtet sogar von zwei normannischen Einfällen in Sachsen zu jener Zeit, doch haben neuere Untersuchungen ergeben, dass es sich dabei wahrscheinlich um zwei aus jeweils unterschiedlicher Perspektive mitgeteilte Versionen ein und desselben Geschehens handelt.[45] Demzufolge waren damals »Askomannen und Piraten« unter der Führung Sven Estridsens in die Wesermündung eingefahren und wüteten hier und im Lande Hadeln »nach Wikingerart«. Dabei drangen sie wiederum – wie schon 994 – raubend und plündernd bis nach Lesum vor. Auf der Rückkehr zu ihren bei Aumund liegenden Schiffen wurden sie jedoch von einem sächsischen Heerestrupp abgefangen und vernichtend geschlagen. Der Anführer der Wikingerschar, Sven Estridsen, geriet in Gefangenschaft und wurde in Bremen dem dortigen Erzbischof Bezelin (1035–1043) vorgeführt, der ihn jedoch ausgesprochen ehrenvoll behandelte und sogar einen Freundschaftsbund mit ihm schloss.[46] Adam von Bremen bezog in diesem Fall seine Informationen aus erster Hand, nämlich von Sven

Estridsen selbst, den er 1068 auf einer Reise nach Dänemark persönlich kennengelernt hatte.

Der Wikingerüberfall auf Lesum im Jahre 1042 offenbart noch einmal in aller Deutlichkeit ein für die normannischen Plünderungszüge im Allgemeinen ganz typisches Strukturelement: Die Schiffe dienten den Wikingern in der Regel als reines Transportmittel, mit deren Hilfe die kriegerische Mannschaft möglichst tief ins Binnenland vordrang. Die eigentlichen Streif- und Plünderungszüge erfolgten dann zu Fuß oder zu Pferde auf dem Land. Die Schiffe wurden unterdessen an geeigneten Uferstellen unter Aufsicht einer kleinen Wachmannschaft zurückgelassen. So gesehen waren die Wikinger keine Piraten im eigentlichen Sinn des Wortes – obwohl sie in den zeitgenössischen Quellen häufig so bezeichnet wurden[47] –, sondern vielmehr Landräuber. Auch die Schlachten, in die die Normannen mit den einheimischen Heeren verwickelt wurden, fanden fast immer auf dem Land statt, waren also keine Seegefechte. Ja, es zeigte sich sogar, dass die Wikinger dort, wo ihnen eine gut ausgerüstete Kriegsflotte entgegentrat, wie beispielsweise in England unter König Alfred dem Großen (871–899), nicht selten unterlegen waren und den Kürzeren zogen. Weder waren die Wikingerschiffe ausschließlich für den Seekampf gebaut, noch waren die Mannschaften dafür ausreichend geübt und mit den entsprechenden Kampfmitteln ausgestattet.[48] Der strategische Vorzug der wikingischen »Kriegsschiffe« bestand vor allem in ihrer Schnelligkeit und Wendigkeit, die das weithin gefürchtete blitzschnelle Auftauchen und ebenso rasche Abziehen der kriegerischen Truppen ermöglichten.[49]

Nebenbei bemerkt ist der Überfall auf Lesum 1042 für die bremische Geschichte auch deshalb von besonderer Bedeutung, weil hier der Vegesacker Hafen noch lange vor seiner eigentlichen Gründung im frühen 17. Jahrhundert erstmals in seiner späteren Funktion quellenmäßig in Erscheinung tritt. Nach Adam von Bremen verließen die Askomannen ihre Schiffe bei Aumund (heute zum Stadtteil Bremen-Vegesack gehörig), um von hier aus zu Fuß gegen den reiche Beute versprechenden billungischen Gutshofkomplex Lesum vorzudringen. Das bedeutet, dass die Wikinger aller Wahrscheinlichkeit nach den unmittelbar unterhalb Aumunds - der Ort Vegesack existierte damals noch nicht - gelegenen Mündungstrichter der Schönebecker Aue als Ankerplatz und Schiffslände für ihre Fahrzeuge benutzten. Ihnen diente dann genau derselbe Flussabschnitt als provisorische Hafengelegenheit, der sechs Jahrhunderte später zum Vegesacker Hafen ausgebaut werden sollte.

Die Niederlage, die den Wikingern 1042 auf ihrem Rückmarsch nach Aumund von den abwehrbereiten Sachsen zugefügt worden war, hinderte diese daran, weiter nach Sachsen vorzudringen und auch noch die Bischofs- und Handelsstadt Bremen anzugreifen. Allerdings war Bremen für diesen Fall gut gerüstet, die Verteidigungsanlagen des Ortes waren in den vorausgehenden Jahrzehnten permanent ausgebaut und verbessert worden. Die um die Jahrhundertwende angelegte Wallbefestigung um den Dombezirk war mittlerweile einer steinernen Ringmauer gewichen, die während der Regierungszeit der Erzbischöfe Hermann (1032–1035) und Bezelin (1035–1043) errichtet worden war. Adam von Bremen lobt dieses »umfangreiche, nützliche Unternehmen« in den höchsten Tönen: Die Ringmauer habe selbst dort, wo sie unvollendet blieb und nicht bis zu den Zinnen emporgebaut worden sei, eine Höhe von 5–7 Ellen (3–4 m) erreicht; im Westen zum Markt habe sich ein großer, in italienischer Quadertechnik gebauter Torturm mit insgesamt sieben Speicherräumen befunden.[50] Zumindest der Dom und der geistliche Bezirk auf der Domdüne waren also in einen vergleichsweise guten Verteidigungsstand gesetzt. Ob diese Kirchenfestung indessen einem neuerlichen Ansturm der Wikinger standgehalten hätte, bleibt eine offene, rein theoretische Frage. Der Überfall des Jahres 1042 war die letzte Invasion nordischer Seeräuber an der südlichen Nordseeküste, den die Annalen und Chroniken verzeichnen, nach zwei Jahrhunderten schwerster Heimsuchungen fanden Sachsen und die Weserregion endlich die lang erhoffte Ruhe. Hermanns und Bezelins Mauerbau musste seine Tauglichkeit gegen den mutmaßlichen Feind also nicht unter Beweis stellen. Ein Großteil der Normannen war inzwischen - in England, in Irland, in Island, in der Normandie etc. - sesshaft geworden und hatte von dem einstigen unsteten, abenteuerlichen Leben Abstand genommen. Für Adam von Bremen, um unseren wichtigsten Gewährsmann abschließend noch einmal zu zitieren, stand außer Frage, dass dieser Sinneswandel eine späte Frucht der erfolgreichen, maßgeblich auf das Konto der Bremer Bischofskirche gehenden Missionierung Skandinaviens war: »Diese Seeräubervölker, die einst alle Landschaften Frankreichs und Deutschlands verwüstet haben, begnügen sich jetzt mit ihren Ländern. Das furchtbare Land hat nun seine natürliche Wildheit abgelegt und duldet voller Eifer überall Prediger der Wahrheit«.[51]

44 H. Harthausen, a.a.O., S. 202-208.
45 H. Harthausen, a.a.O., S. 206f.
46 Magister Adam Bremensis II, cap. 75, 77, a.a.O., S. 316-319.
47 Insbesondere die fränkischen Quellen sprechen häufig von »piratae«, auch wenn die Angriffsgruppen ausschließlich auf dem Land operierten. Vgl. H. Zettel, a.a.O., S. 56f.
48 W. Vogel, a.a.O., S. 36 und S. 212f.
49 H. Zettel, a.a.O., S. 250f. Zu den Schiffen der Wikinger vgl. auch B. Crochet, Geschichte der Schifffahrt, S. 25-38; H. Sawyer, a.a.O., S. 66-85.
50 Magister Adam Bremensis II, cap. 68, 69, a.a.O., S. 310-331.
51 Magister Adam Bremensis IV, cap. 44, a.a.O., S. 494f.

35

Hartmut Roder

Klaus Störtebeker – Häuptling der Vitalienbrüder

Mit dem Ende der Wikingerzüge in Nord- und Ostsee war die Zeit der Seeräuber keineswegs vorüber. Durch die Stärkung der Städte im Norden Europas ab dem 12. Jahrhundert erweiterte sich der Seehandel von Russland im Osten, über Bergen im Norden bis nach London im Westen und weiter in den Mittelmeerraum hinein erheblich. Hatten die großen europäischen Handels- und Hafenstädte immer wieder versucht, durch vertragliche Vereinbarungen mit den Landesherren das weit verbreitete Strandrecht einzudämmen, so schlossen sie sich ab dem 13. Jahrhundert zu Kaufleute-Genossenschaften zusammen. Aber weiterhin wollten die Bewohner der Küstenstriche genauso wenig wie Herzöge, Grafen, Bischöfe auf ihr altes Recht verzichten, wonach derjenige alle Gegenstände behalten kann, die an den Strand gespült werden, bzw. wonach dem jeweiligen Landesherrn ein eigener Anteil an der Beute zusteht. Jedoch selbst auf See waren die voll beladenen und unbewaffneten Koggen vor Übergriffen von Räubern nicht sicher. Zunehmend rüsteten selbst Landesherren an den Küsten Frieslands, Mecklenburgs oder Dänemarks eigene Kaperschiffe aus oder gewährten den Seeräubern auf ihren Territorien Unterschlupf. Da Kaiser und Könige im Norden Europas vollständig mit dem Erhalt oder der Erweiterung ihrer jeweiligen Macht beschäftigt waren, setzten sie dem zunehmenden Raub auf See kaum etwas entgegen. Für die Gründung der Hanse, die sich ab der Mitte des 13. Jahrhunderts von einer Kaufleute-Genossenschaft zunehmend zu einem Städtebund entwickelte, musste der Kampf gegen die Piraten eine herausragende Rolle spielen, wie die überlieferten Urkunden zeigen. Besonders Hamburg und Bremen, die durch die weit ins Land hineinreichenden Flüsse Elbe und Weser sehr leicht sowohl von Strand- als auch von Seeräubern geschädigt und vom offenen Meer abgeschnitten wer-

Bild rechte Seite: Störtebeker-Denkmal in Hamburg.
Unten: Zwei Schädel von enthaupteten Seeräubern im Museum für Hamburgische Geschichte.

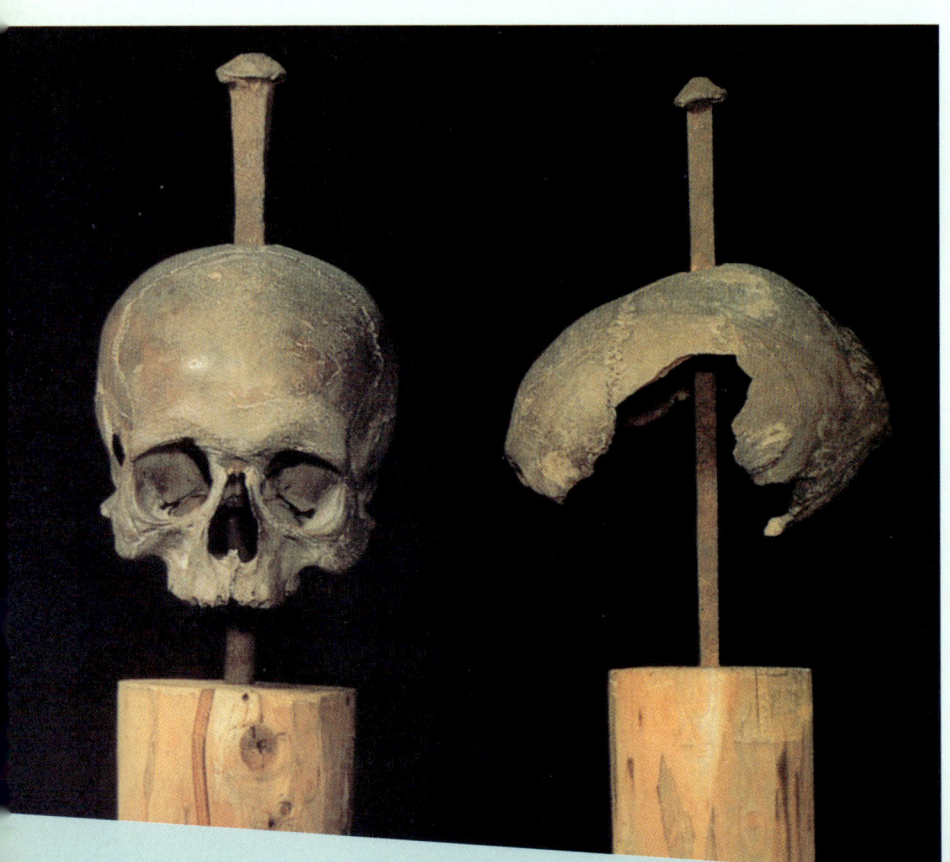

den konnten, klagten über die zunehmende Unsicherheit auf den lebenswichtigen Wasserwegen. Während Hamburg immer häufiger die Bundesgenossen der Hanse um Unterstützung bat, musste Bremen sich 1312 sogar bereit erklären, Schutzgelder an die den Unterweserraum zeitweilig kontrollierenden Friesen zu zahlen, um den eigenen Seehandel aufrecht erhalten zu können. Somit war es nur allzu verständlich, dass sich immer mehr Handelsstädte diesem Bündnis zur Sicherung der Seewege und der Handelsprivilegien anschlossen, das jedoch weder über ein höchstes Beschlussgremium noch über eine gemeinsame Kasse oder eine eigene Streitmacht verfügte. Als die Hanse Ende des 14. Jahrhunderts mit nahezu 200 Städten und vier Kontoren bei einem Schiffsbestand von ca. 1000 Koggen den Höhepunkt ihrer wirtschaftlichen Aktivitäten erreicht hatte, stand sie jedoch vor der größten Herausforderung ihrer bisherigen Geschichte; Das ausufernde Seeräuberwesen in Ost- und später der Nordsee drohte, die gesamte Handelstätigkeit und damit den Gründungszweck der Vereinigung lahm zu legen.

Die Vitalienbrüder – Söldnertruppe auf See

Die Ursache für das Entstehen großer und schlagkräftiger Haufen von Piraten in Nord- und Ostsee stellte der politische Kampf um das Erbe des am 24. Oktober 1374 verstorbenen dänischen Königs Waldemar IV. Atterdag dar. Im Kampf um die dänische Thronfolge und somit auch die Vormachtstellung in Skandinavien standen sich Waldemars Töchter Margarete und Ingeborg gegenüber, die für ihre jeweils ältesten Söhne das Erbe anstrebten. Nachdem sich die Hanse nach der Bestätigung aller ihrer Handelsprivilegien in Norwegen, das mit dem dänischen Königshaus in Personalunion verbunden war, 1376 mit der Wahl von Margaretes Sohn einver-

standen erklärt hatte, lehnte Ingeborg, die mit Albrecht III., Herzog von Mecklenburg und Bruder des schwedischen Königs, verheiratet war, diese Entscheidung ab und ergriff Gegenmaßnahmen. Infolge dieser Erbauseinandersetzungen hatten sich bereits größere Gruppen von Seeräubern in der Ostsee breit gemacht, die nunmehr von den Mecklenburgern angeworben wurden, um zur wirtschaftlichen Schwächung des Gegners einen Kaperkrieg gegen Dänemark zu führen.

Jetzt öffneten nicht nur die mecklenburgischen Hansestädte Rostock und Wismar ihre Häfen den Seeräubern, sondern der mecklenburgische Adel selbst begann, diese unorganisierten Trupps als reguläre Truppenteile anzusehen und einzusetzen. Erstmals kam es zu einer Verschmelzung von Teilen des mecklenburgischen Adels, der sich zudem in einer wirtschaftlichen Krise befand, mit den in der Ostsee vagabundierenden Piratenhaufen. Seeräuberei bzw. Raubrittertum zur See sollte für einige Adelige mit Wohlwollen ihres politisch geschwächten Herzogs zum Ausweg aus ihrer miserablen Lage werden. Dass mehrere hundert Seeräuber, die es gewohnt waren, auf eigene Faust Beute zu machen, nicht unter die Kontrolle einer regulären Heeresführung zu bringen waren, spürten recht bald nicht nur diese Adeligen, sondern vor allem die Schiffe der Hanse in der Ostsee; denn zunehmend wurden auch diese zu Zielen der Piratenüberfälle. Bevor jedoch die Hanse zum Gegenschlag ausholen konnte, indem sie sogenannte Friedeschiffe, also zu Kriegsschiffen umgerüstete Koggen, zur Bekämpfung der Seeräuberei entsandte, kam es zu einem Waffenstillstand zwischen den verfeindeten Parteien Mecklenburg/Schweden und Dänemark/Norwegen.

Die Seeräuberei nahm damit jedoch keineswegs ein Ende. Im Gegenteil. Die Piraten, denen es offensichtlich auch unter dem Schutzmantel der Politik vornehmlich um

Die »Bunte Kug«, gemalt von H. Bohrdt. Das legendäre Schiff war an Einsätzen gegen die »Vitalienbrüder« beteiligt.

reiche Beute ging, intensivierten ihre Kaperfahrten. Sie starteten sie nicht mehr von der mecklenburgischen Küste, sondern unternahmen ihre Raubzüge nunmehr von den Territorien ihrer neuen Verbündeten und Nutznießer – einigen dänischen Adligen. Um dem Unwesen der Seeräuber entgegenzuwirken, sahen sich die Hansestädte zunehmend veranlasst, immer mehr Friedeschiffe in der Ostsee aufzubieten, die ab 1385 für spürbare Entspannung sorgten.

Der Zwischenfriede fand schlagartig ein Ende, nachdem der schwedische Adel 1388 ausgerechnet der dänischen Königin Margarete auch die schwedische Thronfolge angetragen hatte. Obwohl der konkurrierende mecklenburgische Herzog in der darauffolgenden Schlacht den Schweden unterlegen und in deren Gefangenschaft geraten war, gaben sich die Mecklenburger nicht geschlagen. Neben direkten militärischen Attacken sollte wiederum das Mittel des Kaperkrieges gegen dänische Schiffe unter erneuter Rekrutierung von Seeräubern dem dänischen Expansionsstreben ein Ende bereiten. Bis 1395 machten die Piraten in mecklenburgischen Diensten und auf eigene Faust die Ostsee derart unsicher, dass es ihnen gelang, 1393/94 die Handelsschifffahrt dort fast vollständig lahmzulegen. Alle, die das Reich Dänemark schädigen wollten, waren nun eingeladen, ihr räuberisches Treiben in der Ostsee zu pflegen, wobei auch vor Schiffen der Hanse nicht immer halt gemacht wurde. Besonders die mecklenburgischen Häfen Rostock und Wismar scherten aus dem Hansebündnis aus, indem sie genauso als Stützpunkte der Seeräuber dienten wie als Hehlerorte für die erbeuteten Waren. Ob es allerdings zutrifft, dass die Seeräuber ihren nunmehr aufkommenden Namen »Vitalienbrüder« nach der Durchbrechung des dänischen Blockaderinges um das königstreue Stockholm und die Versorgung der dortigen Bevölkerung mit Waffen und

Lebensmitteln (»Viktualien«) erhalten haben, bleibt zweifelhaft. Der Name deutet darauf hin, dass diese Söldner auf See keinen Sold und keine Verpflegung von ihrem Auftraggeber erhielten, sondern dass sie sich auf eigene Rechnung von der Beute ihrer Raubzüge versorgen mussten. Zweifellos war aber die Durchbrechung der von 1389 bis 1394 dauernden dänischen Blockade Stockholms der spektakulärste Erfolg der Ostseepiraten in Diensten des Herzogs von Mecklenburg. Er wurde nur noch übertroffen durch die teilweise Eroberung der Insel Gotland 1394, die sich im Besitz der dänischen Königin befand. Deren Truppen mussten vor einer Flotte der belagerten Stockholmer, unterstützt von einem starken Verband von Vitalienbrüdern, zurückweichen und sogar die Hauptstadt Visby aufgeben, die nun zu einem neuen Stützpunkt der Seeräuber in der Ostsee ausgebaut wurde.

Nachdem die Hanse bis 1394 keine durchschlagende Initiative zur Beendigung des dänisch-mecklenburgischen Krieges und zur Beendigung der Blockade der Ostsee durch Seeräuber, die im Verlaufe des Streites immer selbständiger operierten, zuwege gebracht hatte, nahm der Schaden mittlerweile so horrende Summen an, dass ein weiteres Zögern und längeres Warten auf einen Verhandlungsfrieden aussichtslos erschien. Am 3. März 1394 wurde endlich ein Aufgebot von 36 Koggen und vier Rheinschiffen mit 3500 Bewaffneten für den Kampf gegen die Seeräuber beschlossen. Im Sommer 1394 stellte die Hanse zugleich die Weichen für Friedensverhandlungen, die im Mai 1395 im Beschluss von Falsterbro und Skanör zum Erfolg führten.

Klaus Störtebeker und seine Kumpanen

Klaus Störtebeker ist die berühmteste und populärste Figur in der deutschen Piratengeschichte. Um ihn und seine Heldentaten ranken sich zahlreiche Legenden, Mythen und Spekulationen. Besonders die Form seiner Hinrichtung nährte die Sage vom »Robin Hood der Piraten«, der angesichts des Henkerbeils bedauerte, dass seine Kumpane für seine Taten sterben müssten und dem zugestanden wurde, dass alle die Genossen begnadigt würden, an denen er nach der eigenen Enthauptung noch ohne Kopf vorbeilaufen könnte. Als er tatsächlich an fünf weiteren Verurteilten vorbeigekommen war, warf der Henker Störtebeker einen Holzklotz vor die Füße, so dass er stürzte. Infolge seiner Ehrlichkeit und seiner übermenschlichen Kräfte gelangte er in das Reich der Heldensage. Dieses stand allerdings in völligem Widerspruch zur historischen Überlieferung oder gar zu Selbstzeugnissen des Seeräubers, so dass die Frage nach der tatsächlichen Existenz Störtebekers gestellt wurde. Die Zweifel fanden auch Nahrung in dem immer wieder abgebildeten angeblichen Porträt des bekanntesten deutschen Piraten, das in Wirklichkeit den Hofnarren Maximilians I., Kunz von Rosen, zeigt.

Jedoch ist eindeutig festzustellen, dass Störtebeker wirklich gelebt hat, dass er einer der Hauptleute der Vitalienbrüder war und dass er in Hamburg hingerichtet worden ist – so weisen es die Chroniken des 16. Jahrhunderts wie auch eine englische Klageakte von 1399 aus.[1] Seine sagenumwobene Prominenz, die sich allerdings auf keinerlei Dokumente stützen kann, ist sicherlich auch Folge der Tatsache, dass gerade die Epoche der Hanse arm war an überragenden Persönlichkeiten. Als Anführer der Seeräuber bis 1395 werden vor allem Arnd Stuke und Nikolaus Milies genannt, nicht jedoch Godeke Michels oder gar Klaus Störtebeker. Viele Hauptleute der »ersten Generation« entstammten dem mecklenburgischen Adel, der seine wenig einträgliche Landwirtschaft verlassen und sein Restvermögen in die Kaperei investiert hatte;

denn diese erforderte zunächst hohe Summen. Da der Adel an den Umgang mit Waffen gewöhnt war, eignete er sich durchaus für das harte Piratengeschäft. Wo Störtebeker geboren wurde und aus welchen Verhältnissen er stammte, bleibt weitestgehend unbekannt. Am wahrscheinlichsten ist, dass Störtebeker aus Wismar kam; denn das dortige Verfestungsbuch, das alle polizeilichen und gerichtlichen Maßnahmen in der Stadt protokollierte, führte im Jahre 1380 einen »Nicolao Störtebeker« auf. Die Annahme, dass Störtebekers Familienname unmittelbares Resultat seiner unglaublichen Trinkfestigkeit sei – abgeleitet von Sturzbecher – muss wohl in das Reich der Legende verbannt werden. Gegen Ende des Jahres 1394

Konrad von Jungingen, Hochmeister des Deutschen Ritterordens von 1393 bis 1407, befahl die Vertreibung der »Vitalienbrüder« von Gotland. (© Tessloff, Was ist was?, Bd. 71)

Silberner »Störtebeker-Pokal« im Museum für Hamburgische Geschichte. Angeblich im 17. Jh. aus Störtebekers Beute hergestellt.

wurden Störtebeker und Michels erstmals schriftlich als Hauptleute der Vitalienbrüder erwähnt, da sie in der Ostsee ein Schiff mit englischen Waren gekapert hatten. Ihre Karriere innerhalb der Scharen von Seeräubern bleibt jedoch völlig im Dunkeln. Somit gehören diese beiden Piraten, von denen Michels zudem noch als der wichtigere und einflussreichere beschrieben wurde, der letzten Phase der Auseinandersetzung zwischen Hanse und Seeräubern an. Beide operierten anscheinend nicht mehr als spezielle Truppenteile im mecklenburgisch-dänischen Krieg, sondern überfielen auf eigene Faust Handelsschiffe in der Ostsee, zunehmend unter Missachtung der jeweiligen Herkunft. Somit musste ein Friedensschluss zwischen den verfeindeten Anrainern der Ostsee die Kaperer ins Mark treffen, da ihnen damit der Schutz und das erforderliche Hinterland an der mecklenburgischen Küste abhanden kamen. Laut Friedensvertrag von Falsterbo hatten die Vitalienbrüder die Ostsee bis zum 25. Juli 1395 zu verlassen, andernfalls drohte ihnen Verurteilung und Bestrafung. Die Häfen von Rostock und Wismar wie auch von Stockholm und Visby auf Gotland durften keine Seeräuber mehr hineinlassen.

Ihrer Stützpunkte beraubt, nunmehr als illegale Kaperer von härtesten Strafen bedroht, mussten die Seeräuber der Ostsee nach anderen Territorialmächten Ausschau halten, denen sie nützen konnten und die sie aufzunehmen bereit waren. In dieser Neuorientierungsphase spalteten die Piraten sich in viele kleine Gruppen: Einige blieben in der Ostsee, während andere das Abenteuer auf sich nahmen, in die Westsee, die heutige Nordsee, aufzubrechen. Nicht nur seemännisch standen die Seeräuber der Ostsee dort vor ganz anderen Bedingungen, sondern vor allem auch die territorialen und politischen Verhältnisse waren dort völlig andere.

Die Vitalienbrüder in der Nordsee

Der Weg der Vitalienbrüder in die ungemein rauhere Nordsee erfolgte jedoch nicht sogleich nach dem Friedensschluss von 1395; denn die Seeräuber nutzten die besondere Situation in Gotland, wo sich Mecklenburger und Dänen nach wie vor gegenüberstanden und schlossen sich einer der Parteien an. Somit wurde deutlich, dass den Vitalienbrüdern auf ihrer Suche nach Einnahmequellen die Loyalität zu einem bestimmten Herrscher oder einem bestimmten Territorium gleichgültig war.

Daher entpuppte sich die Gleichsetzung von Vitalienbrüdern mit »Likedeelern«, also Gleichteilern, als frühsozialistische Genossenschaftsprojektion, denn eine die verschiedenen Piratenhaufen zusammenhaltende, gemeinsame Idee gab es nicht.[2] Daran konnte auch die »ewige Messe« nichts ändern, die Vitalienbrüder 1394 aus Dankbarkeit für den guten Ausgang der Flottenfahrt nach Stockholm gestiftet hatten. Frömmigkeit war im Mittelalter eine weit verbreitete Grundhaltung, auch die Piraten sahen ihr Handeln durchaus nicht als gottlos an, was in mehreren Dokumenten zum Ausdruck kam, in denen die Seeräuber sich als »Gottes Freunde und aller Welt Feinde« bezeichneten. Sicherlich wird sich auch die Binnenstruktur der Piraten von der mittelalterlichen Hierarchie unterschieden haben, ohne das man gleich von einer demokratischen und gleichberechtigten Schiffsverfassung ausgehen kann. Aber Gotland wurde 1398 auch zum Fanal für das Ende des Seeräuberschreckens in der Ostsee. Nachdem die Mecklenburger nämlich die Dänen vollständig von der Insel vertrieben hatten, entwickelte sich diese und vor allem Visby zum Eldorado der Piraterie, die vom Landesherrn nicht mehr zu kontrollieren war. Da zunehmend preußische und livländische Handelsschiffe von den Überfällen der in Gotland beheimateten Seeräuber betroffen waren, entschloss sich 1398 nicht die zögerliche Hanse, sondern der Deutsche Orden, eine Flotte auszurüsten und in einem Überraschungsangriff den Piratenstützpunkt Visby einzunehmen. Dieses gelang aufgrund der Übermacht der Ordensritter sogar auf dem Verhandlungswege, so dass die Insel bereits am 5. April 1398 an den Deutschen Orden übergeben werden musste. Mit der Vertreibung der Mecklenburger von Gotland hatten die Vitalienbrüder ihre allerletzte Bastion in der Ostsee verloren – ihre Macht war endgültig gebrochen. Nachdem alle weiteren Versuche der Seeräuber, sich mit neuen Territorialherren an der Ostsee zu verbünden, schon im Keime erstickt werden konnten, gab es keine andere Lösung mehr, als vollständig in die Nordsee auszuweichen. Dort trieben schon andere Piratengruppen ihr Unwesen. Das Gebiet zwischen Ems und Weser bot nämlich für eine kampferprobte und unabhängige Truppe, die sich selbst zu versorgen gewohnt war, ideale Bedingungen. Zum einen gehörte das direkt am Seeweg der Hansestädte Hamburg und Bremen gelegene Ostfriesland nicht der Hanse an und versprach fette Beute. Zum anderen kämpften die Häuptlinge der ca. 15 friesischen Einzellandschaften ständig um die Vorherrschaft und konnten daher stets gut bewaffnete Hilfstruppen gebrauchen. Daher überrascht es nicht, dass die aus der Ostsee vertriebenen ungefähr 400 Vitalienbrüder sich in einzelne Gruppen aufteilten, die bei den ostfriesischen Häuptlingen Aufnahme fanden und somit schnell über neue Stützpunkte verfügten.

Die Rekrutierung der Vitalienbrüder heizte aber nicht nur die Auseinandersetzungen zwischen den ostfriesischen Häuptlingen an, sondern schädigte auch die Handelsschifffahrt in der Nordsee durch zunehmende Seeräubereien auf gravierende Weide. Die Eskalation der Konflikte in diesem Raum rief schließlich die Hanse auf den Plan. In den Chroniken des 15. Jahrhunderts wird für die Zeit um 1398 zunehmend von den Piraten um Godeke Michels, Wichmann, Wigbold und Klaus Störtebeker berichtet, die in der südlichen Nordsee Fuß gefasst hatten. Als Gastgeber hat sich besonders der Häuptling der Rüstringer Friesen, Edo Wiemken, hervorgetan, der bei Varel seinen Wohnsitz besaß und der die Burg Bant, die spätere Sibetsburg in der Nähe des späteren Wilhelmshaven, errichtete. Wiemken finanzierte seine Fehden mit Seeraub, wovor die Bremer sich bereits 1388 vertraglich geschützt hatten. Daher richtete sich auch die erste Aktion der Hanse im Juli 1398 gegen Wiemken, der sich verpflichten musste, den Vitalienbrüdern keinen Unterschlupf mehr zu gewähren. Welcher ostfriesische Häuptling welcher Seeräuberschar

Marienkirche in Marienhafe mit sechsstöckigem Störtebekerturm.

Strandraub – ein einträgliches
Gewerbe.
(© Tessloff, Was ist was?, Bd. 71)

Schutz gewährte, ist nicht genau bekannt.
Jedoch kann angenommen werden, dass
Klaus Störtebeker Aufnahme gefunden hat
bei Keno tom Brok in Marienhafe, also im
Brokmerland. Demgegenüber geben die Über-
lieferungen eindeutig Auskunft über den Auf-
enthaltsort von Godeke Michels, der sich im
Herrschaftsgebiet des Grafen von Oldenburg
aufgehalten hat. Die Vitalienbrüder in der
Nordsee fungierten nicht als Söldner kriege-
rischer Auseinandersetzungen, doch behin-
derten ihre Überfälle schnell den internationalen Handelsverkehr, so dass sich nicht nur
die Hansestädte beklagten, sondern auch ausländische Mächte zum Schutz ihrer Kaufleute
ein Ende der Seeräuberplage forderten.

Die Vernichtung der Seeräuberhaufen um Störtebeker und Michels

Als die Gesandten verschiedener Hansestädte
sich am 2. Februar 1400 in Lübeck trafen, gab
es daher nur ein Thema: den Feldzug gegen
die Seeräuber. Bevor die Hanse ihren Beschluss,
mit einer Flotte von 11 Koggen und 950 Mann
das Problem zu lösen, in die Tat umsetzen
konnte, kapitulierte bereits Keno tom Brok
und versicherte, die Piraten aus seinem Territorium vertreiben zu wollen. Als diese jedoch
seine Rivalen Edo Wiemken und Hisko von
Emden zu stärken begannen, sah Keno sich
erneut gezwungen, Piraten als Unterstützer seiner Sache aufzunehmen. Damit war klar, dass
Appelle allein nichts fruchteten.
Eine Flotte lübischer und hamburgischer

Schiffe brach auf, um am 5. Mai 1400 die
Vitalienbrüder zu stellen und hinzurichten.
Von Emden aus stieß das Ostfriesenkorps der
Hanse gleich nach und erzwang von weiteren friesischen Häuptlingen erstens die Auslieferung »ihrer« Seeräuber und bestrafte diese
zweitens mit der Niederbrennung mehrerer
Schlösser. Nachdem auch die Schutzherren
von Klaus Störtebeker und Godeke Michels,
die Häuptlinge Keno tom Brok und Hisko
von Emden, am 23. Mai beurkunden mussten, niemals wieder den Vitalienbrüdern Unterschlupf zu geben und auf alle Zukunft
sogar auf die Anwendung des Strandrechtes
zu verzichten, war das Piratenproblem in Ostfriesland allerdings keineswegs beseitigt – die
beiden Anführer der Vitalienbrüder waren
ebenso wie andere Seeräuberhaufen der Hanse
entkommen.
Während Godeke Michels' Schar nach Norwegen geflohen war, Störtebeker wahrscheinlich unter dem Schutz des Herzogs von Holland stand und ein dritter Haufen vom Herzog von Oldenburg aufgenommen worden
war, hatte die Bedrohung der Handelsschifffahrt in der Nordsee nicht spürbar abgenom-
men. Besonders die Hamburger fühlten sich
von den konkurrierenden holländischen

Angebliches Porträt von Störtebeker – der Kupferstich von Daniel
Hopfer entstand um 1550 und stellt
tatsächlich den Hofnarren Maximilians I., Kunz von der Rosen, dar.

gisches Exil verlassen und erneut bei den friesischen Häuptlingen Unterschlupf gesucht hatte. Wahrscheinlich wurde Michels, der als der gefährlichste Pirat seiner Zeit galt, Anfang 1402 hingerichtet.

Dass das Piratenproblem für die Hanse in der südlichen Nordsee trotz der erfolgreichen Schläge gegen Störtebeker und Michels noch kein Ende gefunden hatte, zeigten die Aktionen der verbliebenen Vitalienbrüder 1408, die erneut vom friesischen Territorium aus operierten, wie auch die große und letztlich durchschlagende Strafexpedition der Hamburger zwischen 1433 und 1435, der auch die Sibetsburg zum Opfer fiel.

Der Anteil Bremens an der Vernichtung der Piraten in der Nordsee war gering. Noch im Jahre 1358 sahen sich die Bremer gezwungen, zur Sicherung ihres Wesermündungsgebietes vor Seeraub und Strandrecht der Hanse beizutreten. Grundsätzlich besaß die Stadt an der Weser aufgrund ihrer geringen Matrikularbeiträge an die Hanse nur ein geringes Gewicht in diesem Städtebund. Anders gelagerte Handelsinteressen brachten die Bremer immer wieder in eine Außenseiterrolle, die sich zugleich in der mangelnden Unterstützung der Hanse durch gemeinsame Aktionen ausdrückte. So bot Bremen 1400 nur eine einzige Kogge für die gemeinsame Ostfriesen-Strafaktion auf, nutzte deren Ausgang jedoch zu zwei eigenen Feldzügen gegen Butjadingen und unterstützte sogar insgeheim einige friesische Häuptlinge gegen Hamburg und Lübeck.[3] Wenn Bremen auch mit seinen innerstädtischen Problemen zu jener Zeit genügend zu tun hatte, so profitierte sein Seehandel von der endgültigen Vertreibung der Vitalienbrüder nach 1435 gewaltig.

Das Störtebeker-Denkmal in Marienhafe.

Städten zunehmend bedrängt, so dass sie nach der Vereinigung der Seeräuberscharen unter holländischem und oldenburgischem Schutz sofort zuschlugen. Im Herbst 1400 stellten sie einen Flottenverband zusammen und entsandten diesen nach Helgoland, das die Vitalienbrüder, ausgestattet mit holländischen Kaperbriefen, zum Ausgangspunkt ihrer Raubzüge gemacht hatten.

Überrascht von der Entschlossenheit der Hamburger, konnte eine Reihe von Seeräubern, unter denen sich wahrscheinlich auch Klaus Störtebeker befand, auf Helgoland gefangen genommen und zur Verurteilung nach Hamburg gebracht werden. Wahrscheinlich wurde diese Gruppe bereits nach kurzem Prozess im Herbst 1400 auf dem Grasbrook in Hamburg hingerichtet, denn Rechnungen der Stadt Hamburg weisen die Bestattungskosten aus. Die Köpfe der Enthaupteten, unter denen sich wahrscheinlich auch Störtebeker befand, wurden auf Spieße gesteckt und zur Abschreckung an der Elbe aufgestellt. Godeke Michels konnte ein halbes Jahr später von den Hamburgern auf der Weser gestellt und nach einer Verfolgungsjagd in der Jade besiegt werden, nachdem er sein norwe-

1   Überzeugend führt Puhle den Beweis, dass Störtebeker einer der Hauptleute der Vitalienbrüder war. Vgl. Matthias Puhle, Die Vitalienbrüder. Klaus Störtebeker und die Seeräuber der Hansezeit, 2. Aufl., Frankfurt a.M.; New York 1994, bes. S. 10 und S. 72f.; vgl. Harms Bents, Störtebeker. Dichtung und Wahrheit, Norden 1995, bes. S. 24ff.
2   So Puhle, S. 90.
3   Vgl. Ute Scheurlen, Bremen und die Seeräuber, in: Die Hanse. Lebenswirklichkeit und Mythos, Hamburg 1989, S. 620ff.

Renate Niemann

»Wo zu Bremen etliche Seeräuber hingerichtet worden sind«

1950 bei Aufräumungsarbeiten in der Nähe der im Krieg zerstörten Remberti-Kirche gefundene Schädel.

Am 10. August 1539 machten die Bremer einen großen Fang: In der Nähe der Wesermündung ging ihrer kleinen Kriegsflotte ein Piratenschiff ins Netz. An Bord befanden sich der Kapitän Franz Beme und 80 Mann Besatzung, die kurz zuvor ein mit Zucker beladenes Schiff gekapert hatten und sich gerade auf der Heimfahrt befanden, um die Beute ihrem Auftraggeber, dem Junker Balthasar von Esens, auszuhändigen. Stattdessen wurden sie nun in Ketten nach Bremen überführt. Ein »Mohr«, ein französischer Steuermann und zwei Leute aus Danzig, die sich als Gefangene in der Gewalt der Piraten befunden hatten, wurden in eine Herberge gebracht, die Piraten hingegen an vier Orten in der Stadt festgesetzt, wovon sich drei anhand der Aufzeichnungen in der erstmals 1583 veröffentlichten *Chronica der Stadt Bremen* von Johann Renner[1] rekonstruieren lassen:

Der *Fangturm beim Ostertor* war der zwischen 1512 und 1514 errichtete Ostertorszwinger mit seinen »Torturanstalten«. Im 16. Jh. wurde der Zwinger zum Hauptkriminalgefängnis Bremens. Standort war das Gelände des heutigen Gerhard Marcks Hauses am Ostertor. Der zweite Gefangenenturm war der *Fangturm an der Nateln*, ein 1551 abgebrochener Stadtturm an der Weser. Noch heute gibt es die Straße *Fangturm*, Ecke Schlachte. Das alte Gefängnis *Hurrelberg* war am Markt, Ecke Hakenstraße gelegen. Es wurde noch bis zum Jahre 1786 genutzt. Der Raum des Hurrelberges, in welchem der Kapitän Franz Beme gesessen hatte, wurde noch bis ins 17. Jh. die »Bemenkammer« genannt.[2]

Der Auftraggeber der Kaperer, Junker Balthasar, bedrohte schon seit Jahren die Sicherheit der bremischen Handelsschifffahrt. Damit führte er eine lang gehegte Familientradition fort, denn bereits sein Vater Hero Omken, Häuptling der ostfriesischen Herrschaften Esens, Wittmund und Stedesdorf, hatte den Bremer Kaufleuten das Leben schwer gemacht, indem er Seeräuber beherbergte und mit seinen eigenen Raubschiffen Handel und Bewegungsfreiheit der Hanse stark beeinträchtigte.

Nach seinem Tod im Jahr 1522 war die Häuptlingswürde an Balthasar gefallen, der nicht nur politisch, sondern auch moralisch in die Fußstapfen seines Vaters trat. In den Quellen wird er als roher und verschlagener Gewaltmensch beschrieben, der stets nur auf den eigenen Vorteil bedacht war, für den die kaiserlichen Reichsgesetze kaum mehr als ein lästiges Übel bedeuteten und der sich in der selbstherrlichen Position als Landesherr mit Raubritterattitüde anscheinend sehr wohl fühlte.

Schon seit Jahren herrschte Krieg zwischen ihm und dem Bremer Rat, der sich immer wieder in Schiffskaperungen und Gegenkaperungen der Bremer zuspitzte. Nur wenige Monate zuvor hatte Balthasar auf der Weser zehn Bremer Schiffe entern lassen, wofür die Bremer sich mit der Verwüstung der zu Junker Balthasars Hoheitsgebiet gehörenden Insel Spiekeroog revanchierten.[3]

Folgerichtig wäre wohl gewesen, Balthasars Männer schlichtweg als Piraten zu definieren und entsprechend zu bestrafen. Nur war es leider nicht möglich, den Junker und die Raubzüge seiner Leute losgelöst von den großpolitischen Ereignissen zu betrachten, in die sie eingebunden waren. Mit der beginnenden Reformation hatte Bremen sich nämlich gerade dem Schmalkaldischen Bund angeschlossen, dessen Ziel und Bestrebung es war, den neuen Protestantismus zu schützen und ihm Raum zur friedlichen Ausbreitung zu geben.

Die katholischen Mächte reagierten umgehend, indem sie sich zu einem Gegenbund zusammenschlossen, und frei nach dem Motto »der Feind meines Feindes ist mein Freund« sahen sie in jedem, der kein eifriger Verfechter des neuen Glaubens war, einen Verbündeten in eigener Sache. Balthasar von Esens war bestimmt kein eifriger Christ oder guter Katholik, aber die bloße Tatsache, dass er den neuen Protestantismus seines Widersachers Bremen nicht unterstützte, machte ihn in den Augen des Gegenbundes, allen voran in denen des Herzogs von Geldern, zu einem Verteidiger der antiprotestantischen Bastionen im Norden, dem man im Konfliktfall auch mit Taten beistehen musste. Bereits im Vorjahr hatte der Herzog den Bremern mit Krieg gedroht.

Leicht hätte diese Seeräuberaffäre eskalieren können. Balthasar setzte seinen Drahtseilakt zwischen hoher Politik und niederem Raubrittertum fort, wobei er sich ohne es zu merken, auf einem politischen Pulverfass befand. Offen bleibt, ob er das Ruder noch in der Hand hielt, oder ob er längst zum Werkzeug von Mächten geworden war, die viel weit reichendere Interessen gegen Bremen verfolgten.

Schließlich zeigte sich aber, dass der kleine Häuptling weder für die eine noch für die andere Seite bedeutsam genug war, sich seiner eigennützigen Interessen zuliebe in eine große Auseinandersetzung verwickeln zu lassen. Der Schmalkaldische Bund, an den Bremen immer wieder um Unterstützung appelliert hatte, beschränkte sich jahrelang auf rein diplomatische Unmutsäußerungen gegen den aufmüpfigen Ostfriesen, und so standen die Bremer 1539 mit ihrem Piratenproblem alleine da.

Die öffentliche Verhandlung gegen Franz Beme und seine Männer fand sicher reges Interesse beim Publikum, vor allem, da, wie bei Piratenprozessen üblich, am Ende mit einer spektakulären Massenhinrichtung zu rechnen war. Entscheidend bei der Urteilsfindung würde sein, ob man die Gefangenen als wirkliche Piraten betrachtete, oder ob man sie als Kriegsgefangene ansah, deren Handeln durch den Kaperauftrag ihres Landesherrn

Stationen des Bremer Piraten-
prozesses von 1539:

1   Ostertorszwinger
2   Fangturm an der Nateln
3   Gefängnis Hurrelberg
4   Rathaus
5   Ansgaritor
6   Hinrichtungsstätte Jodu-
     tenberg
7   Galgen in Walle
8   Rembertikirchhof

ner hatten »mit Gewalt und unter freveligen Umständen, auch gegen alle Recht und Billigkeit«, gegen den vom Kaiser ausgerufenen Landfrieden auf der offenen See Überfälle begangen.

Die Auflistung der Beute, für die 80 Männer mit dem Leben bezahlen sollten, erscheint heute lächerlich gering. Es wurden ihnen Diebstähle aus zwei französischen Schiffen, einem Portugiesen und einem Engländer zur Last gelegt, wobei sie insgesamt 182 Kisten mit Zucker, drei Säcke Baumwolle, 21 Heringstonnen, Steinkohlen, ein Tapetenstück und ein Fass erbeutet hatten. Ferner entführten sie von den Schiffen zwei Männer: einen »Mohren« und einen französischen Steuermann mit Namen Jacob. Die gestohlenen Güter hatte man vor Ort gebracht, die Beweise waren erdrückend.

Weitere Unterstützung fand die Anklage durch einen Brief von Frau Maria, Gouverneurin der Niederlande, des Kaisers Schwester, den sie an den Bremer Rat geschrieben hatte: Sie bat um strenge Bestrafung der Seeräuber, die ihre Untertanen beraubt und ihnen Gewalt angetan hatten. Aus dieser freundlichen Annäherung konnten die Bremer mit gutem Willen soetwas wie die Zusage des Kaisers auf Unterstützung herauslesen, sollte es wegen der Verurteilung der Seeräuber zu Racheakten gegen die Stadt kommen.

Gegen so schweres Geschütz standen die Chancen zur Verteidigung natürlich schlecht, die Gegenargumente waren reichlich durchsichtig: Zum Ersten gaben die Beklagten an, sie hätten das Schiff verlassen in der See treibend gefunden, ein Punkt, der durch Zeugen und Indizien leicht zu widerlegen war. Auch das Argument, der geraubte Zucker habe Juden gehört und keinen Christen (anscheinend eine geläufige Rechtfertigung zu damaliger Zeit), wurde schnell entkräftet: Der Rat von Antwerpen hatte beglaubigte Zertifikate beigebracht, die das Gegenteil bewie-

zumindest eine gewisse formelle Legitimierung erfuhr.

Letztlich erschien den Bremern die erste Variante opportuner: Die Hinrichtung der 80 als Seeräuber brachte mehr Vorteile mit sich als das weitere vergebliche Warten auf die Unterstützung des Evangelischen Bundes, die doch niemals kam, in einem als Religionskrieg apostrophierten Konflikt mit einem Regionaldespoten. Alle Seiten waren mit der Kleinhaltung des Konfliktes am besten bedient.

Die Gerichtsverhandlung gegen Kapitän Beme und seine Mannschaft fand am Bremer Rathaus statt, wahrscheinlich, wie im 15. und 16. Jh. üblich, in einer öffentlichen Sitzung unter dem zweiten westlichen *Rathausbogen*. Die Anklage setzte sich aus folgenden Punkten zusammen: Die anwesenden Män-

sen. Und auch das stärkste Argument, nämlich dass die Männer einen Bestellbrief besäßen und im Auftrage ihres Landesherrn gehandelt hätten, wurde von der Anklage weggefegt: Junker Balthasar befand sich in der Reichsacht, was der Kaiser gebilligt und die Könige von Portugal, Frankreich und England ebenfalls unterzeichnet hatten. Somit waren die Bestellbriefe, auf die sich die Männer beriefen, kraftlos. Und mit dieser Auslegung waren die Gefangenen als gemeine Piraten qualifiziert, was ihr Schicksal besiegelte.

Nach der Verhandlung wurden sie vom Gericht weggebracht. Ladewich, der adelige Herr von der Morkercken, einer ihrer Anführer, wurde zwischen den beiden *Stadttoren von Sankt Ansgari* hingerichtet. Franz Beme und die anderen Gefangenen wurden an zwei Tagen, am 2. und 3. Oktober 1539, auf dem *Jodutenberg* beim Doventor enthauptet. Diese Hinrichtungsstätte war gegenüber der alten Michaeliskirche, auf dem Gelände des heutigen Arbeitsamtes gelegen. Erwähnt ist auch, dass sich unter den Hingerichteten vier Jungen befanden, wahrscheinlich im Alter von 13 oder 14 Jahren.

Die Köpfe der Enthaupteten wurden bei Walle an den Galgen genagelt, wo sie zur Abschreckung bis zum Jahre 1547 hängen blieben. Dieser *Galgenberg* ist auf dem Gelände der heutigen Schule Schleswiger Straße / Pulverturm lokalisiert.

Die Leichname der Piraten begrub man auf dem *Rembertikirchhof*. Die Rembertikirche befand sich zwischen der Straße Fedelhören und der Rembertistraße. Wahrscheinlich wurden später, nach der Abnahme vom Galgen, auch die Köpfe der Hingerichteten hierher gebracht. 1950 entdeckte man bei Aufräumarbeiten der im Krieg zerstörten Kirche eine große Anzahl von Schädeln in einer Grube, und die Vermutung lag nahe, dass es sich dabei um die Schädel der Piraten handeln könne.

Die Chronik endet mit der lapidaren Feststellung, dass Balthasar, als er die Nachricht bekam, dass die Bremer seine Leute hatten köpfen lassen, etliche Bremer, die er einsitzen hatte, ebenfalls enthaupten ließ. Als die Reichsacht gegen den Junker bestätigt wurde, fühlten sich die Bremer bemüßigt, ihm ein für alle Mal das Handwerk zu legen. Große Unterstützung fanden sie auch jetzt nicht in ihrem Vorhaben. Unerwartete Hilfe wurde ihnen schließlich von Maria von Jever zuteil, deren Land im Frühjahr 1540 von Balthasars Knechten überfallen und geplündert worden war. Fünfhundert Häuser waren in Asche gelegt, zahlreiche Leute gefangen weggeführt worden und das alles, weil Fräulein Maria sich nicht mit dem Junker gegen Bremen hatte verbünden wollen.

Im Juli 1540 begann die gemeinsame Belagerung von Esens, und am 8. Oktober 1540 schritt man zur Beschießung mit 24 Kanonen, der die kleine Stadt nicht lange widerstehen konnte. Der inzwischen erkrankte Balthasar starb am 18. Oktober 1540.

Da Balthasar keine Kinder hinterließ, trat sein unmündiger Neffe Johann von Rietberg unter Vormundschaft seiner Mutter, der Gräfin Anna, Schwester Balthasars, das Erbe an. Sie mussten die Herrschaft Esens als Lehen aus den Händen der Bremer annehmen – mit dem Versprechen, zukünftig keine Seeräuber mehr zu beherbergen.

Letzte Seite der Renner-Chronik, in der die Ereignisse um die Piraten aus Esens festgehalten sind, Abschrift des Originals von 1648.

1   Renner, Johann: Chronica der Stadt Bremen, Bd. II. Transkription von Lieselotte Klink. Universität Bremen 1995, S. 142.
2   Bippen, Wilhelm von: Geschichte der Stadt Bremen, Bd. II. Bremen 1898. S. 107.
3   Bippen, Wilhelm von: Bremens Krieg mit Junker Balthasar von Esens 1537–1540. Ein Beitrag zur bremischen Reformationsgeschichte. In: Bremisches Jahrbuch, Bd. 15 (1889), S. 30-76. Schwarzwälder, Herbert: Geschichte der Freien Hansestadt Bremen, Bd. I. Bremen 1995, S. 218.

Detlef Quintern
Bremer Sklaven in Afrika?

Zur Legende von den Piraten der Barbareskenküste

Bedingt durch eine seit 1814 anhaltende Hungersnot in Süddeutschland – die Getreidelieferungen aus dem osmanischen Reich und Ägypten waren ausgeblieben –, setzte eine erste Auswanderungswelle in die Neue Welt ein. In einem Brief aus dem Jahre 1817 berichtet ein Passagier an Bord eines Auswandererschiffes auf dem Wege nach Nordamerika von der Begegnung mit einem tunesischen Segler, die sich nahe Saint Mary, einer Insel südwestlich von Cornwall, ereignet hatte. Der Schrecken, der die Auswanderer überkam und bis Baltimore begleitete, spricht aus den Zeilen des unbekannten Passagiers:
»... und den 12ten dido haben wir Todesgefahr erlitten von wegen denen Seeräuber, sie sind auf uns dar und sind ungefähr 60 Mann gewesen mit vielen Kanonen und Geschützen versehen, weil aber wir bey 200 Mann

Türken entern ein Schiff griechischer Kosaren.

auf dem Schiff oben standen, und durch Geschrey denen Weiber und Kinder sind sie wieder von uns ohne Streit darnach sind sie aber noch 2mal an unser Schiff kommen.«[1] Marokko, Tunesien, Algerien und Libyen, die sog. »Barbareskenstaaten«, galten noch bis weit in das 19. Jahrhundert hinein als Inbegriff eines Piratenunwesens, das nicht nur Furcht und Schrecken im Mittelmeer verbreitete, sondern selbst die Schifffahrt in Nord- und Ostsee gefährdete. Die Präsenz arabischer Schiffe in der Nordsee beschäftigte den jungen Bundestag. In einem Brief vom 2. September 1817 gibt Johann Smidt (1773–1853), bremischer Senator und Vertreter der Seestadt am deutschen Bundestag in Frankfurt, die Gespräche wieder, die er mit dem preußischen Gesandten von Humboldt im Hinblick auf die »Barbareskenstaaten« geführt hatte. Vor dem Hintergrund einer zu erwartenden Ausweitung der Handelsbeziehungen mit der Neuen Welt – vor allem im Hinblick auf die Unabhängigkeit Brasiliens –, »sei es so wichtig für Deutschland, dass die Beseitigung des Hindernisses, welches die Barbaresken veranlassen, nicht der Zukunft zu überlassen, sondern jetzt mit allem Ernst und Eifer betrieben werde. ... Preußen sei willig und bereit, zur Beschützung des deutschen Handels etwa zwei Fregatten auszurüsten und wenn die anderen Staaten sich im Verhältnis ebenfalls anstrengen wollten, so dürfe sich der Kanal und die Nordsee, mithin auch die Ostsee schon vor den Raubstaaten sichern lassen.«[2]
Schon drei Jahre zuvor hatte sich der bremische Senator Smidt der sogenannten Barbareskenfrage angenommen und sprach sich seit 1814 für einen vereinten europäischen Flottenschlag gegen die maghrebinischen Staaten aus;[3] die Anregung dafür hatte er den Zirkularen »der Vereinigung aller Ritterorden« entlehnt, die sich seit dem August 1814 zunächst in London, dann in Paris, Turin und

schließlich in Wien versammelt hatten, wo sie sich jeweils mit dem Vorgehen gegen die Barbaresken befassten. Dieser Orden benannte sich im Laufe der Jahre in »Ritter zur Befreiung der weißen Sklaven in Afrika« (»Chevaliers Libérateurs des Esclaves Blancs en Afrique«) um. Smidt erhielt regelmäßig die Rundschreiben dieses Ritterordens; zuweilen sind sie adressiert an den »Monsiéur le Ministre des villes-libres anséatiques« (Minister der freien Hansestädte). Ein solches Zirkular trägt den Titel »Über die Notwendigkeit und Mittel die Seeraeubereyen der Barbaresken einzustellen«. Es ist die Abschrift eines am 29. Dezember 1814 auf dem Wiener Kongress von Sidney Smith, dem Präsidenten der genannten Vereinigung, gehaltenen Vortrages. Darin heißt es:
»Lange Zeit hat sich Europa auf die Bemühungen der Malteser-Ritter verlassen, und zugleich wahrgenommen, dass dieser Orden in der letzten Epoche weder Macht genug, noch auch hinlängliche Energie hatte, um den stets erneuerten Anfällen dieser zahlreichen Piraten Schranken zu setzen.«[4]
In Anbetracht aller gescheiterten Versuche, die Barbaresken zu bezwingen, gelte es, so Smith, mittels einer von ganz Europa aufgestellten und unterhaltenen Seemacht, die Blockade der maghrebinischen Seeplätze und aller »Raubnester« einzuleiten.[5] Im Januar des Jahres 1815 sendet Smith von Wien aus ein Zirkular an die »Nationen im Frieden mit den Mächten der Barbaresken«, in welchem er den im Maghreb vertretenen Konsuln dieser Staaten das Anliegen einer Geldsammlung für den Freikauf sogenannter europäischer *Sclaven* in Nordafrika und für den Bau eines Krankenhauses vorträgt.[6] Warum Smith gerade bei jenen Staaten um finanzielle Unterstützung anfragte, die sich mit den Barbaresken im Frieden befanden, obwohl die von den »Rittern« eingeleiteten diplomatischen Bemühungen alles andere als friedli-

1 Aufbruch nach Amerika, Friedrich List und die Auswanderung aus Baden und Württemberg 1817, G. Moltmann (Hg.), Tübingen 1979, S. 270.
2 Brief von Johann Smidt aus Frankfurt, 2. September 1817, Akten des Bremer Staatsarchives.
3 W. von Bippen, Johann Smidt ein hanseatischer Staatsmann, Stuttgart; Berlin 1921, 155.
4 Über die Notwendigkeit und Mittel die Seeraeubereyen der Barbaresken einzustellen, Schriftlicher Aufsatz, Staatsarchiv Bremen, 31. August 1814, S. 3.
5 ebenda.
6 Circulaire Adressé par le Président à Messieurs les Consuls des Nations en paix avec les Puissances Barbaresques Residans près d´Elles, Wien, 20. Januar 1815, Akten des Bremer Staatsarchivs.

Christliche Sklaven in Ketten vor den Toren einer Stadt der Barbareskenküste.

Auf dem Wiener Kongress hatten sich die europäischen Mächte – einschließlich Bremens, das jedoch in der Person von Johan Smidt erst während der Unterzeichnung der Wiener Schlussakte vertreten war – zusammengeschlossen und bereits am 26. September 1815 die »Heilige Allianz« gebildet. Dieses Ereignis beflügelte bereits in seinem Vorfeld den Lübecker Gymnasiallehrer Friedrich Herrmann. Er hatte 1815 eine Schrift unter dem Titel »Üeber die Seeräuber im Mittelmeer und ihre Vertilgung. Ein Völkerwunsch an den erlauchten Kongreß in Wien« verlegt.[9] Darin forderte Herrmann einen Kreuzzug, einen »heiligen Krieg«, dessen Ergebnis – verläuft er »zum Ruhme der Christen« erfolgreich – die Überstellung des Maghreb als Kolonie an einen neu zu bildenden »Friedensorden« sein solle.[10] In der ein Jahr später in Bremen erschienenen französischen Ausgabe – sie beinhaltet den dritten Teil der Lübecker Auflage – verschärfte Herrmann seinen Ton gegenüber den maghrebinischen Staaten.[11] Der Kreuzzugsgedanke hatte im ersten Viertel des 19. Jahrhunderts mit der Vereinigung der europäischen Mächte zur »Heiligen Allianz« nichts an Aggressivität eingebüßt und neue Kraft geschöpft.

Im Herbst 1816 hatten die bremischen Senatoren Vollmers, Klugkist, Lameyer, Löning und der Syndicus Schöne im Rahmen einer Untersuchungskommission die Barbareskenfrage und damit zusammenhängende Handelsfragen erörtert. Der abschließende Bericht an das Collegium seniorum lehnt sich weitestgehend an das Traktat des Hofrates Herrmann an, des erwähnten Lübecker Gymnasiallehrers. Der Bericht klagt über die Wendigkeit der leichten Barbareskensegler, vor denen sich die schwer beladenen Kauffahrtschiffe nur selten an die Küsten befreundeter Staaten retten könnten. Vierzigtausend christlicher Mitbürger verschmachteten als Sklaven in den Bagnos der afrikanischen

che Absichten hatten, bleibt eine offene Frage. Anders als die hansische Schwesterstadt Hamburg hatte Bremen zu keiner Zeit einen Frieden mit den Barbaresken geschlossen. Bereits 1701 wurde eine hamburgische Silbermünze anlässlich eines Friedensvertrages geprägt.[7] Hamburger Commerzdeputierte sprachen sich für Friedensverträge mit den Barbareskenstaaten aus, da nirgendwo anders die Regel »frei Schiff, frei Gut« so befolgt werde, wie seitens dieser nordafrikanischen Staaten.[8]

Raubstaaten. Die Frauenzimmer würden, »wenn Schönheit sie empfiehlt«, dem Harem zugeführt. Diese »Eiterbeulen«, gemeint waren die nordafrikanischen Staaten, sollten in diesem schönen Länderkreise des Mittelmeeres nicht länger fortdauern. Die nützlichen Folgen der Vertilgung der Barbaresken seien darin zu sehen, dass der mohammedanischen Religion ein tödlicher Stoß versetzt werde und schließlich »der solange gehegte und gerechte Wunsch, das Innere Afrikas kennenzulernen«, seine Befriedigung finden würde.[12]

Auf dem Weg nach Afrika

Das Bestreben der europäischen Mächte, in das Innere Afrikas vorzudringen, ist so alt wie der Kreuzzugsgedanke[13], der in der Mitte des 11. Jahrhunderts in Europa aufgekommen war und dessen aus ihm hervorgegangenen Kriegszüge in zwei geographische Richtungen orientiert waren: in den Osten Richtung Palästina (1098) und in den Süden des arabischen Al-Andalus auf der Iberischen Halbinsel. Als die militärisch-religiösen Orden (Templer u.a.) im 13. Jahrhundert an den Küsten des weißen Meeres (bahr al-abiad), wie die Araber das Mittelmeer nannten, angelangt waren, machten sie keineswegs Halt. Die Reichtümer Afrikas auf der anderen Seite des Meeres lockten. Das Übergreifen der sogenannten »Reconquista« (span. Rückeroberung) in die »Conquista« (span. Eroberung) – es handelt sich bei beiden Bezeichnungen um ein und dasselbe Kreuzzugsphänomen – leitete einen auf Land- und Menschenraub ausgerichteten Seekrieg ein, der sich bis in das 19. Jahrhundert erstreckte. Am Ende des 15. Jahrhunderts tauchten an den Küsten der Weltmeere die Karavellen mit ihren roten Kreuzen auf weißem Segelgrund auf, seien es die der Portugiesen an der West- und Ostküste Afrikas oder die der Spanier in der Karibik und vor Nordafrika.

Von der Reconquista zur Conquista

Nach dem letzten, gescheiterten achten Kreuzzug im Jahre 1270 gegen Tunis unter Ludwig IX., der dabei den Tod fand, waren es die Portugiesen, die im Jahre 1415 mit einer gewaltigen Flotte die marokkanische Hafenstadt Ceuta überfielen, plünderten und besetzten. Dennoch gelang es diesem Kreuzzug, der den Mythos von »Heinrich dem Seefahrer« begründete, nicht von der Küste aus ins innere Afrika und, wie vorgesehen, in Richtung Tunis und Ägypten vorzudringen. Die blühende Hafenstadt Ceuta war Endpunkt der transafrikanischen Handelsrouten, über die Gold, Kupfer, Edelhölzer, Farbstoff (Indigo) aus dem westlichen Sudan (Mali, Songhai, Ghana), Weizen und Zucker aus den Kornkammern Nordafrikas in Richtung Lissabon, Marseille, Montpelier, Pisa, Genua und Venedig gehandelt wurden. In Ceuta fielen nicht nur chinesisches Porzellan und nautische Instrumente in die Hände der Portugiesen, sondern auch arabische Portulane (Segelhandbücher) und Seekarten, die der junge Prinz Heinrich übersetzen ließ.[14] Die Portugiesen hatten sich das Wissen angeeignet, das ihnen die Umschiffung des bis dato gefürchteten Cap Bojador (unter Gil Eanes 1434) ermöglichen sollte. Nachdem sie die afro-arabische Atlantikschifffahrt zerstört hatten, leiteten sie die Menschenjagd entlang der westafrikanischen Küste ein, die der später systematisch betriebenen Sklaverei seitens der europäischen Mächte den Weg bereiten sollte. Am Rande sei hier bemerkt, dass der 1842 gegen den Kapitän eines bremischen Schiffes geführte Prozess wegen Sklavenhandels noch lange nicht dessen Ende bedeutete.[15]

Waren es die Portugiesen, die versuchten, sich an der afrikanischen Atlantikküste festzusetzen, so griffen die Kastilier am 2. Januar 1492, nach dem Fall der letzten arabischen Bastion von Al-Andalus (711–1492) Gránada (arab.

7 Abgebildet in: Hans Leip, Bordbuch des Satans, Eine Chronik der Freibeuterei vom Altertum bis zur Gegenwart, München 1959, S. 112.
8 Ernst Basch, Die Hansestädte und die Barbaresken, Kassel 1897, S. 134.
9 Friedrich Herrmann, Ueber die Seeräuber im Mittelmeer und ihre Vertilgung. Ein Völkerwunsch an den erlauchten Kongreß in Wien, Lübeck 1815.
10 Friedrich Herrmann, s.o., S. 391 ff; Mounir Fendri, Kulturmensch in »barbarischer« Fremde, Deutsche Reisende in Tunesien des 19. Jahrhunderts, München 1996, S. 48f.
11 Friedrich Herrmann, Appel aux Puissances de l´Europe pour faire cesser les pirates des Barbaresques dans la Méditerranée, Bremen 1816.
12 Commissarischer Bericht über das Verhältnis zu den Barbaresken und Raubstaaten, 29. November 1816, Akten des Bremer Staatsarchivs.
13 Zu den Kreuzzügen in Hinblick auf Schifffahrtsgeschichtliche Aspekte siehe: Ekhart Berkenhagen, Mediterrane Schifffahrt im Mittelalter, in: Deutsches Schiffahrtsarchiv, 17, Bremerhaven 1994, S. 23ff.
14 Fernand Salentiny, Aufstieg und Fall des portugiesischen Imperiums, Wien, Köln, Graz 1977, S. 33.
15 Gildemeister, J.C.F., Verfahren und Erkenntnis des Bremischen Obergerichts in Untersuchungssachen wider den Capitain des Bremischen Schiffes Julius & Eduard und Conf wegen Sklavenhandels, Bremen 1842.

51

16 L.P. Harvey, Islamic Spain 1250 to 1500, Chicago/London 1990, S. 307ff.

17 Sven Lindqvist, Durch das Herz der Finsternis, Ein Afrikareisender auf den Spuren des europäischen Völkermordes, Frankfurt a.M., New York 1999, S. 149.

18 Cristóbal Colón, Textos y documentos completos, Relaciones de viajes, cartas y memoriales, Madrid 1984, S. 8ff.

19 A. Hottinger, Die Mauren, Arabische Kultur in Spanien, Zürich 1995, S. 337ff.

20 Godefrey Fisher, Barbary Legend, War, Trade and Piracy in North Africa 1415–1830, Oxford 1851, 1972, Westport/Connecticut 1974, S. 33.

21 A. Rieger, Die Seeaktivitäten der muslimischen Beutefahrer als Bestandteil der staatlichen Flotte während der osmanischen Expansion im Mittelmeer im 15. und 16. Jahrhundert, Berlin 1994, S. 102ff.

22 Ernle Bradford, The Sultan´s Admiral, The Life of Barbarossa, Oxford 1969, S. 66ff.

Gharnâta), auf die andere Seite des Mittelmeeres über. Das arabische Grenada unter Abu ʿAbdallah Muhammad (Boabdil) hatte, nach zweijähriger Belagerung, den Kastilliern, die vertraglich das Fortbestehen der Rechte der arabischen Bevölkerung zugesichert hatten,[16] seine Stadttore am 2. Januar 1492 geöffnet, um das Leben der Bewohner zu retten. Der Fall von Grenada hatte der »Conquista« den Seeweg an der strategisch wichtigen Meerenge von Gibraltar (arab. Gib-al-tariq = Berg des Tariq) zum Atlantik hin geöffnet.

Las Palmas fiel 1494 in die Hände der Spanier, Teneriffa zwei Jahre später. Es dauerte nicht lange, bis dass die einheimischen Guanchen ausgerottet waren.[17] 1495 steht Cristóbal Colón (Columbus) bereits an der Spitze eines Überfalls auf die Bevölkerung von Santo Domingo. Er hatte in jungen Jahren an den auf Menschenjagd orientierten Guineafahrten der Portugiesen teilgenommen. Dabei sammelte er Erfahrungen, auf die er später zurückgreifen wird, wenn es galt, Einheimische in der »Neuen Welt« gefangen zu nehmen und in Dolmetscherdienste zu zwingen.[18]

1498 wurde der sechs Jahre zuvor geschlossene Vertrag zum Schutze der arabischen Bewohner von Gránada gebrochen, die Inquisition auf die sogenannten »conversos«, die zwangsgetauften muslimischen Araber (»moriscos«), ausgeweitet und die arabische Bevölkerung Grenadas gettoisiert.[19] Auf den im folgenden Jahr beginnenden arabischen Aufstand in Grenada und den umliegenden Alpujarabergen folgte nach dessen Zerschlagung eine erneute Vertreibungswelle, mit der Zehntausende Bewohner Gránadas auf die andere Seite des Mittelmeeres, nach Marokko, Algerien und Tunesien zwangsdeportiert wurden. Mit ihrem scheinbar endgültigen Sieg gaben sich die Spanier keineswegs zufrieden, sondern trugen nunmehr die Con-

quista nach Nordafrika. Hatte Columbus ihnen zuvor abgeraten Tunis anzugreifen, da die Stadt nicht einnehmbar wäre, so versuchten sich die Konquistadoren jetzt an kleineren und ungeschützteren Orten entlang der algerischen Küste. Im Jahre 1505 besetzten sie mit dem Schlachtruf »Afrika für König Ferdinand«[20] Mers-el-kebir (Marsâ-l-kabîr) und schließlich, nachdem Erzbischof Jiménez de Cisneros zum Kreuzzug gegen Afrika aufgerufen hatte, Oran, Bougie, Valez und Tripoli in den Jahren 1508 bis 1511. Im Laufe von aufeinander folgenden Razzien wurden an der maghrebinischen Küste, abgesehen von vielen Toten und Verletzten, Tausende von Bewohnern in die Sklaverei nach Spanien verschleppt. Später verschanzten sich die Spanier in ihren »presidios«, befestigten Militäranlagen, die ausschließlich von See her versorgt werden konnten, da sie aufgrund des allseitigen Widerstandes vom Lande her abgeschnitten waren. Die spanischen Überfälle ließen die Bevölkerung nach Schutz Ausschau halten, der ihnen mit der Ankunft einer von den ägyptischen Mamlucken unterstützten Flotte unter dem Kommando von Uruç (Aroudj) und Chair-ad-din (Hayreddin) gewährt wird.

Karl V. versus Hayreddin

Uruç (Aroudj, 1464–1518) und sein jüngerer Bruder Hayr Yaqub (Chair-ad-din, †1546) – die sogenannten Barbarossabrüder – sind als gefürchtete Piraten in die Legendenbildung der europäischen Geschichtsschreibung eingegangen. Aus der Ehe eines auf der griechischen Insel Lesbos lebenden Töpfers, ʿAlî Yacub, einem zum Islam konvertiertem Christen (Yacub = Jakob), und der Witwe eines griechisch-orthodoxen Geistlichen waren zwei Töchter und vier Söhne geboren. Letztere hatten sich bereits in jungen Jahren als ausgezeichnete Seefahrer und Nautiker nicht nur in der Ägäis, sondern auch entlang der Levante und in Ägypten einen Namen gemacht.[21] Die Handelsschiffe im östlichen Mittelmeer und der Ägäis waren oft das Angriffsziel der Johanniter, die sich auf Rhodos hatten behaupten können. Auf einer ihrer Plünderungszüge war den Raubrittern das vor allem mit Keramik beladene Schiff der Gebrüder Jakob in die Hände gefallen. Der jüngere Elias war bei diesem Überfall ermordet worden, während der älteste, Uruç, als Galeerensklave verschleppt wurde und sich erst nach Jahren der Gefangenschaft befreien konnte. Uruç erhielt um die Wende zum 16. Jahrhundert das Kommando über die ins westliche Mittelmeer beorderten Flotteneinheiten der Mamlucken, deren Aufgabe es war, den Übergriffen der Spanier ein Ende zu bereiten. Die vor der tunesischen Küste gelegene Insel Djerba wird Ausgangshafen für die Seeverteidigung gegen die Spanier. Unter dem Kommando von Uruç wird die erste Prise im Jahre 1509 eingebracht: eine reich beladene päpstliche Galeere, die sich auf dem Weg von Elba nach Genua befand. Ein Jahr später wurde ein mächtiges spanisches Kriegsschiff mit fünfhundert Soldaten an Bord aufgebracht. Immer wieder gelingt es den »Barbarossabrüdern«, arabische Sklaven aus den Händen der Spanier auf der Iberischen Halbinsel zu befreien. Uruç wird im Sommer 1518 von vor Tlemcen gelandeten spanischen Truppen bei Sidi Mûsâ gestellt und ermordet.[22] Unter seinem jüngeren Bruder Hayreddin (Chair-ad-din), der nun das Kommando über die Flotte übernimmt, werden nach und nach die den Spaniern noch verbliebenen Stützpunkte (presidios) genommen und der Maghreb geeint. 1529 wird das auf einer kleinen Insel vor Algier gelegene spanische »presidio« aufgelöst, mit dessen Steinen eine Mole angelegt und die vorgelagerte Insel mit dem Hafen der Stadt verbunden. Die Osmanen versuchen mit Beginn diesen Jahres den so erfolgreichen Hayreddin in ihre Expansi-

23 John B. Wolf, The Barbary Coast, Algiers under the Turks 1500 to 1830, New York; London 1979, S. 21.

24 Anne-Barbara Ritter, Ein deutscher Sklave als Augenzeuge bei der Eroberung von Tunis (1535), Untersuchung und Edition eines unbekannten Reiseberichts aus dem Jahre 1558, in: Europas islamische Nachbarn, Studien zur Geschichte und Literatur des Maghreb, Ernstpeter Ruhe (Hg.), Würzburg 1993, S. 188.

onspolitik einzubinden – was jedoch nur bedingt gelingen sollte – und übertragen ihm das Kommando über die osmanische Flotte. Die Antwort der Spanier auf die nicht enden wollenden Niederlagen auf der anderen Seite des Meeres ist die Hochrüstung einer gewaltigen Flotte, die unter dem Kommando von Andrea de Avira (1466–1560), besser unter dem Namen Andrea Doria bekannt, dem bedeutendsten Admiral der spanischen Flotte in der Zeit Karls V., im Juni 1535 in Richtung Tunis in See sticht. An diesem Kreuzzug waren spanische, deutsche, italienische und portugiesische Truppen beteiligt. Im Juni des Jahres verließen mehr als vier-

hundert Segler die spanischen Häfen, neunzig kaiserliche Galeeren mit 24.000 Soldaten und 15.000 Pferden an Bord und nahmen Kurs auf das auf der gegenüberliegenden Seite des Mittelmeeres gelegene Karthago. An der Küste angelandet, bewegte sich das riesige Heer auf Tunis zu. Die Olivenhaine und Dörfer wurden niedergebrannt. Tunis wurde geplündert und gebrandschatzt; 70.000 Einwohner der Stadt sind dem Massaker zum Opfer gefallen.[23] Ein Bericht über dieses Ereignis ist in einer 1558 edierten Handschrift des Danziger Kaufmanns Balthasar Sturm erhalten; dieser war 1535 von Danzig mit Getreide auf dem Weg nach Lissabon in Gefangenschaft geraten, aus der heraus er im tunesischen Hochland den Kreuzzug Karls V. schildert.[24]

Die europäische Armee konnte sich weder in Tunis für längere Zeit halten, noch gelang es unter der Führung von Karl V. im Jahre 1541 – es ist das Jahr, in dem der Kaiser Bremen das Stapelrecht für Getreide, Mehl und Bier zuspricht – Algier einzunehmen; einer der Kommandanten des letzteren Kriegszuges war der durch seine Eroberung Mexikos im Jahre 1519 berüchtigt gewordene Hernán Cortés. Chair-ad-din (Hayreddin) »Barbarossa«, der »König des Meeres«, starb im Jahre 1546. Chair-ad-din war nicht nur ein hervorragender Seefahrer, dem wie allen verdienstvollen Kapitänen die Ehrenbezeichnung »qursân«[25] (Korsar) verliehen wurde, ein geschickter Marinestratege und Diplomat, sondern auch ein Gelehrter, der neben seinen Muttersprachen Arabisch, Türkisch und Griechisch fließend Französisch, Spanisch und Italienisch sprach. Italienisch wird er auch mit seiner zweiten Frau gesprochen haben, die er als vor-

Dragut Reis, Korsar und ehemaliger Sklave auf einer christlichen Galeere, war ein Offizier Barbarossas. Er starb 1565 während der Belagerung von Malta.

mals auf See gefangene Tochter des Gouverneurs von Reggio geheiratet hatte. Eine Sprache, in der er Briefe mit dem italienischen Dichter Pietro Aretino austauschte.[26] Ohnehin wurde im 16. Jahrhundert eine »lingua franca« im westlichen Mittelmeerraum gesprochen, die sich aus Anteilen des Arabischen, Spanischen und Italienischen zusammensetzte, wobei vor allem das Altspanische ein bedeutendes arabisches Fundament hatte.[27]

Die Nachfolge von Chair-ad-din als Kommandeur der arabischen Flotten trat nach dessen Tode zunächst sein Sohn Hassan (bis 1551) an, auf den Turgud (1543–1565) und Uluç 'Alî folgten. Letzterer war von Herkunft her Italiener, dessen Flotte während der berühmten Seeschlacht von Lepanto im Jahre 1571 gegen die Staaten der Liga (Spanien, der Vatikan und Venedig)[28] – dem letzten großen Galeerenkrieg – trotz der Niederlage der Osmanen weitestgehend unbeschädigt nach Algier zurückkehren konnte.

Vor diesem Hintergrund lassen sich die historischen Spuren von Bremern im Mittelmeerraum und die diversen Akten seit dem letzten Viertel des 16. Jahrhunderts im Bremer Staatsarchiv besser einordnen.

Bremer und andere weiße Sklaven in Afrika?

Die Hansestädte waren in die seekriegerischen Auseinandersetzungen im Mittelmeer involviert, seit Karl V. versuchte, den Kreuzzug in das nördliche Afrika zu tragen. Die hansischen Schiffe wurden seitens der maghrebinischen Staaten – sobald sie über die Meerenge von Gibraltar in das Mittelmeer kamen – als gegnerische Partei angesehen; schließlich hatten sich Schiffe der Hansestädte bereits an dem oben erwähnten Kreuzzug Karls des V. gegen Tunis beteiligt[29], dessen dafür rekrutierten deutschen Soldaten von Hamburg ausliefen.[30]

Von den spezifisch bremischen Ambitionen im Mittelmeer in der ersten Hälfte des 16. Jahrhunderts ist wenig in Erfahrung zu bringen, außer dass der Sohn des bremischen Bürgermeisters im Zuge seiner Kaufmannslehre in Venedig Handelsbeziehungen knüpfte[31] und ein florentinischer Kaufmann das Kraweelschiff »Der Mohr von Bremen« von in Antwerpen ansässigen hansischen Kaufleuten gechartert hatte, um Getreide nach Livorno und Civitaveccia zu bringen.[32]

Im Jahre 1575 – Algier wurde zu diesem Zeitpunkt wieder einmal von Spanien aus mit 25.000 Soldaten erfolglos angegriffen – gab sich der Schiffer Ulrich Herde gegenüber dem kaiserlichen Gesandten Freiherr Ungnad zu Tomegic, der mit dem Freikauf deutscher Gefangener betraut und in Algier auf Mission war, als Bremer aus und wurde freigekauft. Daraufhin entspann sich ein ausführlicher Briefwechsel zwischen dem Rat und dem Bürgermeister Bremens auf der einen und dem kaiserlichen Hof auf der anderen Seite. Gegenstand dieser Korrespondenz ist die Rückerstattung der von Bremen aufgebrachten Lösegelder, da der Hof die bremische Herkunft von Ulrich Herde in Frage stellte.[33] Die Korrespondenz erstreckt sich auf den Zeitraum von 1575–1579. Zur etwa gleichen Zeit (1578–1580) prozessiert der Bremer Schiffer Johann Oldenbroch gegen seine Reeder und Schiffsfreunde und verlangte Entschädigung für sein erlittenes Schicksal. Er war auf der Reise nach San Lucas in Spanien ebenfalls in Nordafrika in Gefangenschaft geraten. Aus dieser Zeit erfahren wir auch von zwei Bremer Büchsenmeistern, die auf einer genuesischen Galeere dienten und in Alexandria auf zwei dort gefangene deutsche Malteser trafen.[34]

Mit Beginn des 17. Jahrhunderts lässt sich ein ausgedehnterer Handelsverkehr der Hansestädte in das südliche Mittelmeer nachweisen, in welchem allein die Hansestadt Lü-

25 A. Rieger, Die Seeaktivitäten der muslimischen Beutefahrer als Bestandteil der staatlichen Flotte während der osmanischen Expansion im Mittelmeer im 15. und 16. Jahrhundert, Berlin 1994, S. 20.

26 Godefrey Fisher, Barbary Legend, War, Trade and Piracy in North Africa 1415–1830, Westport, Connecticut 1974, S. 45.

27 Vgl. Americo Castro, Spanien, Vision und Wirklichkeit, Köln, Berlin 1957, S. 102ff.

28 Ekhart Berkenhagen, »Lepanto 7.10.1571 – Blutigster Tag globaler Marinehistorie«, in: Deutsches Schifffahrtsarchiv, 19, Bremerhaven 1996, S. 105ff.

29 Ludwig Beutin, Der deutsche Seehandel im Mittelmeergebiet bis zu den napoleonischen Kriegen, Neumünster 1933, S. 2.

30 Die Verschiffung deutscher Soldaten in spanische Kriegsdienste dauerte noch bis in die zweite Hälfte des 18. Jahrhunderts fort, was auf die engen Verbindungen Spaniens – seit den Privilegienverträgen des Jahres 1607 und 1648 – mit den Hansestädten weist.

31 Hans J. v. Witzendorf, Bremens Handel im 16. und 17. Jh., in: Bremisches Jahrbuch, Bd. 9, Bremen 1955, S. 82.

32 Ludwig Beutin, Der deutsche Seehandel im Mittelmeergebiet bis zu den napoleonischen Kriegen, Neumünster 1933, 2.

33 Akten des Bremer Staatsarchivs.

34 Die Begegnung schildert Michael Heberer, nachdem er 1589 nach Freikauf aus Konstantinopel wieder in Heidelberg eintraf, in seinem 1610 erschienen Erlebnisbericht »Aegyptiaca Servitus«. Michael Heberer von Bretten, Aegyptiaca Servitus, Frühe Reisen und Seefahrten in Originalberichten, Bd. 6, Graz, o.J.; Frank Westenfelder, Ein Pfälzer als Galeerensklave im Mittelmeer, in: Damals, 7/97, S. 64.

35 Beutin, a.a.O., S. 37.
36 Eine frühe europäische Bezeichnung für eine vor allem im vorderen Orient und in Afrika zirkulierende Welthandelsmünze; zeitweilig wurde auch die Nachahmung des Spanischen Pesos in anderen Staaten als Piaster bezeichnet.
37 Akten des Bremer Staatsarchivs.
38 Akten des Bremer Staatsarchivs.
39 Akten des Bremer Staatsarchivs.
40 Akten des Bremer Staatsarchivs.
41 Baasch, a.a.O., S. 4.

beck zwischen 1615 und 1629 zweiundzwanzig Schiffe durch den Kaper seitens der Staaten des Maghreb verloren hat.[35]

Ein von den Hansestädten häufig angelaufener Hafen und wichtiger Handelsknotenpunkt war das süditalienische Livorno. Hierhin hatte es auch einen Bremer nach langer, unglücklicher Odyssee verschlagen. Einen tragischen Ausschnitt seiner Lebensgeschichte erfahren wir in einem ausführlicheren Bericht über ein Auslösungsverfahren dieses bremischen Gefangenen aus Algier; eine auf den 8. Mai 1640 datierte Bittschrift an den Bremer Senat. Diese stammt von Dirich Poleman aus der Grafschaft Schaumburg. Er war gemeinsam mit dem Schiffer Berend Kuhlman aus Bremen als Dolmetscher und Bootsmann nach Spanien zu Schiff gegangen und dort im Revier von St. Lucas von – wie es heißt – Korsaren überfallen worden. Schiff, Mannschaft und Güter wurden nach Algier gebracht, wo Poleman nebst anderen Christen als Sklaven verkauft und achtzehn Jahre in der Sklaverei schmachtete.

Weiter heißt es, dass ihn dort Menschenhändler losgekauft hätten, »ihn aber in Ketten und Banden nach Livorno gebracht und als sie ihn dort haben nicht verkaufen können, wieder in die Barbarei zurückführen wollen, was ihnen aber vom Großherzog von Florenz verboten wurde. Zwei deutsche Schiffer aus Lübeck und Rostock, die gerade nach Livorno gekommen waren und ihn in seinem trübseligen Zustand, in schweren Ketten und Banden dort haben vorgefunden, haben sich seiner erbarmt und ihn mit 300 Piaster[36] freigekauft. Davon haben sie 100 Piaster durch eine Kollekte von dort anderen liegenden Schiffern aufgebracht, während sich für die übrigen 200 Piaster gute Mitleidende zu Livorno wohnende Leute verbürgt haben, welchen die beiden Schiffer versprachen sie schadlos zu halten.«[37] In diesem Zusammenhang steht die Bittschrift an den Bremer Senat: Die bei-

den Schiffer aus Lübeck und Rostock, versprachen diese 200 Piaster nun entweder selber aufzubringen oder sich wieder in Livorno zu stellen, d.h. mit der vorgestreckten Summe zurückzukehren. Da nun weder die beiden Schiffer über ein Vermögen verfügten und auch nicht der Graf aus Schaumburg, der »seine durch Krieg ausgemergelten Untertanen mit einer Kollekte nicht beschweren wollte«, hofft die Bittschrift auf Hilfe aus Bremen. Der Bremer Rat wird nun in der Weise um Hilfe gebeten, dass er ein Recommandationsschreiben an die Bürger und Einwohner Livornos erteilen möge, damit er, Berend Kuhlman, ganz und gar frei werden möge. Ob Berend Kuhlman wieder nach Bremen zurückkehren konnte, wissen wir nicht. Wurde in Bremen die Gefangenschaft bremischer Seeleute im Maghreb bekannt, dann verliefen die Versuche zur Aufbringung der Loskaufsummen meistens über Kollekten, d.h. Sammlungen in den Kirchspielen. So war es auch am 2. Mai 1677, als der Rat bekannt gab:

»zur Befreiung von 8 in Algier gefangenen Bürgerkindern vom Magnus Detjen Schiff mit Namen, Dietrich Riechelman, Gerd Hilgerlohe, Rolff Rolffsen, Wetje Plump, Herman Reiter, Arend Struve, Herman Hoyer und Arnd Klampe eine Kollekte von 630 Groten und 48 Scharzen einbrachte, welche unter den Interessenten, respective deren Vertreter zu gleichen Teilen verteilt wurden, auch nach erhalten Quittungen (…), dass Herman Reiter und Herman Hoyer 1681 und 1682 wieder nach Bremen gelangt. Arnd Plump aber vorher gestorben war. Die Sammlung ergab im Ganzen 630 Groten und 48 Scharzen und zwar: › Unser Lieben Frauen‹ Kirchspiel 145, 56, › St. Stephani« Kirchspiel‹ 167, 42, ›St. Martini« Kirchspiel‹ 85, 33, ›St. Ansgari« Kirchspiel‹ 202, 68, Kirchspiel in der Neustadt 28, 65.«[38] Leider lässt sich nichts über die verbleibenden fünf bremischen Seeleute in Erfahrung bringen. War für sie nicht die erforderliche Summe aufgebracht worden, oder – und dies war nicht selten der Fall – zogen sie den Verbleib in Algier der Rückkehr nach Bremen vor.

Im Jahre 1682 – in diesem Jahr wird Algier von See aus unter dem Kommando des französischen Admirals du Queine bombardiert – ergeht an den Bremer Rat das Gesuch der Bremer Bürger Cordt Eitren und Johann Martens, die mit dem Bremer Schiff »Die Fortune von Bremen« aufgebrachten und in die Sklaverei verkauften Bürger Arendt Struve und Schiffer Mangens Dehtken auslösen zu wollen. Am 24. Juni 1682 erteilt die in dieser Sache eingesetzte Senatskommission zwei Bremer Schiffern, die auf der »Muscow« nach Frankreich segeln wollten, um dort für die Rückführung des Gefangenen Arendt Struve zu sammeln, zu diesem Zwecke ein Attest. Darin heißt es zum Hergang des Falls: »mit Schiffer, Mangens Dehtken, geführt, die Fortun von Bremen genannt nach St. Marten segeln wollten, seien durch einen algierischen Seeräuber im Kanal vor England gefangen und in berberische Sclaverei aufgebracht.«[39]

In den Akten des Bremer Staatsarchivs findet sich auch eine Abschrift der am 15. November 1682 in Algier ausgestellten Rechnung für Arendt Struve:

»Reeckeninge vant geene gekost heeft Arendt Struve van Bremen, gelost door my Jacob des Pas per ordere von De Louis de asse veda von amsterdam den Syn Patron betaelt.«

Arendt Struve wurde also von einem gewissen Jacob des Pas auf Anordnung des in Amsterdams ansässigen De Louis ausgelöst. In dieser Rechnung schlagen die einzelnen Kosten u.a. wie folgt zu Buche: »Oen Syn Patron betaelt 200.– Piaster; Regt von de alcasare 13.– Piaster; vor de obligatie 2.– Piaster«.[40]

1725 hatte Karl IV. mit den Barbareskenstaaten einen Friedensvertrag ausgehandelt, dem damit auch die den Hamburgern unterstehen-

den Generalstaaten angeschlossen waren. In diesem Jahr pendelte die kaiserliche Diplomatie nach Tunis, Algier und Tripolis und schickte Gesandtschaften. In umgekehrter Richtung besuchte der Bey von Tunis Wien. 1740 wurden die Verträge in einem Schriftenaustausch verlängert. Die Hansestädte schlossen sich diesem Vertrag nicht an, da sie Nachteile im Falle von Kriegen, in welche der kaiserliche Hof verwickelt werden könnte, für sich befürchteten. In diesem Jahre regte Bremen in Lübeck an, sich diesem Vertrag anzuschließen. Lübeck wie auch Hamburg rieten zunächst ab.[41] Es werden die letzten Bemühungen Bremens bleiben, sich wie in diesem Falle auf indirektem Wege, einem Friedensvertrag mit den »Barbareskenstaaten« anzuschließen. Hamburg schloss einen solchen, wenn auch kurzlebigen Friedensvertrag mit Algerien und bediente sich zuweilen, wenn auch nicht öffentlich zugestanden, der kaiserlichen Flagge. In der anhaltenden Weigerung seitens der Hansestädte – und dies trifft vor allem auf Bremen, das seinen Mittelmeerhandel unter dänischer Flagge abwickelte, und Lübeck zu – sich einem Friedensvertrag anzuschließen, ist die Ursache dafür zu sehen, dass auch Bremen sich für ein weiteres Jahrhundert im Kriegszustand mit den maghrebinischen Staaten befand. Die bremische Mittelmeer- und Atlantikfahrt wurde dadurch in Mitleidenschaft gezogen. So erscheint es nicht verwunderlich, dass der Hauptgegenstand der Dokumente weiterhin um im Maghreb in Gefangenschaft geratene Bremer und die Möglichkeiten ihres Loskaufs kreist.

Die große Bereitschaft der bremischen Bevölkerung, die Loskaufsummen aufzubringen, führte bald zu Überschüssen, die die Einrichtung einer sogenannten *Sclavenkasse* ermöglichte. Ein Auszug aus einem Wittheit-Protokoll vom 12. Juli 1730 hält fest:

»Die Sammlung von den Sclaven hätte soviel gebracht, dass 320 2/3 Piaster übrig geblieben

42 Akten des Bremer Staatsarchivs.

43 Ernstpeter Ruhe, Christensklaven als Beute nordafrikanischer Piraten, Das Bild des Maghreb im Europa des 16.–19. Jahrhunderts, in: Europas islamische Nachbarn, Studien zur Geschichte und Literatur des Maghreb, Ernstpeter Ruhe (Hg.), Würzburg 1993, 163.

44 Johan Heinrich Zedler, Universal-Lexicon, Halle und Leipzig 1732, 1198f.

45 David Mitchel, Piraten, Geschichte und Abenteuer der Seeräuber auf den Weltmeeren, Wien/München 1977, 153.

46 Georg Quedens, Amrumer Abenteuer, Münsterdorf, o.J., 9.

47 Rheinhard Jannen, »Hark Olufs besondere Avantüren oder wonebares Schicksahl«. Wiederentdeckte Fassungen der Lebensbeschreibung von Hark Olufs, in: Nordfriesisches Jahrbuch 1999, Bd. 35, Bräist/Bredstedt 1999.

sind und der Saldo zur Errichtung einer Sclavenkasse zu machen.« Der Beschluss legte fest: »Die Sklavenkasse wäre zwar zu concediren, jedoch unter Aufsicht eines Inspector.«[42] Ein ausführlicher Projektplan bezüglich der Verwaltung der Sklavenkasse ist ebenfalls im Staatsarchiv Bremen erhalten. Welche Vorstellungen mögen die Bremerinnen und Bremer vom Leben eines »Sclaven« in der »Berberey« gehabt haben? Bereits zu Ende des 17. Jahrhunderts gab es literarisch verfasste Berichte ehemaliger »Sclaven«, darunter den folgenden Titel eines anonymen Verfassers: »Schau-Platz Barbarischer Sclaverey: worauf unter Beschreibung der 4 vornehmsten Raub-Städte als: Algiers, Thunis, Tripoli und Salee, der selben Regierung, Raubereyen, Sitten, Gewohnheiten und andere seltzame Begebenheiten und Zufälle vorgestellt werden: vornehmlich aber die überaus grausahme Barbarische Leibes-Straffen und das elende kümmerliche Leben so die gefangene Christen bey den Türcken und Ungläubigen leiden, außstehen und ertragen müssen. Historisch außgeführt und mit vielen dazu dienlichen Kupfern erleutert.« (Hamburg, Anno 1694) Ein solcher autobiographisch geschriebener Erlebnisbericht erweckte den Anschein von Authentizität; er malte ein Horrorszenario aus, dessen Grausamkeiten jeglichen menschlichen Vorstellungshorizont überschritten. Die Kupferstiche illustrierten die Foltern und Martern im Detail, darunter das Kreuzigen, Vierteilen, Pfählen, Verbrennen und Zerstampfen im Mörser. Obwohl der Autor jenes Berichtes gesteht, dass, nachdem er solche Folterungen beschrieben hat, »es nicht nötig ist dergleichen Exempel mehr zu erzehlen; diese zwey sind genug alle Christen, die Liebe haben, zu bewegen, für ihre Brüder zu bitten, die bey diesen Barbaren gefangen zu seyn und zu Wiedererlangung der Freiheit Almosen zu geben«, fährt er auch auf den folgenden 400 Seiten mit gleichlau-

tenden Schauergeschichten fort.[43] Zuweilen wurden von Mönchsorden, die sich ganz und gar dem Loskauf der »christlichen Brüder« widmeten, ehemalige in Ketten gelegte »Sclaven« dem Publikum vorgeführt, wo sie von ihrem Schicksal berichteten. Diese gezielt betriebene Schauerpropaganda wird auch an Bremen nicht spurlos vorbeigegangen sein. Werfen wir einen Blick in das zum Zeitpunkt der Einrichtung der bremischen Sklavenkasse von Johann Heinrich Zedler herausgegebene »Universal-Lexicon« (1732), dann lässt sich bei der Beschreibung Algiers die Bewunderung herauslesen, die die europäischen Besucher jener Zeit der maghrebinischen Stadt entgegenbrachten. Sei es in der städtebaulichen Charakterisierung mit ihren zahlreichen Badstuben und Springbrunnen, oder in der Hervorhebung der fruchtbaren Gärten rund um Algier. Anders als in oben erwähnter Gruselgeschichte eines gemarterten Sklavendaseins, in dem die Christen gleich der Hölle schmachteten, erfahren wir in Zedlers Lexikon, dass die »christlichen Leibeigenen viele Speis- und Trinkhäuser unterhielten, wodurch sie ihren Herren vielen Vorteil zuwege brächten«. Und weiter: »Es ist dieses Algier jetziger Zeit wohl die reichste Stadt in ganz Africa, in welcher die Zölle allein so viel, als das ganze Königreich ausmachen, und darinnen sich ohngefähr 100.000 Einwohner, nehmlich 12.000 Soldaten, welches mehren teils abgefallene Christen; 40.000 Sclaven von allen Enden Europas, und die übrige Zahl an Türcken, Mohren und Juden befinden.«[44] Wenn wir von der annähernden Richtigkeit der statistischen Angaben Zedlers ausgehen, dann stellte der Anteil an sogenannten Sklaven nahezu die Hälfte der gesamten Einwohnerschaft Algiers, der wiederum 12.000 Soldaten gegenüber gestanden hätten, von denen zudem die meisten »abgefallene Christen« waren. Hieraus ergibt sich ein gänzlich anderes Bild.

David Mitchel beschreibt die Bagnos, die Unterkünfte der europäischen Kriegsgefangenen, als riesige Gebäude, die bis zu 2000 Gefangene beherbergten und deren Innenhöfe mit von diesen gemieteten und betriebenen Tavernen sowie Esslokalen gesäumt waren. »Die Bagnos mit ihren katholischen, orthodoxen und protestantischen Kirchen und Geistlichen waren die kosmopolitisch-gesellschaftlichen Zentren in den Städten.«[45] In den Bagnos trafen Seeleute aus den verschiedensten Nationen zusammen, seien es Spanier, die auf der Rückfahrt von Mexiko aufgebracht wurden, oder Hamburger, die vor Grönland auf Walfang gefahren waren. Die dortige relative Freiheit ermöglichte einen Austausch über alle Kontinente hinweg; sie war sicherlich ein Grund für den hohen Anteil jener Europäer, die sich in die Dienste Algeriens oder Tunesiens stellten. Bis in die Gegenwart hinein soll es Gemeinden von Nachkommen solcher »Renegaten« in Algerien geben, die eine damals gesprochenen »Lingua franca« beibehalten haben.

Bekannt ist die Geschichte des Amrumer Hark Olufs, der 1724 in algerische Gefangenschaft geriet und schließlich über seine Dienste beim Dey von Constantine zum Schatzwart und Armeeführer aufstieg. Nach zwölf Jahren kehrte er nach Amrum zurück. Schon Jahre zuvor hatte ihn in Hamburg sein Vater nach Überbringung einer Lösegeldsumme zurückerwartet, stand jedoch dann zu seinem Entsetzen einem mit seinem Sohn verwechselten Rückkehrer gegenüber. Es war der Bremer Ohloffs.[46] 1751 wurde seine Lebensgeschichte, die zunächst 1747 im Dänischen erschienen war, ins Deutsche übersetzt. Eine Fassung dieser Übersetzung ist erst kürzlich wiederentdeckt und ediert worden.[47] Sein Grabstein auf der Insel Amrum hält in eindrucksvoller Weise die Spuren des Lebens von Hark Olufs im Maghreb fest.

Planispherischer Astrolab

Der hohe Anteil von Europäern im Maghreb lässt sich nicht ausschließlich über das Phänomen der Kriegsgefangenschaft erklären. Fernand Braudel weist im Kontext des 16. Jahrhunderts auf eine andere Fragestellung hin: »Aus Korsika, Sardinien, Kalabrien, Genua, Venedig, Spanien, und von allen Orten der Welt des Mittelmeeres sind Renegaten zum Islam übergegangen. In der Gegenrichtung nichts dergleichen.« Was waren die Motive dieser sogenannten Renegaten? Waren es Flüchtlinge, die vor dem um sich greifenden Terror der Inquisition in der Hoffnung auf Asyl nach Afrika geflohen waren? Hans Leip deutet in seinem »Bordbuch des Satans« eine solche Fluchtbewegung an verschiedenen Stellen an, wenn er vom »Schwall der Renegaten, Desperados, Vagabunden, verkrachten Handwerker, entlaufenen Ver-

48 Hans Leip, Bordbuch des
    Satans, Eine Chronik der
    Freibeuterei vom Altertum bis
    zur Gegenwart, München 1959,
    118/221ff.

brecher, Alimentenzahlern, geflüchteten Ketzern und zum Islam übergetretenen Gefangenen« schreibt, denen es im Maghreb nicht schlecht gegangen sei. Und sie kamen keineswegs nur aus dem südwestlichen Europa. Jan Janß, ein holländischer Seemann, der als Murâd Raïs um 1630 einen auf Kaper ausgerichteten Kleinstaat in Salée an der marokkanischen Küste gegründet hatte und des Öfteren in die Niederlande zurückkehrte, war kein Einzelfall.[48]

Die Notwendigkeit für sogenannte Loskaufgelder aufzukommen, begleitete die Bremer auch noch gegen Ende des 18. Jahrhunderts. Im Jahre 1793 hatte England einen einjährigen Waffenstillstand zwischen Portugal und Algerien vermittelt. Wieder einmal wurde seitens der Hansestädte – Hamburg ging dieser Überlegung am entschiedensten nach – darüber nachgedacht, sich diesem abzeichnenden Friedensabkommen anzuschließen.

Im November 1795 zeichnete sich die Realisierung eines Friedens zwischen Portugal und den Barbareskenstaaten ab, woraufhin der bremische Syndicus von Eelking die Aufnahme der Hansestädte in diesen Friedensvertrag anregte. Lissabon war für die bremische Handelsschifffahrt dieser Zeit ein wichtiger Anlaufhafen, der in seiner Bedeutung dem von Cadiz in Spanien kaum nachstand. Bremen war der Umschlaghafen für die über Cadiz gehende westfälische und Osnabrükker Leinwand. Auf der Rückfahrt nahmen die Bremer Schiffe von den westfranzösischen Häfen, darunter Bordeaux, Wein und Salz mit. Portugal besaß damit ausgehend von handelspolitischen Überlegungen eine nicht geringe Wichtigkeit für Bremen. Darüber hinaus begann sich die zunehmende Bedeutung der Seeroute entlang der portugiesischen und marokkanischen Küsten in Richtung des südlichen Amerikas abzuzeichnen. Am

Am 13. November 1809 bombardierte die britische Armee unter dem Kommando von Colonel Smith und Captain Wainwright Ras-ul-Khymah.

Rande sei nur erwähnt, dass es am Ende des 18. Jahrhunderts nicht selten war, dass marokkanische Kaufleute nach Hamburg kamen und dort Handel betrieben. Dieser und der Umstand des portugiesisch-marokkanischen Friedens mag auch für Bremen von Nutzen gewesen sein, wie wir gleich sehen werden.

Als im Jahre 1798 der napoleonische Krieg gegen Ägypten einsetzte, wurden entlang der tunesischen Küste europäische Schiffe als feindliche Objekte verstanden und aufgebracht. An anderer Stelle wurde vor der atlantischen Küste Portugals die bremische »Elisabeth« von ihrer Route nach Lissabon abgedrängt und letztlich nach Tanger gebracht. Von dort schrieb am 26. November 1798 Hermann Vägels, der Kapitän des nach Marokko aufgebrachten Schiffes Elisabeth, an den Generalkonsul Andreas Fesser in Cádiz; Vägels hatte erfahren, dass dieser helfen wolle.

»Wir sind am 29. August von 9 türkischen Schiffen genommen und haben uns zu Larisch eingebracht und von dort haben sie uns nach Miegenes gebracht (...), und von dort nach Tanger. Wir haben es sehr schlecht. Ich bitte Sie freundlichst, uns zu helfen aus der Barbarae. Tun sie ihr bestes so viel als möglich.«[49]

Am 7. Januar 1799 erscheint ein Spendenaufruf, der sich an die Öffentlichkeit wendet: »Das traurige Schicksal des Schiffs-Captains Hermann Vägels und acht Seefahrender, welche am 29. August 1798 auf dem Schiffe Elisabeth in Maroccanische Gefangenschaft geriethen, hat die Interessenten des geraubten Schiff veranlaßt, ohne die Summe von Eintausend Reichstaler, auch ohne das jenige, worauf die Mannschaft nach ihrer Befreiung Anspruch machen kann, eine beträchtliche Summe zu subscribiren, und zur weiteren Beförderung des Loskaufens jener Unglücklichen, die unsere Mitbürger und zum Theil Väter zahlreicher Familien sind, alles Mögliche beyzutragen.«[50] Die über den Konsul in Portugal laufenden Verhandlun-

gen gingen zügig voran. Dazu wird auch beigetragen haben, dass sich Portugal zu dieser Zeit im Frieden mit Marokko befand. Bereits am 12. Juli 1799 lässt eine »Obrigkeitliche Bekanntmachung« die Freiheit Vägels, samt Schiff und Mannschaft, »ohne Erlegung einiges Lösegeldes«[51] verlauten.

Die USA im Mittelmeerraum

Auch zu Beginn des 19. Jahrhunderts tragen die Beziehungen zwischen den maghrebinischen und europäischen Staaten den Stempel eines Dauer-Seekrieges, der nicht zuletzt auch Bremen in Mitleidenschaft zieht.

Auf der Bühne des westlichen Mittelmeeres taucht im Jahre 1801 eine dort bislang unbekannte Macht auf. Es sind die USA, die nun den libyschen Hafen von Tripolis blockieren und dort einlaufende Schiffe kapern. Anfang 1805 führten die USA ihren ersten Landkrieg außerhalb des amerikanischen Kontinents erfolglos gegen Libyen unter General Eaton.[52] Es folgten die gescheiterten Versuche der US-Flotte im Jahre 1815 Algier zu bezwingen. Die Flotte war eigens für den Seekrieg gegen die Barbaresken geschaffen worden.[53] Die USA zahlten weiterhin sogenannte Tribute an die Stadt im Maghreb. Aus dem Wiener Kongress ging dann die Entscheidung hervor, Algier 1816 mit einem gemeinsamen englisch-holländischen Geschwader unter dem Kommando des Admirals Exmouth anzugreifen. Lord Exmouth hatte sich in seinen politisch-strategischen Überlegungen die fehlende Einheit der maghrebinischen Staaten zu diesem Zeitpunkt zu Nutze gemacht; zudem gab es zwischen Tunesien und Algerien Spannungen. Der Bey von Tunis Mahmoud Baschaw hatte am 17. April an Exmouth auf dessen unhaltbare Vorwürfe einer Institutionalisierten Sklaverei[54] in einem langen Brief geantwortet.

Der als Abschrift im Bremer Staatsarchiv vorliegende Brief des Beys Baschaw an

49 Akten des Bremer Staatsarchivs.

50 Akten des Bremer Staatsarchivs.

51 Akten des Bremer Staatsarchivs.

52 E.B. Potter, Ch.W. Nimitz, Seemacht, Eine Seekriegsgeschichte von der Antike bis zur Gegenwart, München 1974, S. 162ff.

53 Heinz Neukirchen, Piraten, Seeraub auf allen Meeren, Berlin 1976, S. 244; B. Brentjes, Die Mauren, Der Islam in Spanien und Nordafrika, Leipzig 1989, S. 280.

54 Im Frühsommer des Jahres 1816 war Exmouth auf einer politischen Reise im Maghreb. Von Tripolis über Tunis kam er am 15. Mai nach Algier. Der Brief des tunesischen Bey Mahmoud Baschaw wird sich auf die während dieser Reise gemachten Vorwürfe beziehen. Robert L. Playfair, The scourge of christendom, New York 1972, S. 254f.

Sir Charles Penrose und Sir James Brisbane verhandeln nach dem britischen Bombardement vom August 1816 mit dem Bey von Algerien über die Freilassung weißer Sklaven.
Der Zeichner Abraham Salamé versetzte das britische Flaggschiff Queen Charlotte in den Hafen von Algier.

Exmouth ist in vielerlei Hinsicht bemerkenswert: Betont wird nicht nur der Friedenswillen, darüber hinaus stellt der Bey richtig, dass es sich bei den in Tunesien befindenden europäischen Gefangenen eben nicht um Sklaven, sondern um Kriegsgefangene handele, die so menschlich wie möglich und als Kriegsgefangene gleich den auch in Europa geltenden Praktiken behandelt würden. Nach einem Friedensschluss sollten die Kriegsgefangenen ausgetauscht werden, was ein Hinweis auf maghrebinische Kriegsgefangene in Europa ist, von denen ansonsten jegliche historische Spuren fehlen, mit Ausnahme von Al-Hassan Ibn Muhammad Al-Wizâz, der in die europäische Geschichtsschreibung als Leo Africanus (1494/95–1552) eingegangen ist. Er wurde um 1520 von venezianischen Piraten nach Italien entführt, kam als Geograph in die Dienste von Papst Leo X. und gab unter anderen Bischof Viterbo und Kardinal Antonini Arabischunterricht. Seine dreibändige »Geschichte und Beschreibung Africas«

gehört bis in die Gegenwart zu den aufschlussreichsten und informativsten historisch-geographischen Abhandlungen in der von ihm erfassten Dimension von Zeit und Raum.[55]

Kommen wir auf den eingangs zitierten Bericht der bremischen Senatskommission zurück, in der gegen Ende beklagt wird, dass, während sich ganz Europa im Frieden mit den Barbareskenstaaten befinde, dies nicht für Bremen der Fall sei. Diese Tatsache wirke sich auf den bremischen Mittelmeerhandel auch in der Weise negativ aus, als dass vom 1. Januar 1815 bis zum 31. Oktober 1816 25 Landungen mit einem an Frachtgeldern bemessenen Volumen von 75.874 Groten von Mittelmeerhäfen nach Bremen gelangten. Den Großteil dieser Fracht hatten neben anderen europäischen Ländern, die Friedensverträge in den Maghreb geschlossen hatten, schwedische und dänische Schiffe in Bremen angelandet. Allein zwanzig bremische Schiffe könnten mit der Abwicklung des Mittelmeerhandels beauftragt werden.[56] Solche einsetzenden Versuche der bremischen Mittelmeerhandelsschifffahrt sollten auch im Jahre 1817 aufgrund fehlender Friedensvoraussetzungen durchkreuzt werden. Am 26. Juli 1817 zitierte die Londoner Morning Post einen Korrespondentenbericht aus Coruña in Spanien:

»Gestern lief der tunesische Schooner in den Hafen ein, der vor einiger Zeit in Camarinos lag und der infolge einer vorangegangenen Abmachung als Preis für das Bremer Schiff ›Leda‹ des Kapitäns Wencke eingebracht wurde. Dieses war mit Wein, Brandy und Kurzwaren für Bremen bestimmt von Bordeaux ausgelaufen und zusammen mit der Begleitfregatte aus Ushant, die hier anlegte, um Wasser und frischen Proviant aufzunehmen, am 24. Juni von besagtem Schooner gekapert worden. Beide Schiffe wurden beschlagnahmt.«

Der Austausch der beiden Schiffe wurde abgewickelt; ein Beispiel dafür, dass das gegenseitige »Einbringen« von Schiffen von allen sich im Kriegszustand befindenden Staaten eine durchaus übliche Angelegenheit war. Johann Smidt wollte sich daraufhin, wie er in einem Schreiben an den Bremer Senatsgesandten Gröning am 25. Juli 1818 in London schrieb, um hannoversche Pässe für Bremer Schiffe bemühen, da auch Hannover im Frieden mit den maghrebinischen Staaten stand. Für Smidt war dies jedoch nur eine Übergangslösung, »bis die verschiedenen europäischen Mächte einen Plan organisiert haben, der dann diese Räubereien endgültig beenden wird.«[57]

»Ist es recht, dass wir die Algierer, Tunetaner und Tripolitaner Seeräuber nennen?«, fragte 1793 ein gewisser Hegewisch und führte das als Piraterie dargestellte Phänomen auf den durch die Übergriffe der Spanier und Portugiesen ausgelösten und dann bis in das 19. Jahrhundert anhaltenden Seekrieg zurück.[58] Ähnlich wurde das von einem weiteren zeitgenössischen Berichterstatter verstanden, der selbst mehrere Jahre in algerischer Gefangenschaft verbracht hatte und in den Jahren 1789–1800 ein umfangreiches Werk in Hamburg herausgab. Jener Baron von Rehbinder erschütterte den Mythos von den europäischen Sklaven nicht zuletzt unter Verweis auf die Methoden der europäischen Sklaverei von Afrikanerinnen und Afrikanern in der Karibik und die Behandlung von algerischen Schiffsbesatzungen und schrieb: »... so wird man in allen diesen Fällen eingestehen müssen, dass die so aufgeklärten und civilisierten Europäer in Hinsicht der Behandlung ihrer Kriegsgefangenen und Sclaven, von Völkern und Nationen, die sie Barbaren nennen, beschämt werden ...«[59] Der französische Diplomat Baron de Tott beschrieb die sogenannten Sklaven in Tunis als gut ernährt und gekleidet; er bemerkte, dass die Europäer die einzigen seien, die ihre Sklaven schlecht behandelten.[60]

55 Al-Hassan Ibn-Mohammed Al-Wezaz Al-Fasi (Leo Africanus), The History an Description of Africa, ins Englische von John Pory (1600), editiert und eingeleitet von R. Brown, New York, o.J.; als historischer Roman siehe auch: Amin Maalouf, Leo Africanus, München 1992.

56 Commissarischer Bericht über das Verhältnis zu den Barbaresken und Raubstaaten, 29. November 1816, Akten des Bremer Staatsarchivs.

57 Akten des Bremer Staatsarchivs.

58 D.H. Hegewisch, »Erörterung der Frage: Ist es recht, dass wir die Algierer, Tunetaner und Tripolitaner Seeräuber nennen? nebst einigen Anmerkungen über die bisherigen Vorschläge, die Europäische Schifffahrt gegen diese Völker sicher zu stellen«, in: D.H. Hegewisch, Historische, philosophische und literarische Schriften, Hamburg 1793, S. 18-33.

59 J. v. Rehbinder, Nachrichten und Bemerkungen über den algierischen Staat, Bd. 1, Altona 1798–1800, S. 414f.

60 Tott, Mémoires sur les Turcs et les Tartares, Amsterdam 1785, Bd. II, S. 367ff., cit. nach: Ann Thomson, Barbary and Enlightenment, European Attitudes towards the Maghreb in the 18th Century, Brill, Leiden 1987, S. 28.

Hartmut Roder

Kaperer und Freibeuter im Kampf um die Schätze der Neuen Welt

Das große Zeitalter der Piraterie in der Karibik (1530 bis 1730)

Die Jagd nach dem spanischen Gold

Mit den vier Reisen, die Christoph Columbus ab 1492 im Namen der spanischen Krone unternahm, um den direkten Seeweg zum sagenumwobenen Indien zu finden, begann die Eroberung der Neuen Welt. Nachdem Columbus auf den Bahamas gelandet und nach Kuba und Hispaniola (dem heutigen Haiti) weitergereist war, entdeckte er später Dominica, Puerto Rico und Jamaika sowie die südamerikanische Küste. Auch wenn das erwartete Ziel, Indien zu entdecken, nicht erreicht wurde, so veränderte die anschließende Eroberung und Besiedelung der Neuen Welt die bisherige Landkarte fundamental. Mit einem Federstrich ließen die spanischen Könige sich vom spanischen Papst Alexander VI. ihre amerikanischen Entdeckungen als Eigentum übertragen, so dass sie nun alles daransetzten, in »Westindien« die erwarteten Reichtümer zu finden und ins europäische Heimatland zu bringen. Die Suche nach dem heiß begehrten Gold und Silber wurde jedoch erst erfolgreich, als die Spanier unter Hernando Cortez und Francisco Pizarro nach 1519 begannen, das mexikanische Festland zu erobern und die Reiche der Azteken und Inkas auszuplündern und zu zerstören. Mit dem schnellen Vordringen der Spanier in Mittel- und Südamerika fielen diesen innerhalb von nur 30 Jahren nicht nur die größten Gold- und Silbervorkommen der Welt in Potosi in die Hände, sondern sie fanden auch sagenhaften Schmuck und Edelmetalle.

Bald sprach sich der unermessliche Reichtum der Spanier herum, so dass sich französische Korsaren, die im Auftrage und im Schutze reicher Kaufleute, Reeder und Adeliger an den Küsten Frankreichs und Englands Handelsschiffe aufbrachten und enterten, am Sklavenhandel beteiligten, Güter schmuggelten oder vor der portugiesischen Südküste auf die Lauer legten, um sich die geheimnisvollen spanischen Schiffe aus Übersee genauer anzuschauen. Nachdem Jean Fleury, der als Freibeuter im Dienste des Grafen von Dieppe stand, 1523 zwei schwer beladene spanische Karavellen vor der Straße von Gibraltar gekapert hatte, wurde die Vermutung zur Gewissheit. Truhen voller Goldbarren, Goldstaub, Perlen und Smaragde fielen den Piraten in die Hände, so dass der französische König Franz I. in Erwartung fetter Prisen (gewaltsam aufgebrachter Schiffe) keinen Moment zögerte, Seekapitänen Vollmachten – »Lettres de Marques« – auszustellen, die diese ermächtigten, spanische Schatzschiffe und spanische Schatzhäfen zu überfallen, um an der Ausbeutung des südamerikanischen Kontinents teilzuhaben. Von höchster Stelle ermächtigt und mit eigenen königlichen Schiffen verstärkt, machten sich nunmehr zahlreiche Abenteurer auf, um als französische Staatspiraten den Spaniern einen Teil ihrer Schätze abzujagen. Dieses Vorgehen war durchaus rechtmäßig, denn Frankreich und Spanien führten u.a. zwischen 1521 und 1529 offen Krieg gegeneinander. Dabei spielten sich die Überfälle der Korsaren überwiegend in den europäischen Gewässern ab, in denen die Schiffe der spanischen Schatzflotte abgefangen und geentert wurden. Nur ganz wenige Seeräuber waren bereit, die gefährliche Überfahrt in die Neue Welt zu unternehmen, um dort Stützpunkte zu gründen und von dort aus zu jagen und zu rauben.

Als es den französischen Kaperern ab Mitte der 30er Jahre gelang, den Überseeverkehr der Spanier zum Erliegen zu bringen, sah sich spätestens 1555 der spanische König genötigt, Gegenmaßnahmen zu ergreifen und einen Sicherheitsplan für Westindien auszuarbeiten. Dieser legte neben der Befestigung der Küstenstädte und der Stationierung einer Kriegsflotte auch den Transport von kostbaren Gütern nur in Geleitzügen fest. Dieser Flottenkonvoi sammelte sich zwischen 1535 und 1735 fast jährlich in Havanna, um gemeinsam das Silber aus Peru und Mexiko, das Gold aus Ecuador und die Edelsteine aus Kolumbien zusammen mit Seide, Porzellan und Gewürzen des Orients, die die Manila-Galeone von den Philippinen nach Mexiko gebracht hatte, ins spanische Heimatland zu transportieren. Doch trotz der erschwerten Bedingungen nahm die Zahl der Kaperer keineswegs ab, denn nunmehr stellten auch andere europäische Herrscher ihren Kaperkapitänen Freibriefe aus, um sich ihren Anteil an den Schätzen der Neuen Welt zu sichern. Während französische Korsaren vor der Küste Mittelamerikas verstärkt den spanischen Schiffen nachstellten und neben der Plünderung von Havanna (1555) und Campeche (1561) 1565 sogar eine eigene Kolonie in Florida errichtet hatten, nahm ihre Zahl insgesamt ab, da der innerfranzösische Bürgerkrieg kriegsfähige und kriegswillige Männer benötigte.

In zunehmendem Maße trat ab Mitte des 16. Jahrhunderts die englische Krone auf den Plan, die nicht nur begann, den Spaniern ihre

Zwischen 1531 und 1533 überfiel Francisco Pizarro mit einer kleinen Söldnertruppe die Inkas in Peru. Das Bild zeigt den Diebstahl der Reichtümer des Inkas Atahualpas.

Drakes Männer entern ein Schiff
bei den Kapverdischen Inseln.

gewaltigen geraubten Reichtümer streitig zu machen, sondern die der weiteren spanischen Expansionspolitik nicht tatenlos zusehen wollte. Nach der Thronbesteigung von Elisabeth I. 1558 führten die anglo-spanischen Auseinandersetzungen zum Jahrhunderte andauernden offenen Konflikt. Nach 1562 unternahm der Kaufmann John Hawkins aus Plymouth drei Fahrten an die westafrikanische Küste und erbeutete bei mehreren Überfällen schwarze Sklaven, die er anschließend in der spanischen Karibik und im Golf von Mexiko verkaufte. Trug Hawkins die Durchbrechung des spanischen Handelsmonopols in der Neuen Welt auch große Bewunderung ein, so zog er damit zugleich den Zorn des spanischen Königs auf sich. Als dieser Hawkins und dessen Vetter Francis Drake im Hafen von Vera Cruz angreifen ließ, entkamen beide nur knapp den Spaniern.

Mit Francis Drake, der aus diesem Schlüsselerlebnis einen abgrundtiefen Haß gegen die Spanier entwickelte, entstand den Spaniern nunmehr ein Widersacher, dem es gelang, zwischen 1572 und 1580 in z.T. tollkühnen Attacken riesige Reichtümer zu erbeuten und nach England zu bringen. Drake, um 1540 im englischen Plymouth als Bauernsohn geboren, erlernte den Seemannsberuf und segelte auf den Schiffen John Hawkins'. Während der zweiten Expedition erhielt Drake das Kommando über ein gekapertes Schiff. Der spektakulärste Coup Drakes ereignete sich am 1. März 1579, als es ihm gelang, nach der Umsegelung von Kap Horn im Pazifischen Ozean die spanische Schatzgaleone »Nuestra Señora de la Concepcion« zu kapern, die den gesamten Jahresertrag der südamerikanischen Gold-, Silber- und Edelsteinminen an Bord hatte. Fast ohne einen Schuss wurde das ehrfurchtsvoll von den Spaniern wegen seiner mächtigen Kanonen »Cacafuego« (Feuerspeier) genannte Schiff geentert. Drakes Leute brauchten allein vier Tage zur Verstauung ihrer Beute. Nicht nur in ihrer Manövrierfähigkeit, sondern auch in der Bewaffnung waren die englischen Schnellsegler den schwerfälligen spanischen Frachtgaleonen überlegen. Als Drakes Flaggschiff, die »Golden Hind«, fast eineinhalb Jahre später nach England zurückgekehrt war, wurde Drake nicht nur wie ein Nationalheld empfangen, sondern aus Dankbarkeit von Königin Elisabeth sogleich zum Ritter geschlagen. Das königliche Investment in Drakes Expedition hatte sich wahrlich ausgezahlt. Für jedes von der Königin angelegte Pfund erhielt diese 47 Pfund zurück. Damit war die Seeräuberei in England salonfähig geworden. Immer mehr junge Männer heuerten in Kaper-Crews an. Als Sir Francis Drake, den die Königin nunmehr »meinen Piraten« nannte, 1586 an der Spitze einer Flotte mit 2300 Soldaten den größten spanischen Karibikhafen Cartagena plünderte, wurde deutlich, dass die Kaperer bereits eine ernst zu nehmende militärische Kraft darstellten. In der Erinnerung der Spanier hieß Drake nur »El Dragon« (=der Drache).

Von den Freibeutern zu den Bukaniern
Während auf den karibischen Inseln immer größere Hafenstädte entstanden und die Landbevölkerung ihre Pflanzungen im Inland zunehmend verließ, um an die Küste oder sogar in die Gold- und Silberländer des Festlandes zu gelangen, bewegte sich bereits in der Gegenrichtung eine erste Welle von Gescheiterten, Enttäuschten und Ausgestoßenen weg aus der Neuen Welt. Diese Bankrotteure, Deserteure, Gesetzlosen und entlaufenen Sklaven siedelten sich ab Mitte des 16. Jahrhunderts auf Kuba, Jamaika, Hispaniola oder Puerto Rico an, wo sie sich ihren Lebensunterhalt damit verdienten, dass sie Jagd auf die Nachkommen der Haustiere machten, die die früheren Bewohner zurückgelassen hatten.

Auf Hispaniola rekrutierten sich diese »Wilden« aus französischen Jägern und ausgestoßenen Hugenotten, die sich in der Wildnis niederließen und Jagd auf die Tiere der Steppe machten. Diese reinen Männergemeinschaften verarbeiteten alle verwertbaren Bestandteile der erlegten Pferde, Rinder und Schweine und verkauften ihre Produkte an Seeräuber und Schmuggler, die vorbeikamen, frisches Wasser und Nahrungsmittel bunkern oder ihre Schiffe reparieren mussten. Von noch ansässigen Ureinwohnern hatten sie gelernt, das Fleisch der erlegten Tiere in Streifen zu schneiden, in eine Salzlake einzulegen und auf einem Rost, dem »Boukan«, zu räuchern. Mit zwei Meter langen Steinschlossgewehren, einer Axt und ein oder zwei Hirschfängern bewaffnet, gingen diese sich in Aussehen und Benehmen wie Wilde gebärdenden Männer der Jagd nach. Im Naturaltausch erwarben die Bukanier für das so konservierte Fleisch wie auch für Felle und Öle Segeltuch, Gewehre, Munition und Alkohol von den Piraten. Immer häufiger begannen die Bukanier, das Seeräubergewerbe ihrer besten Kunden nachzuahmen.

Anfangs machten sie mit ihren kleinen Booten lediglich die Küstenschifffahrt unsicher. Nachdem sich jedoch die Spanier in einer Strafexpedition anschickten, die wilden Viehherden, also die Lebensgrundlage der Bukanier, auszurotten, ließen sie sich an der Küste nieder und versuchten nunmehr, ihren regelmäßigen Lebensunterhalt durch Überfälle auf spanische Schiffe zu bestreiten. Motiviert durch einen abgrundtiefen Hass auf die Spanier und beseelt von der Aussicht auf

Sir Francis Drake 1591, fünf Jahre vor seinem Tod.

schnellen Reichtum, entstand in der ersten Hälfte des 17. Jahrhunderts eine Seeräuberschar, die an Verwegenheit, Mut und Brutalität kaum zu überbieten war. Um 1630 ließen sich einige Bukanier auf einer kleinen felsigen Insel vor der Nordküste Hispaniolas nieder, die Columbus entdeckt und wegen ihrer Schildkrötenform »Tortuga« genannt hatte. La Tortuga war ein idealer Seeräuberstützpunkt, der über gute Ankerplätze aber auch über Trinkwasser und fruchtbaren Boden verfügte. Die von den Bukaniern zu ihrem Gouverneur gewählten Ganoven befestigten die Insel, brachten Frauen auf das Eiland und machten dieses zum ersten Seeräuberstaat der Geschichte. Abenteurer, Flüchtlinge und Verfolgte vieler Länder sammelten sich dort, starteten von La Tortuga ihre Überfälle und Raubzüge und verprassten die Beute in Kneipen und Bordellen.

Ab 1640 nannten sich die Bukanier von La Tortuga »Brüder der Küste«, womit sie sich einem strengen Ehrenkodex und Regelwerk verpflichten mussten, das die Benutzung von Vornamen ebenso wie die gerechten Teilungsbedingungen der Beute zwischen Kapitän, Zimmermann, Wundarzt und Mannschaften festlegte. Jeder Mann an Bord musste einen Schwur ablegen, niemanden zu bestehlen und nichts zu verheimlichen. Zuwiderhandlungen wurden mit drastischen Strafen belegt. Wenn es irgendwo in der Karibik jemals Typen gegeben haben sollte, die mit Narben im Gesicht, mit Augenklappe und Holzbein und martialischem Aussehen ihre Opfer erschrecken konnten, wie es die Piratenfilme ca. 300 Jahre später nahelegen sollten, so fanden sich diese Klischee-Gestalten in La Tortuga oder in ihrer Parallelgründung Port Royal auf Jamaika.

Als erstklassige Quelle und authentische Schilderung dient hier das 1678 erstmals erschienene Buch »Die amerikanischen Seeräuber« von Alexander Exquemelin, der zwölf Jahre als Wundarzt mit den Bukaniern ge-

lebt hatte. Exquemelin erzählt dort ausführlich die grausamen Geschichten von Bukanierkapitänen, wie dem Holländer Rock Braziliano oder dem Franzosen Jean David Nau, genannt Jean L'Olonnais. Dieser als Psychopath geltende Mann kam um 1650 auf La Tortuga an und fiel besonders durch seine barbarischen Grausamkeiten auf, mit denen er seine Gefangenen, die nicht gestehen wollten, folterte. So pflegte er seine Opfer eigenhändig bei lebendigem Leibe zu zerlegen: erst einige Stücke Fleisch, dann Hand, Arm, Bein, bis der Mensch völlig zerschnitten war. Sein Spanierhass und sein Blutrausch kannten ebenso wie sein Mut und sein unstillbarer Hunger nach Gold und Beute keine Grenzen. Er machte auch keinen Halt vor Überfällen auf Städte und Siedlungen auf dem südamerikanischen Festland. Nicht nur, dass sich die Überfallenen im Angesicht der ihnen bevorstehenden Torturen mit aller Kraft bis zum Letzten wehrten, selbst Kameraden kündigten nicht selten angewidert ihre Gefolgschaft auf. L'Olonnais' Ende war daher passend, denn Indianer, die ihn gefangen genommen hatten, schnitten in ihn Stücke und verbrannten ihn anschließend.

Die zunehmende Bukanier-Bewegung, die auch vor Überfällen auf Schiffe nichtspanischer Nationalität keineswegs zurückschreckte, machte die Schwäche des spanischen Imperiums deutlich, das außer der schnellen Ausbeutung seiner Kolonien keine Pläne für eine langfristige Nutzung oder gar Entwicklung seiner neuen Besitzungen besaß. So stockte durch das Umsichgreifen des Piratenwesens nicht nur der Nachschub an dringend benötigten Reichtümern im spanischen Mutterland, darüber hinaus ließen sich verstärkt die Armen, Flüchtlinge und Außenseiter der europäischen Nationen als Pflanzer auf den karibischen Inseln nieder, die die spanische Vorherrschaft schon allein zahlenmäßig bedrohten.

Henry Morgan und der Höhepunkt der westindischen Bukanier-Bewegung

Nach dem Sieg von Oliver Cromwell im englischen Bürgerkrieg strömte nicht nur eine Welle von Flüchtlingen und Kriegsgefangenen in den karibischen Raum, sondern die Engländer begannen, den Spaniern ihre Rolle als Weltmacht streitig zu machen und ein eigenes Kolonialreich aufzubauen. Nach dem fehlgeschlagenen Versuch, 1654 Hispaniola zu erobern, gelang es England ein Jahr später zumindest, das von Spanien nur dünn besiedelte Jamaika anzugreifen und in eine englische Kolonie zu verwandeln. Gleichzeitig siedelten einige Bukanier aus La Tortuga nach Port Royal, der Hauptstadt von Jamaika, über, wo sie sich auf Geheiß des englischen Kommandeurs Myngs dabei nützlich machen konnten, spanische Siedlungen zu überfallen.

Als wichtige Operationsbasis für die Royal Navy diente Jamaika der fortwährenden Bekämpfung der Spanier in Mittel- und Südamerika. Dabei entwickelte sich eine besondere Mischform von Soldaten Ihrer Majestät und Piraten aller Herkünfte, die oftmals nicht mehr zu unterscheiden waren, denn alles, was der antispanischen Aggression diente, war im englischen Jamaika willkommen. Die Bukanier wurden so reichlich mit englischen Kaperbriefen ausgestattet, dass große Mengen geraubtes Edelmetall nach Port Royal gelangten. Der dadurch hervorgerufene Geldumlauf war zeitweise größer als in London. Kneipen, Spielhöllen und Bordelle schossen wie Pilze aus dem Boden von Port Royal, das La Tortuga bald als Seeräuberunterschlupf in den Schatten stellte. Das reiche Port Royal wurde zum Anziehungspunkt der verwegensten, verrücktesten und brutalsten Typen jener Zeit, so dass seine Bezeichnung als »Sodom der Neuen Welt« nicht von ungefähr kam. Günstig am Ende einer Landzunge an der Südküste Jamaikas gelegen, entstand um die Festung eine Siedlung von 200 Häusern. Port Royal wurde einer der größten Umschlagplätze für schwarze Sklaven in der Karibik. In dieser Umgebung wurde Henry Morgan zum erfolgreichsten und berüchtigsten Bukanier, der seine Laufbahn als einfacher Soldat des englischen Expeditionskorps von 1654 begonnen hatte und der nach einem kometenhaften Aufstieg zum Piraten als ungekrönter König von Jamaika im Amt des Vizegouverneurs geachtet und sagenumwoben starb.

Morgan wurde um 1635 in der walisischen Grafschaft Monmouth geboren und gelangte wohl us einem Fronarbeitsverhältnis heraus in die Karibik. Sein rasanter Aufstieg erfolgte nach seinem Eintritt in die Royal Navy und ersten Raubzügen auf das amerikanische Festland. Nachdem Morgan zwischen 1663 und 1665 einige Städte in Mittelamerika geplündert hatte, wurde er 1665 sowohl vom englischen Gouverneur zum Kommandeur der Miliz von Port Royal als auch von den Bukaniern zum Admiral der »Brüder der Küste« gemacht. In dieser einmaligen Doppelfunktion als englischer Offizier und als Seeräubergeneral entwickelte sich Morgan zum Schrecken und Hauptfeind der Spanier in Westindien. Seine strategischen Fähigkeiten wie auch sein Mut verhalfen ihm trotz eines Nichtangriffspaktes zwischen England und Spanien zu unermesslichem Reichtum und einem sagenhaften Ruhm. Die Eroberung und Plünderung von Portobelo (1668), Maracaibo (1669) und Panama (1671), den wichtigsten Schatzhäfen und Stützpunkten der Spanier, hinterließ eine Spur von Verwüstung, Brutalität, Brandschatzung, Tod und Folter und unterstrich auf diese Weise Morgans Nimbus vom genialen und erfolgreichsten Piraten aller Zeiten, einer Geißel der spanischen Kolonien. Morgan war es gelungen, eine schlagkräftige Bukanier-Flotte zusammenzubringen und den Spaniern mit logistischer Unterstützung der Royal Navy eine vernichtende Niederlage beizubringen. Während Morgans Rückkehr in Port Royal überschwenglich gefeiert wurde, sah sich der englische König Charles II. allerdings gezwungen, einzugreifen: Die Spanier drohten nach dem gemeinsam unterzeichneten Friedensvertrag von Madrid mit einer offenen Kriegserklärung. Sowohl der Gouverneur von Jamaika als auch sein Admiral Henry Morgan hatten somit ihre Kompetenzen überschritten. Beide wurden in Ketten nach London gebracht. Während der Gouverneur jedoch einige Jahre im Tower zubringen musste, blieb Morgan unbehelligt und wurde sogar 1674, nachdem sich die englisch-spanischen Beziehungen erneut verschlechtert hatten, zum Ritter geschlagen und als Vizegouverneur erneut nach Jamaika entsandt. Auch wenn sich Sir Henry Morgan als steinreicher Plantagenbesitzer nunmehr öffentlich vom Piratenwesen distanzierte, so schützte er immer noch seine ehemaligen Kumpane. Diese betrachtete er auch aus patriotischen Gründen für die Verteidigungsfähigkeit Jamaikas als unerlässlich.

Auf Jamaika veränderte sich langsam die Großwetterlage für die Bukanier, die zunehmend auf den nach wie vor ungemein populären Henry Morgan als Förderer und Beschützer verzichten mussten, denn dieser begann zu saufen und wurde 1682 seines Amtes enthoben. Sechs Jahre später starb Morgan, wurde jedoch entgegen den Erwartungen nicht als englischer Held und Patriot in London neben den englischen Königen beerdigt. Das ruchlose Port Royal versank neben dem Grab seines größten Förderers 1692 nach einem Erdbeben in den Fluten der Karibik.

Der Tod Morgans markiert einen Einschnitt in der Geschichte der Seeräuberei in der Karibik. Während es nämlich den Engländern, Franzosen, Holländern und Dänen bis zum Ende des 17. Jahrhunderts gelungen war, in Westindien Fuß zu fassen und die Allmacht Spaniens in der Neuen Welt mit tatkräftiger und wohlwollender Unterstützung der Bukanier zu brechen, orientierten diese jungen Kolonialmächte zunehmend auf eine nationalstaatlich abgesicherte Nutzung ihrer neuen Ressourcen. Dafür brauchten sie vertraglich abgesteckte Einflusssphären, die einen Handel zu beiderseitigem Nutzen ermöglichten. Die Bukanier als besondere Waffe im kolonialen Umverteilungskampf unterhalb der offenen kriegerischen Auseinandersetzungen verloren somit zunehmend ihre Funktion. Trotzdem sollte es noch Jahrzehnte dauern, bis das Piratenwesen in der Karibik eingedämmt werden konnte und verschwunden war. Während Engländer und Franzosen die Stützpunkte ihrer Bukanier auflösten, gingen immer größere Gruppen von jungen Männern zu den auf eigene Kosten operierenden Piraten über. In einem letzten Aufbäumen terrorisierten im ersten Drittel des 18. Jahrhunderts eine Reihe von berühmten Seeräuberkapitänen mit ihren Mannschaften auf eigene Rechnung und sozusagen als Freelancer für mehrere Jahrzehnte den riesigen Meeresraum zwischen Boston und Cartagena, bevor sie sich gezwungen sahen, auf andere Meere der Erde auszuweichen.

Die sogenannten »Goldenen Jahre« der Piraterie (1690–1730)

Schon während des gesamten 17. Jahrhunderts durchstreiften neben den mit Kaperbriefen ausgestatteten Freibeutern und den oftmals mit der Staatsgewalt kooperierenden Bukaniern kleinere Banden von Abenteurern marodierend die Karibik - immer auf der Suche nach Beute. Bevorzugten diese Piraten auch die mit Edelmetallen beladenen spanischen Schatzschiffe, so machten sie auch vor kleineren Handelsschiffen nicht Halt und überfielen selbst küstennahe Siedlungen und Häfen. Nachdem jedoch lang anhaltende

William Kidds Kaperbrief vom 11. Dezember 1695, ausgestellt durch König William III.

Kriege in Europa, wie 1713 der Spanische Erbfolgekrieg, zu Ende gegangen oder die Bukanier aus ihren angestammten Stützpunkten vertrieben worden waren, explodierte das Piratenwesen geradezu. Anfang des 18. Jahrhunderts erreichte es riesige Ausmaße. Die Blüte der Piraterie wurde aber gleichzeitig zu ihrem Schlusspunkt, denn nun sahen sich die stabilisierten Nationalstaaten gezwungen, das sie behindernde und den anwachsenden internationalen Handel störende Seeräuberwesen konsequent zu verfolgen und zu beseitigen.

Die neu gebildeten und auf eigene Faust operierenden Piratenhaufen machten nicht nur die nordamerikanische Küste und die Karibik unsicher, sondern sie sahen sich z.T. genötigt, ihren Aktionsradius auch an die westafrikanische Küste und gar in den Indischen Ozean auszuweiten. Es begann die kurze Epoche berühmter und äußerst berüchtigter Seeräuberkapitäne, wie Edward Teach, Benjamin Hornigold, Charles Vane, Stede Bonnet, Howell Davis, Sam Bellamy, Jack Rackham oder Bartholomew Roberts, die alle zahllose Schiffe gekapert und ein Vermögen angehäuft hatten und nicht selten erst in einem brutalen Feldzug besiegt werden konnten. Während Freibeuter oder französische Korsaren mit offizieller Genehmigung Schiffe aufbrachten und Bukanier zumeist unter dem wohlwollenden Schutz ihrer Landesherren standen, plünderten und raubten die jetzt massenweise auftretenden Piraten auf See, in Häfen und Flüssen völlig gesetzlos und wurden gnadenlos den Admiralitätsgerichten zur Strafverfolgung übergeben. Anders als ihre Vorgänger waren diese Seeräuber nicht vornehmlich auf Gold und Silber aus, sondern ihre Beutezüge galten den ganz normalen Handelsschiffen, ob jene nun Elfenbein, Zucker, Tabak und Chinarinde transportierten oder voller Sklaven unterwegs waren. Somit versuchten die Seeräuber sich als Verkäufer in den normalen Handel einzuschalten. Dabei kamen die Piraten nicht umhin, Schiffsgerät und Hausrat aus den gekaperten Schiffen in großen Mengen ihrer Beute zuzuschlagen und es für den Eigenbedarf zu verwenden oder auf Märkten weiterzuverkaufen.

Ein besonderer Wert lag im Raub von Seekarten und Navigationsinstrumenten, denn bei den meisten Operationen bewegten sich die Piraten auf völlig unbekanntem und unerschlossenem Terrain, weshalb jede Art von nautischer Hilfe begierig aufgegriffen wurde.

Das Gemeinschaftsleben der Piraten

Nach dem Ende der europäischen Kriege saßen Hunderte von hungrigen Soldaten und Seeleuten arbeitslos in den Küstenstädten herum und hielten nach Überlebensmöglichkeiten Ausschau. Zumeist von den negativsten Erfahrungen in den Kriegs- oder Handelsmarinen ihrer Länder geprägt, in deren Dienst sie in der Regel wider Willen gepresst worden waren, und daher froh, den äußerst brutalen Lebensbedingungen und Gewaltbeziehungen an Bord, die schätzungsweise eine durchschnittliche Todesrate von 50%

nach sich zogen, entronnen zu sein, versprach das Anmustern auf einem Piratenschiff eine verlockende Fluchtmöglichkeit. Ohnehin kaum mit irgendwelchen Perspektiven gesegnet, bot das Leben als Seeräuber neben der Gemeinschaft mit Schicksalsgenossen eine gleichberechtigte Risikopartnerschaft und eine Form von Freiheit, die es an Land oder im Dienst auf See niemals geben konnte. Für viele Ausgestoßene stellte das Piratendasein somit eine echte oder sogar die einzige Lebensalternative der Zeit dar.

Während die Bukanier des 17. Jahrhunderts vorwiegend englischer oder französischer Herkunft waren, stammten die Piraten im 18. Jahrhundert in zunehmendem Maße aus anderen Nationen. Hinzu trat eine immer größer werdende Zahl von Schwarzen, die sich als entflohene Sklaven oder gekapertes Beutegut freiwillig den Piraten anschlossen. Während diese Entwicklung die Verständigung an Bord nicht gerade erleichterte, unterband sie andererseits ein gemeinsames nationales Zusammengehörigkeitsgefühl. Was diese bunten Haufen von Piraten einte, war neben der gemeinsamen Lebenslage und -perspektive die Aussicht auf fette Beute und der Wunsch nach einem ausgelassenen und bequemeren Leben.

Relativ stabil blieben lediglich die Stützpunkte bzw. die Operationsbasen der multinationalen Piratengruppen. Die spanischen Piraten fanden zumeist Unterschlupf auf Kuba und Puerto Rico, die Bahamas beherbergten die englischen und amerikanischen Banden und die Franzosen nutzten weiterhin Martinique als ihren Stützpunkt. Gab es auch Seeräuber, die aus höheren Ständen oder aus angesehenen Familien hervorgegangen waren, so stammte das Gros der nunmehr zumeist Englisch sprechenden Piratenhaufen zu Beginn des 18. Jahrhunderts aus dem niederen Stand, war ledig, männlich sowie zwischen 20 und 30 Jahre alt. Ihre Kleidung fertigten sie aus rauhem Segeltuch an, das für den Kampf mit Pech beschichtet wurde, um Säbelhiebe besser abwehren zu können. Das Durchschnittsalter der Kapitäne lag sicherlich etwas höher, aber auch diese genossen an Bord nur wenige Privilegien. Ohnehin vom Piratenrat in einer offenen Abstimmung sozusagen auf erfolgreiche Zeit gewählt und ohne besondere Essensrationen oder Quartiere begünstigt, erhielten die Kapitäne lediglich einen größeren Anteil an der Beute. Ihre uneingeschränkte Autorität an Bord, im Gefecht und bei Verfolgungen musste jedoch jeder Pirat achten. Fanden sich auch genügend junge Leute, um als Matrosen auf einem Piratenschiff »anzuheuern«, so gestaltete es sich nicht einfach, dringend benötigte Männer mit besonderen Qualifikationen zu gewinnen. Schiffszimmerer, Küfer, Seiler und Wundärzte waren besonders gefragt und wurden häufig an Bord ausgeraubter Handelsschiffe zum Dienst bei den Piraten gepresst. Für die ständigen Reparaturen an Bord und das regelmäßige Kielholen der Schiffe, um diese von geschwindigkeitsreduzierenden Seepflanzen und Seetieren zu befreien, waren Zimmerleute genauso dringend erforderlich wie Küfer. Die gesamte, neben den lebenden Tieren mitgeführte Nahrung an Bord eines Seeräuberschiffes, das im Unterschied zur Crew eines Handelsschiffes von ca. 30 Personen zumeist über eine Besatzung von mindestens 100 Männern verfügte, wurde nämlich in Fässern gelagert. Ein Küfer hatte somit für den Erhalt des Fassinhaltes zu sorgen. Frischwasser musste ständig neu in Fässern von Quellen auf Inseln oder auf dem Festland beschafft werden. Die Piratennahrung war einfach, aber in der Regel stark gewürzt und verarbeitete alles, was sich auf den Inseln und im umgebenden Meer anbot. Schildkrötenfleisch avancierte zur Lieblingsspeise der Piraten.

Trotz ihres relativ jungen Alters, ihrer Kör-

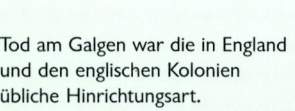

»Neunschwänzige Katze«,
Peitsche zur Bestrafung von
Seemännern an Bord.

Tod am Galgen war die in England
und den englischen Kolonien
übliche Hinrichtungsart.

perkraft, Robustheit und waffenerfahrenen Behändigkeit waren viele Seeräuber bereits früh von der Anstrengung ihrer Arbeit an Bord und dem Kampf mit dem Gegner gezeichnet. Narben von Verletzungen, amputierte Gliedmaßen und Verstümmelungen stellten keine Seltenheit dar. Eine frühe Form von Krankenversicherung mit einer differenzierten Bewertung der verschiedenen Körperteile wurde bei der Löhnung der Mannschaft angewandt. So wurde der Verlust des rechten Armes am höchsten entschädigt. Mit den Jahren hatte sich auf den Piratenschiffen eine regelrechte eigene Welt entwickelt, mit Gesetzen, Sozialleistungen, einer quasi demokratischen Bordverfassung und einem Verhaltenskodex. Ein Mikrokosmos entstand, der sich scharf von den vorherrschenden Regeln der »legitimen« Welt abhob. Die Regeln der Piraten galten nicht nur informell, sondern waren nicht selten bereits vertragsmäßig schriftlich fixiert. In der harten Männerwelt der Piraten herrschte aber auch ein rauher Umgangston vor und Gewalttätigkeiten und ausgelassener Alkoholkonsum waren an der Tagesordnung.

Die Karibikpiraten bevorzugten starke alkoholische Getränke, wie »bombo« aus Rum, Wasser und Zucker mit Muskat gewürzt oder »Rumfustian« aus Sherry, Gin, Bier und Zucker. Prinzipiell tranken die Seeräuber alles, was sie erbeuten konnten, so dass sie vor Gericht nicht selten ihren ständigen Alkoholrausch strafmindernd vorbrachten. Daher verwundert es nicht, dass bereits im 18. Jahrhundert die Raubzüge und Abenteuer der Piraten mit ihrem markanten Aussehen und Auftreten ein Lieblingsthema in Plakaten und Flugblättern der Zeit waren. Nicht nur Gerichtsverfahren und Hinrichtungen wurden eifrig verfolgt, sondern auch die neuesten Kaperungen und Mordtaten wurden begierig aufgenommen und beschrieben.

Die Piratenpest

Das Ende des Spanischen Erbfolgekrieges auf den Schlachtfeldern Europas und der 1713 geschlossene Vertrag von Utrecht führten aufgrund des verwinderten Überfallrisikos für Handelsschiffe, zu einem Aufblühen des Kolonialhandels. Spanien verlor das Monopol auf den Sklavenhandel in seinen eigenen Kolonien und begann erneut mit dem regelmäßigen Verkehr seiner Schatzflotte nach Europa. Damit ergaben sich für die Piraten in der karibischen Region durchaus vielversprechende Perspektiven, so dass bereits 1717 in Westindien und vor der Küste Nordamerikas ungefähr 1500 Seeräuber ihr Unwesen trieben.

Für den Aufstieg und Niedergang auch der westindischen Piraten hatte sich die Bedeutung ihres Hinterlandes bzw. ihrer Stützpunkte spätestens seit La Tortuga und Port Royal als besonders lebenswichtig erwiesen. Nachdem den Bukaniern Ende des 17. Jahrhunderts bereits die großen Rückzugsorte genommen worden waren, verwandelten die Piraten die Bahamainsel New Providence bis 1716 zu ihrem neuen »Heimatort« bzw. zu einer eigenen Piratenrepublik. Da der britische Gouverneur der Bahamas freizügig Kaperbriefe ausstellte, erhielt das Leben der Piraten in der Hauptstadt Nassau, dessen Hafen bis zu 500 Seeräuberschiffen einen geschützten Platz bot, sogar noch einen legalen Anstrich. Die Insel zog Händler, Kneipiers, Prostituierte und alle möglichen gesetzlosen und verwegenen Gestalten an, um unmittelbar gegenüber der nordamerikanischen Küste gelegen, mit den Kolonien reichlich Geschäfte zu machen. Alle englischen Beamten und Soldaten, die nach New Providence geschickt wurden, mussten schon bald der Übermacht der Piraten weichen, die nunmehr ihren eigenen Gouverneur wählten.

Zu jenem Zeitpunkt beherrschte die »Flying Gang«, wie sich die Seeräuberbanden von

New Providence bezeichneten, das Seegebiet von Kanada bis Mittelamerika und kontrollierte die strategisch wichtige Straße von Florida. Handelsschiffe fuhren entweder im Konvoi oder nur mit Kriegsschiffbegleitung. Der Nutzen für manche nordamerikanische Küstenorte, Kolonisten und auch Gouverneure war offensichtlich, die Bedrohung der Schifffahrt und das Heraufschnellen der Versicherungsprämien verlangten jedoch immer stärker nach Gegenmaßnahmen. Besonders in den acht Jahren zwischen 1714 und 1722 entwickelte sich die Piraterie zu einer regelrechten Plage mit schlimmsten Auswüchsen. Immer häufiger erschien der grausige »Jolly Roger«, die Flagge der Piraten, und zog Angst und Schrecken nach sich. Dabei setzte sich die schwarze Flagge mit weißem Totenkopf und gekreuzten Knochen als Symbol für Piraten schlechthin erst Anfang des 18. Jahrhunderts durch. Noch die Kaperer kämpften unter der Flagge ihres Heimatlandes. Erst bei den Bukaniern gesellte sich zur Abschreckung der Opfer und als Aufforderung zur sofortigen Kapitulation eine eigene Piratenflagge oder ein eigener Wimpel hinzu. Die Flagge war meistens rot und recht individuell gestaltet. Dabei stand Schwarz für Tod und Rot für Kampf. »Jolie rouge« für »hübsches Rot« bürgerte sich für alle Piratenflaggen, ob rot oder schwarz, als Sammelname ein – eine ironische Anspielung auf die roten Bukanier-Flaggen. Allen Piratenflaggen gemeinsam war ihr Zweck, nämlich das Einjagen eines tödlichen Schreckens und das unmissverständliche Signal: entweder Kampf auf Leben und Tod oder rasche Kapitulation. Auf schwarzem oder rotem Hintergrund erschienen immer Symbole des Todes, der Gewalt und der begrenzten Zeit. Zogen die Piraten als List auch durchaus einmal eine falsche Flagge auf, um den Gegner in Sicherheit zu wiegen, so setzten sich ab 1700 eigene Flaggen durch. Während der Totenkopf mit den gekreuzten Kno-

chen alle anderen Ikonen weitestgehend verdrängte, so legten die besonders grausamen und erfolgreichen Piratenkapitäne Blackbeard, Rackham oder Bartholomew Roberts besonderen Wert darauf, durch eigene Symbole von ihren Opfern eindeutig identifiziert zu werden und diese zur Selbstaufgabe zu veranlassen. Die meisten überfallenen kleinen Handelsschiffe – und sie machten das Gros der Opfer aus – ergaben sich bei der Begegnung mit dem Jolly Roger kampflos, weil sie dann hoffen konnten, dass die Piraten von Misshandlungen absahen. Wer sich wehrte und Widerstand leistete, musste mit brutalstem Vorgehen der Piraten, Folter und Tod rechnen. Obwohl der englische König sich 1718 veranlasst sah, mit der Entsendung von Woodes Rogers einen ehemaligen Freibeuter und energischen Piratenverfolger zum Gouverneur von New Providence zu ernennen, hielt die Piratenpest noch einige Jahre an. Große Piratenkapitäne mit gewaltigen Horden von Seeräubern ließen sich nicht einschüchtern und lehnten es ab, Amnestien anzunehmen und von ihrem äußerst einträglichen Gewerbe abzulassen.

Blackbeards Ende

Blackbeard, der mit bürgerlichem Namen Edward Teach hieß, verdankte seine Berühmtheit zum einen seinem dämonischen Äußeren und zum anderen dem Sieg über ein englisches Kriegsschiff. Teach wurde im englischen Bristol geboren und kam an Bord eines englischen Kaperschiffes in die Neue Welt. Nach dem Ende des Spanischen Erbfolgekrieges arbeitslos geworden, heuerte Teach in New Providence bei dem Seeräuber Benjamin Hornigold an. Schon bald befehligte Teach ein eigenes Schiff und nachdem er 1718 ein französisches Sklavenschiff gekapert hatte, rüstete er dieses mit 40 Kanonen aus, sammelte eine Crew von 300 Mann um sich und raubte zwischen Virginia und Hon-

75

duras mindestens 20 Schiffe aus. Als Meister der selbstdarstellenden Abschreckung pflegte Teach, ein hagerer Mann mit langem schwarzen Bart, sein Image als kompromisslose Ausgeburt des Teufels auf Erden. Wilde, tiefliegende Augen und furchterregende Gesichtszüge wie auch seine über die Schultern gehängten drei Pistolengurte ließen jeden Gegner erst einmal vor Angst erstarren. Blackbeards Flagge verfolgte denselben Zweck: Neben einem Skelett, das ein Stundenglas hält, waren dort ein Speer und ein blutendes Herz abgebildet. Durch die Antipiratenmaßnahmen von Woodes Rogers auf den Bahamas vertrieben, richtete Blackbeard im armen North Carolina einen neuen Stützpunkt ein.

Teach nahm formell einen Piraten-Gnadenerlass an, beteiligte aber den Gouverneur des Staates an seiner Beute. Jedoch konnten gerade die Kaufleute und Pflanzer des Tabakstaates Virginia in der unmittelbaren Nachbarschaft die permanente Kapergefahr durch Blackbeards Haufen nicht länger hinnehmen, so dass der Gouverneur von Virginia, der befürchten musste, dass sich vor seiner Haustür in North Carolina ein neuer Piratenstaat etablieren könnte, Kopfgelder aussetzte und eine Suchexpedition nach Blackbeard ausrüstete. Von zwei Sloops, die auch die flachen, küstennahen Gewässer befahren konnten, wurden Blackbeards Schiffe am 21. November 1718 gesichtet. Als am nächsten Morgen die Royal Navy die übernächtigten und noch immer betrunkenen Piraten angriff, entwickelte sich ein harter Kampf. Trotz starker Verletzungen kämpfte Teach nach Schilderung von Augenzeugen wie eine Furie bis zum letzten Augenblick, bis ihn ein englischer Soldat erstach. Der Bedeutung dieses Sieges bewusst, kehrte die Royal Navy nach Virginia zurück, indem sie Blackbeards Kopf am Bugspriet des Leitschiffes aufhängte. Als Symbol der Abschreckung wurde der Schädel die-

ser Piratenlegende später an einem Pfahl öffentlich zur Schau gestellt. Die gefangen genommenen Piraten wurden im März 1719 gehängt. Eine Flut von Hinrichtungen von Piraten in den amerikanischen Kolonien folgte. Jetzt bewährte sich das bereits 1700 erlassene »Gesetz zur wirksameren Unterdrückung der Piraterie«, wonach Piraten vor Gerichten in Übersee abgeurteilt werden konnten und nicht mehr zum Prozess nach London gebracht werden mussten.

Jack Rackham und seine Piratinnen

Jack Rackham, der als Schürzenjäger bekannt war und wegen seines bunten Aufzuges den Spitznamen »Calcio« Jack trug, war auf dem Piratenschiff von Charles Vane, einem Zeitgenossen Blackbeards, gefahren und hatte seinen Lehrmeister 1718 verlassen. Als Rackham im Mai 1719 in New Provincetown auftauchte, machte er nicht von seinen Piratentaten Reden, denn er beantragte offiziell die Amnestie durch den Gouverneur. Vor allem fiel er durch eine neue Bekanntschaft auf, die ihn veranlaßte, drei Monate später ein Schiff zu stehlen und gemeinsam in See zu stechen, um sich wieder der Seeräuberei zuzuwenden. Diese neue Bekanntschaft war nämlich eine Frau: Anne Bonny. Zusammen mit ihrem Geliebten und seiner Crew machte Anne Bonny mehrere Prisen. Dabei war die unerkannte Anwesenheit von Frauen in Männerkleidung an Bord der Royal Navy wie auch der Handelsmarine trotz der körperlichen Strapazen und der Enge an Deck durchaus nichts Ungewöhnliches. Obwohl es ein grundsätzliches Frauenverbot an Bord gab, da diese angeblich Unglück über das Schiff brachten, wurden immer wieder Fälle überliefert, die diese geschlechtliche Verbannung erfolgreich übergingen. Nachdem Rackham, der sich eher auf das Überfallen von Fischerbooten spezialisiert hatte, mit Anne Bonny ein holländisches Handelsschiff gekapert und einige Besatzungsmitglieder zum Anschluss an seine eigene Bande gepresst hatte, kehrten beide nach New Providence zurück. Jedoch war aus dem Duo mittlerweise ein Dreigespann geworden, denn Anne hatte sich in einen hübschen Jungen des Holländerschiffes verliebt, der sich allerdings nach näherem Hinsehen auch als Frau entpuppte.

Die Engländerin Mary Read war schon seit Jahren in Männerkleidung in der Kriegs- wie auch in der Handelsmarine zur See gefahren. Nachdem sich die Identität der beiden Frauen für Jack Rackham geklärt hatte, drängten diese auf weitere Raubfahrten. Unter Rackhams Flagge mit dem Totenkopf und zwei gekreuzten Entermessern schreckten die beiden see- und kampferfahrenen Frauen vor keiner Kaperung zurück. Im Sommer 1720 hielt sich das Trio in New Providence auf. Als dieses Anfang September den Hafen von Nassau verließ, blies der Gouverneur zur Jagd auf Rackham und seine Besatzung. Vor der Nordküste Jamaikas nach verschiedenen Überfällen gestellt, ergaben sich die Piraten nach kurzem Kampf. Lediglich die beiden Frauen wehrten sich mit allen Mitteln. In zwei Verfahren wurde Rackham nebst Besatzung und die beiden Frauen am 16. bzw. 28. November zum Tode verurteilt.

Während Rackham bereits gehängt und seine Leiche in einem eisernen Käfig aufgehängt worden war, überraschten die Frauen das Gericht nach dem Urteilsspruch mit der Eröffnung, dass beide schwanger wären. Daraufhin setzte das Gericht die Vollstreckung des Urteils aus. Trotz Begnadigung starb Mary Read schon bald im Gefängnis, während sich die Spur von Anne Bonny und ihrem Kind verlor. Auch in diesem Falle hatte der konsequente Einsatz der Royal Navy zum Ende einer Piratencrew geführt, auch wenn es sich bei Rackham selbst eher um einen »Westentaschenpiraten« gehandelt hatte.

Bartholomew Roberts und das Ende des »Goldenen Piraten-Zeitalters«

Ein Ausnahmepirat, jedoch auch der letzte »große« Kapitän der »Goldenen Jahre«, war Bartholomew Roberts. Nicht nur, dass Roberts alias »Black Bart« ungemein erfolgreich gekapert hatte, ungefähr 400 Schiffe sollen auf sein Konto gehen, und äußerst brutal und gnadenlos vorgegangen war, sondern vor allem seine Führungsqualitäten und die von seiner Mannschaft geforderte Disziplin hoben ihn aus der Schar der Piraten hervor. Roberts erlangte zwar nie die Berühmtheit eines Blackbeard oder eines Captain Kidd, trotzdem gilt er sozusagen als »König der Seeräuber«.

Roberts stammte aus Wales und war zur See gefahren. Als sein Schiff 1719 vor der Küste Guineas von Piraten überfallen wurde, pressten diese den stattlichen Roberts in ihre Crew und machten ihn nur Wochen später zu ihrem Kapitän, denn sein klarer Verstand und seine navigatorischen bzw. seemännischen Kenntnisse hatten die Piratenmannschaft genauso beeindruckt wie seine Vorliebe für elegante Kleidung. Roberts legte seiner Crew strengste Disziplin auf, so dass an Bord weder um Geld gespielt werden durfte noch Alkoholexzesse erlaubt waren.

Roberts, der immer schwer bewaffnet herumlief und der auch vor Mord und Folter nicht zurückschreckte, gelang es immer wieder, seine Mannschaft zu den kühnsten Unternehmungen zu motivieren. Seine Flotte, die 1721 aus vier Schiffen mit über 500 Piraten bestand, galt als unbezwingbar und selbst verfolgende Flottenverbände drehten ab, nachdem sie Roberts Flagge erblickt hatten, auf der neben einem Piraten mit einem Stundenglas ein Skelett gezeigt wurde, das einen Speer hielt.

Roberts' Operationsradius reichte von der afrikanischen Westküste über die südamerikanische Küste bis nach Neufundland. Er mutete seinen Mannschaften nicht nur ein Mammutprogramm an Kaperungen zu, sondern auch Tausende von Seemeilen ohne sichtbares Ziel. So führte seine Route 1719 von der afrikanischen Sklavenküste in den brasilianischen Hafen von Los Todos Santos, wo ein mit 40 Kanonen bestücktes portugiesisches Flaggschiff geentert und ausgeraubt wurde. 1720 setzte sich Roberts' Plünderungsspur vor der Küste Neufundlands und in den Gewässern der Karibik fort. Um sich auf den Kapverdischen Inseln zu erholen, überquerte Roberts erneut den Atlantik, wurde von widrigen Winden abgetrieben und musste nach einer Irrfahrt wieder in die Karibik zurückkehren. Geradezu besessen vom Beutemachen überfiel Roberts' Mannschaft in einem halben Jahr nahezu 100 Schiffe. Eines von ihnen war ein mit 42 Kanonen bestücktes Kriegsschiff, dessen Mannschaft gefoltert und getötet wurde und das selbst zum kampftüchtigen Piratenflaggschiff unter dem Namen »Royal Fortune« umgerüstet wurde. Im Frühjahr 1721 schien es für Roberts nichts mehr zu kapern zu geben, und die Laderäume seiner Schiffe waren zum Bersten voll mit Beutegut aller Art. Um diese Prisen in Gold umzutauschen, machte Roberts' Armada sich auf den Weg nach Afrika. Dort setzten seine Schiffe ihr Kaper-Unwesen fort, das nunmehr vor allem im Entern von Sklavenschiffen bestand. Als ein Sklavenhändler das geforderte Lösegeld jedoch nicht aufbringen wollte, ließ Roberts das erbeutete Schiff mitsamt der menschlichen Fracht verbrennen.

Obwohl Roberts zunehmend als unbesiegbar galt, konzentrierte die Royal Navy ihre Suche seit dem Herbst 1721 auf diesen viel bewunderten Piraten. Im Februar 1722 stellte sich der Erfolg ein, nachdem das mit 50 Kanonen bestückte Kriegsschiff HMS »Swallow« Roberts' Flotte aufgespürt hatte. Mit List gelang es der englischen Marine, zuerst Roberts' Begleitschiff zu kapern, um sich danach die »Royal Fortune« vorzunehmen. Unter französicher Flagge näherte die »Swallow« sich Roberts' Schiff, ohne Verdacht zu erregen. Da seine Mannschaft noch den Rausch der alkoholischen Prise des Vortages ausschlief, war an eine Seeschlacht nicht zu denken. Die Flucht endete in einer Breitseite des englischen Kriegsschiffes, die Roberts am 10. Februar 1722 dahinraffte. Seine Mannschaft wurde überwältigt und in die Festung von Cape Coast gebracht.

In dem größten Prozess, der jemals gegen Piraten geführt worden war, erfuhren 54 Männer das Todesurteil, das wenig später vollstreckt wurde. Freigesprochen werden konnten demgegenüber all diejenigen, die zu beweisen vermochten, dass man sie gezwungen hatte, sich den Piraten anzuschließen. Die verwesenden Kadaver von 18 Piraten hingen mit Teer übergossen auf den umliegenden Hügeln von Cape Coast, so dass sie jeder Seemann vom Hafen aus sehen konnte. Mit diesem Symbol an der afrikanischen Küste demonstrierten die Engländer, dass es in ihrem Imperium fürderhin keinen Platz mehr für Piraten geben könnte.

Es war schon erstaunlich, wie es gerade den Engländern gelang, innerhalb weniger Jahre dem Piratenunwesen, das sich über Tausende von Quadratkilometern und unzugängliche Küstenstriche erstreckte, ein Ende zu bereiten. Befanden sich die ca. 2000 Piraten 1720 noch auf dem Höhepunkt ihrer Machtentfaltung, so hatte sich ihre Zahl bis 1723 halbiert und wurde 1726 nur noch mit 200 angegeben. Nach dem Ende der Kriege in Europa und der gewaltigen Entwicklung des Überseehandels verstärkte sich das politische und militärische Interesse der Großmächte an einer Befriedung der Meere, so dass ein Bündel von Antipiratenmaßnahmen ergriffen wurde. Mit Hilfe von Gesetzen, Amnestien, Kopfprämien und Aburteilungen, einer stärkeren Präsenz von Flottenverbänden sowie einer zielstrebigen Jagd auf die Piraten-

haufen konnte die den Schiffsverkehr massiv behindernde Seeräuberei wirksam eingedämmt und letztlich auch ausgerottet werden.

Die Staaten verzichteten auf die Ausstellung von Kaperbriefen und ermächtigten die Gouverneure ihrer Kolonien, die konsequente Verfolgung von Piratenschiffen aufzunehmen. Dass die Aburteilung von Piraten vor Gerichten in Übersee ermöglicht wurde, beschleunigte das Verfahren. Sowohl der Schlag gegen Blackbeard als auch der Sieg über Bartholomew Roberts wurden in der englischen Propaganda groß herausgestellt und beides sprach sich bei den verbliebenen Piratenhaufen schnell herum. Rapide nahm die Zahl der Piratenscharen und der Piratenüberfälle in den folgenden Jahren ab, ohne natürlich vollständig zu verschwinden.

So schnell sich jedoch die Überfälle von Piraten zu Beginn des 18. Jahrhunderts verringerten, so schnell wandelte sich aber auch das Bild der Piraten in der Bevölkerung. Aus Räubern, Mördern und z.T. Psychopathen wurden mit den Jahren romantisch verklärte Gesetzlose, die ihren Traum von Freiheit, Abenteuer und mühellosem Einkommen leider verloren hatten, sich aber als Träumer einer anderen Welt des Mitgefühls der Nachwelt sicher sein konnten.

Galgenkäfig. Hingerichtete Piraten wurden zur Abschreckung in eine Art Harnisch gesteckt und öffentlich zur Schau gestellt.

79

Barry Clifford
Meine Suche nach den Whydah-Piraten

Kommen Sie zu der Aussichtsplattform in der Marconi Station in Cape Cod und blikken Sie in südlicher Richtung die Küste entlang. Bei gutem Wetter können Sie vielleicht etwas sehen, das wie ein altes Fischerboot aussieht und gefährlich nahe am Ufer vor Anker liegt. Aber wenn der Himmel so dunkel ist wie das Haar einer jungen Hexe, die Brandung donnert wie eine Kriegsgaleere, der Wind heult wie gequälte Seelen auf See – dann schließen Sie die Augen. Im Tosen des Windes hören Sie vielleicht das Echo der Schreie von ertrinkenden Männern. Oder das letzte wilde Läuten einer Glocke von einem sich aufbäumenden Schiff, das in den Wellen versinkt. Sie mögen sich einreden, dass es nur die Schreie der Möwen sind, nur das Heulen einer Nebelboje, nur das Ächzen des Windes, der durch den Strandhafer und die Krüppelkiefern raunt, aber ...

Auf der Suche
Vieles hat sich geändert, seitdem das berühmte Piratenschiff »Whydah« am 26. April 1717 vor der Küste von Wellfleet, Cape Cod, Schiffbruch erlitt. Doch auf dem Meeresgrund vermutet man noch immer Überreste des Wracks, und das ist der Grund, warum die »Vast Explorer II« die windstillen Meere im Sommer durchkämmt. Denn dieses Schiff ist ein Bergungsschiff und ich bin ein Unterwasserforscher. Die Schätze, denen ich auf der Spur bin, sind wichtiger als Gold oder Silber. Was ich jage, ist die Vergangenheit, die uns durch die Schätze aus der Tiefe nähertritt, die wir sehen, berühren und riechen können. Objekte, die uns zeigen, wie das Leben vor Jahrhunderten war.

Die Geschichte von Sam und Maria
Zuerst lernte ich die Vergangenheit durch Legenden kennen – Legenden, deren Ursprung sich im Dunst der mysteriösen Küste New Englands verliert. Als kleiner Junge

Das Modell der Whydah.

erzählte mir mein Onkel Bill an langen Sonntagnachmittagen in seiner alten Fischerhütte die alten Geschichten.

Sam Bellamy, so sagte er, war ein ehrlicher Seemann, der im Frühling 1715 zum Cape kam. Er hatte während des spanischen Erbfolgekrieges für die Königin gekämpft und wollte in Cape Cod ein neues Leben beginnen. In Wellfleet traf er Maria Hallett, deren Schönheit sprichwörtlich war und deren blaue Augen Sam verzauberten. Maria erwiderte seine Liebe und ihre Verbundenheit war so stark, dass sie über Jahrhunderte zu einer Legende wurde.

Ihre Eltern mochten den jungen Sam schon sehr, aber für ihre Tochter wollten sie etwas Besseres als einen Seemann haben, so verboten sie den Liebenden zu heiraten.

Im Herbst kam die Nachricht, dass vor Florida eine gesamte spanische Flotte während eines Hurrikan gekentert sei. Nun sah Sam seine Chance. Er versprach Maria schnell zurückzukommen, verabschiedete sich von seiner Geliebten und segelte in südliche Richtung.

Es war sein Traum, Tonnen von Schätzen zu bergen, die mit den Überresten der spanischen Schiffe auf dem Meeresgrund ruhten. Doch die Schatzsuche wurde ein Flop. Sam und seine Männer bekamen nur einen Sonnenbrand unter dem Himmel von Florida. Man sagt, dass er den Gedanken nicht ertragen konnte, mit leeren Händen zurückzukommen. So beschloss er Pirat zu werden und sich dem alten Seeräuber Ben Hornigold anzuschließen.

Sam war ein guter Schüler, tatsächlich besser als Hornigold es sich vorgestellt hatte! Er überredete bald seine Schiffskameraden, Hornigold abzusetzen und ihn selbst zum Kommandanten zu ernennen. Er führte seine Mannschaft auf eine wilde Tour von Raubzügen durch die Karibik, kaperte über fünfzig Schiffe innerhalb eines Jahres. Seine Raubzüge fanden ihren Höhepunkt, als er die

»Whydah« auf ihrer Schiffsreise zwischen Kuba und Haiti sichtete.

Die »Whydah«, manchmal auch unter dem Namen »The Paradise Bird« bekannt, war eine gute, in London gebaute Galeere, die sowohl gerudert oder auch gesegelt werden konnte. Sie war ein schnelles Schiff und die Piraten benötigten drei lange Tage, sie einzuholen und zu entern. Schwer mit Waren aller Art beladen, war sie die Anstrengungen wert. Es befand sich so viel Beute an Bord, dass die Piraten sie nicht nach Stückzahl, sondern nach Gewicht aufteilten. Es wurde berichtet, dass an Bord der »Whydah« für jeden einzelnen Mann in Bellamys Flotte ein Sack mit fünfzig Pfund Beute bereitstand. Das ergibt eine Gesamtmenge von viereinhalb Tonnen!

Die Legende sagt, dass auch eine Schatulle mit ostindischen Juwelen dabei war, in der unter anderem ein Rubin in der Größe eines Hühnereis lag, der eine fürstliche Summe einbringen würde. Dieser Rubin leuchtete in der dunklen Kabine des Käptn's, wie die Augen eines zornigen Drachens. Aber Sam sah darin nicht das Drachenauge, sondern nur ein Geschenk für seine Geliebte.

Die Piraten an Bord der »Whydah« setzten Segel gen Norden und brachen mit ihrer Beute auf. Für den Sklavenhandel gebaut, war die »Whydah« jetzt ein »freies« Schiff für »freie« Männer. Hoch oben flog der »Jolly Roger« – ein stolzes Wahrzeichen für diejenigen, die sich selber »Robin Hoods Männer« nannten und von einem Mann geführt wurden, der sich selbst mit ein »freier Prinz« betitelte.

Es wird gemunkelt, dass Bellamy nach Provincetown, das an der Spitze von Cape Cod liegt, gekommen war, um es auszuplündern. Andere meinen, dass er in Maine ein Königreich der Piraten aufbauen wollte. Die Legende sagt jedoch, dass er nur wegen Maria zurückkommen wollte.

Barry Clifford und Stretch Gray an Bord der »Vast Explorer II«.

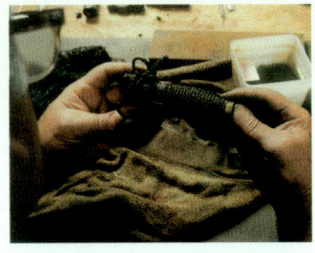

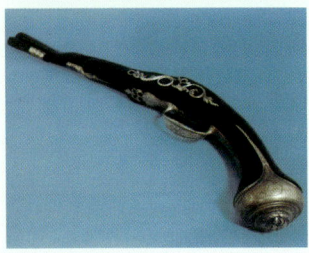

Fundstücke:
Griff eines Säbels (oben) und eine
Pistole im französischen Stil.

Kurz nachdem Bellamy Maria verlassen hatte, brachte sie ein Kind zur Welt. Um einem Skandal zu entgehen, verbannten die Ältesten von Eastham sie an einen trostlosen Ort hinter den atlantischen Klippen, bekannt als »Poverty Grass Meadow« (Armutsgraswiese). Einige nennen diesen Ort auch »The Lucifer Land« (das Teufelsland). Dort lebte Maria ein kärgliches Leben als Weberin und Wahrsagerin. Einige sahen sie auch als Medizinfrau, während andere sie als Hexe betrachteten. Sie würde auf den Klippen entlanggehen und vorbeifahrenden Schiffen hinterhersehen, die wie weiße Seevögel vorbeihuschten, immer in der Hoffnung, dass sie ihren Geliebten zu ihr zurückbrachten.

Die Legende sagt, dass sie auch in der besagten Aprilnacht dort stand. Sie wurde Zeuge, als die »Whydah« in der tosenden Brandung unter heulendem Wind aus der regendurchpeitschten Dunkelheit auftauchte. Das Schiff wurde von den Wellen bedrohlich hin- und hergeworfen und prallte dann mit voller Wucht auf. Sie sah, wie der Hauptmast brach und langsam herunterfiel. Das dem Sturm ausgelieferte Schiff rollte aus der Fahrrinne und kenterte. Maria hörte das wilde Läuten einer im Sturm warnenden Schiffsglocke und auch die panischen Angstschreie von ertrinkenden Seemännern. Dann hallten ihre eigenen verzweifelten Schreie durch den Sturm, als sie Sams Stimme unter den Ertrinkenden wahrnahm.

Als Kapitän Cyprian Southack, ein Gesandter des Gouverneurs, eintraf um das Wrack zu bergen, fand er nur die Leiber der ertrunkenen Seeleute. Von den 146 Männern an Bord der Whydah konnten sich nur zwei an das Ufer retten. Der schlammige Grund vor Cape Cod hatte den Rest verschlungen. Und hier würde die Whydah nahezu drei Jahrhunderte ungestört ruhen.

Auf den Spuren der Whydah

Die Whydah war schon lange eine Legende, als ich meine Suche nach ihr begann. Ich fand Southacks Aufzeichnungen und Karten. Mit diesen Hinweisen zur Positionsbestimmung des Wracks, zusammen mit einigen Aufzeichnungen anderer Versuche, Landvermessungen und alter Logbücher konnte ich langsam die einzelnen Informationen wie Teile eines Puzzles zusammenlegen. Sobald ich das Gebiet ausfindig gemacht hatte, suchte ich eine Tauchermannschaft zusammen und stattete ein Bergungsboot aus.

Wir begannen unsere Suche im Sommer 1983. Sie war lang und schwierig. Das wichtigste Suchwerkzeug war das »Magnetometer«, ein Gerät, das Eisenteile unter Wasser ausfindig macht. Bedauerlicherweise war das Gebiet mit gefährlichen Blindgängern von einem nahe gelegenen militärischen Trainingscamp übersät. Jeder Fund musste durch eine mehr als vier Meter dicke Schlammschicht vom Meeresboden geholt und überprüft werden. Dazu wurde eine Maschine eingesetzt, deren Motoraufhängung über die Schraubenwelle der »Vast Explorer II« befestigt wurde. Wir starteten im Frühsommer 1983 und es dauerte bis zum 23. Juli 1984, als endlich ein Taucher Erfolg hatte. »Wir haben eine Kanone markiert«, rief er und ich erinnere mich, dass ich mich fühlte, als stünde ich auf dem Gipfel eines hohen Berges.

Seit der Entdeckung dieser ersten Kanone haben wir an die 200.000 Artefakte geborgen, unter anderem Waffen, Gold- und Silbermünzen, Tafelgeschirr und -besteck, afrikanischen Goldschmuck, Kleidung und Kanonen, alles im Rahmen eines Projektes, das von Regierungsbeamten als »ein Modell für private Archäologie« betitelt wird. Die unglaubliche Ansammlung von Whydah-Artefakten wirft nicht nur ein Licht auf die maritime Geschichte, über die noch zu wenig bekannt ist, sondern bietet auch einen seltenen Blick in das tägliche Leben einer sehr geheimnisvollen Subkultur von Piraten.

Archäologie des Piratenlebens

Sorgfältige archäologische Methoden, die zur Bestimmung der Artefakte von Wrackstätten, wie beispielsweise die der Whydah, genutzt werden, können häufig eine effektivere Möglichkeit sein, das Verhalten sozialer Gruppen zu studieren, deren Geschichte ansonsten von Gelehrten, Studenten und Schülern ignoriert oder gemieden wird. Als erste Forschergruppe, die jemals ein authentisches Piratenschiffswrack entdeckt hat, stellt unsere Arbeit auf der Whydah die herkömmlichen Ansichten von Piraterie im 18. Jahrhundert in Frage.

Im Gegensatz zur allgemein populären Vorstellung von Piraten haben wir gelernt, dass sie Rebellen und Räuber waren. Sie lebten in demokratischer Selbstverwaltung, teilten ihre Beute gerecht auf und hatten sogar eine Art von Sozialunterstützung. Sie lebten in multinationalen Gemeinschaften; in Bellamys Mannschaft beispielsweise gab es Engländer, Iren, Schotten, Waliser, Spanier und sogar Schweden. Während dieser Zeit waren ca. 30% aller Piraten afrikanischer Abstammung.

Der spektakulärste Fund bis jetzt war die Schiffsglocke, die wir im Oktober 1985 an die Oberfläche brachten. Die Inschrift »The Whydah Gally † 1716« überzeugte die Skeptiker, die glaubten, dass die Artefakte von einem anderen Schiff stammten.

Obgleich ich manchmal ein Schatzsucher genannt werde, habe ich niemals ein Fundstück verkauft. Für mich ist die Vergangenheit zu kostbar, um verkauft zu werden. Die Glocke und andere Artefakte sind jetzt in unserem Museum auf dem historischen Macmillan Kai in Provincetown/Massachusetts ausgestellt. Hier ist auch das Hauptquartier für all unsere weiteren Bergungsoperationen. Vieles von der Whydah liegt immer noch im tiefen Sand vor dem Kap. Obgleich

wir über 10.000 Münzen und auch andere Gold- und Silberstücke geborgen haben, sind es nach Angaben der Piraten 6–12% von dem, was das Schiff an Bord hatte. Neben wertvollen Edelmetallen findet man auch viele andere Schätze, auch einen Teil des Schiffsrumpfes, den wir erst kürzlich im Geröllfeld um das Wrack entdeckt haben.

Wir leiten auch andere Forschungsreisen. Während Unterwasservermessungsarbeiten von 1998–1999 fanden wir die Überreste von elf Kriegsschiffen von der Flotte des Comte d'Estrées, die 1678 bei den Avis-Inseln vor der Küste Venezuelas Schiffbruch erlitten hat. Erst im letzten Februar haben wir die »Adventure Galley«, das Flaggschiff des berüchtigsten Piraten – Kapitän William Kidd – bei den St.-Marie-Inseln an der Nordostküste von Madagaskar entdeckt.

Über unsere Arbeit wurde in der *New York Times* ebenso berichtet wie im *Spiegel,* in der *London Times,* der *Washington Post* und vielen anderen Zeitschriften. Durch diese Medienresonanz und durch unsere verschiedenen Ausstellungen hatten viele Interessierte und Besucher die Möglichkeit, an einigen Wundern der Vergangenheit, die wir entdeckt haben, teilzuhaben.

Der bisher wertvollste Fund: die Schiffsglocke von 1716.

Udo Allerbeck
Piraterie in China

Auch im Reich der Mitte hat die Piraterie eine lange Geschichte. Anders jedoch als in der übrigen Welt gab es keine staatlich sanktionierte Piraterie, die dazu diente, die Einflussgebiete einzelner Länder auszudehnen und deren Handelsbedingungen zu verbessern. Vielmehr entwickelte sich die Seeräuberei an der viele tausend Kilometer langen, kaum zu überwachenden chinesischen Küste zu einer Bedrohung vor allem für den eigenen Staat. Die dortigen besonderen kulturellen und politischen Bedingungen führten zu einer Piraterie mit chinesischer Ausprägung, wie sie sich in Struktur und Umfang sonst nirgendwo entwickeln konnte.

Nebenerwerb Piraterie

Da Fischfang ein wenig einträgliches Gewerbe war, kam es vor allem an der Südostküste zu einer Form von Piraterie, die in kleinem Umfang betrieben den Fischern das Überleben sichern sollte. Da man dem Fischfang nur an ca. 140 Tagen im Jahr nachgehen konnte und das Einkommen viel zu gering war, rüsteten die Fischer in den Sommermonaten Boote aus, um nach Norden zu segeln, an den Küsten zu plündern und Schiffe zu überfallen. Anführer der Banden waren zumeist Eigentümer von Fischerbooten, die Mannschaft bestand zumeist aus Angehörigen und Freunden.

Ausgerüstet mit Messern und Speeren stachen die »Nebenerwerbspiraten« in See, um durch einige schnelle Überfälle an Beute zu kommen. Für Gefangene und für gekaperte Dschunken wurde Lösegeld erpresst. Nach erfolgreichem Raubzug kehrten die Piraten in ihre Dörfer zurück, um wieder den Fischfang aufzunehmen. Diese Form der Piraterie nahm zwar in manchen Zeiten einen beachtlichen Umfang an, wurde jedoch nie zu einem ernsthaften Problem. Offensichtlich hatten die Fischer weder den Willen noch die Ausrüstung, um Piraterie im großen Stil durchzuführen.

Zheng Yi-Sao übernahm 1807 das Kommando über den Piratenbund der Südchinesischen See.

Vom Schmuggel zur Piraterie

Während vor allem die geringen Einkunftsmöglichkeiten und die weit verbreitete Armut Anlass für die Piraterie der chinesischen Fischer waren, entwickelte sich bald eine Form von Seeräuberei, die sich als staatsbedrohend erweisen sollte.

Eine erste hohe Zeit der Piraterie erlebte China in der Mitte des 16. Jahrhunderts. Der Handel mit »unkultivierten Barbaren« war verboten, so dass es zwischen China und Japan zu einem intensiven Schmuggelhandel kam. Japan konnte Kupfer, Silber und Gold liefern und hatte großes Interesse an Seide und anderen Textilien aus China. Zentrum des Schmuggels war unter anderem die Niederlassung Shuang-xu-gang in der Nähe von Ningbo (Provinz Chekiang) unter der Leitung von Xu Dong, einem chinesischen Händler.

Nachdem 1547 Shuang-xu-gang zerstört und Xu Dong ermordet worden war, entwickelte sich aus dem Schmuggel offene Piraterie. Die Wo Kou (Wako) – deren Namen eigentlich »japanische Räuber« bedeutet, die aber zum größten Teil Chinesen waren – überfielen unter der Führung des Chinesen Wang Zhi von japanischen und chinesischen Häfen aus vor allem Städte am Unterlauf des Chang Jiang (Yangtze Kiang). Durch militärische Maßnahmen und durch Verhandlungen mit den Piraten gelang es der chinesischen Regierung jedoch Wang Zhi zur Aufgabe zu überreden. Trotz gegenteiliger Zusage wurde dieser im Jahr 1559 hingerichtet. Den wichtigsten Schritt zur Beendigung der Piraterie in dieser Phase stellte jedoch die Legalisierung des Handels im Jahre 1567 dar.

Zeiten des Umbruchs – Von der Ming- zur Qing-Dynastie

Ein weiterer Höhepunkt in der Geschichte der chinesischen Piraterie ist die Zeit des Überganges von der Ming- (1368–1644) zur mandschurischen Qing-Dynastie (1644–1911).

In der über 50 Jahre dauernden Übergangsphase (ca. 1630–1685) war es vor allem die Familie Zheng, welche Piratengeschichte schrieb. Zheng Zhi-long war zunächst als Kaufmann in Macao und Manila tätig gewesen und schloss sich 1624 den Piraten an. Durch Überfälle auf niederländische und chinesische Schiffe entwickelte er sich für die Ming-Regierung zu einer ernsten Bedrohung. Er verfügte über eine große Zahl von kampftauglichen Dschunken und betrieb neben seiner normalen Handelstätigkeit auch das Geschäft der Piraterie mit großem Erfolg. Andere Kaufleute mussten Schutzgelder an ihn bezahlen, um nicht Opfer seiner Überfälle zu werden. Durch Bezahlung großer Summen wurde er vom Ming-Kaiser dazu bewogen, wieder in die Legalität zurückzukehren und der Regierung gegen die Piraten zur Seite zu stehen. Später brachte es Zheng sogar zu militärischen Ehren und ihm wurde ein Adelstitel verliehen. Nachdem er einer Aufforderung der Regierung, seine Stützpunkte an der Küste zu verlassen, und Truppen für die Verteidigung von Städten im Landesinneren zu stellen, nicht nachgekommen war, ergab er sich nach der Eroberung von Fuzhou den Herrschern der Qing, die ihn bereits seit einiger Zeit umworben hatten.

Weitaus berühmter als Zheng Zhi-long war sein Sohn Zheng Chenggong (Koxinga genannt, eine Europäisierung seines chinesischen Beinamens Guoxingy »Herr des kaiserlichen Familiennamens«, der ihm für seine Verdienste im Kampf gegen die Qing verliehen wurde). Im Gegensatz zu seinem Vater war er keinesfalls bereit, mit den Qing zusammenzuarbeiten, und kämpfte lange Jahre und in vielen Schlachten gegen die Mandschus. Er blockierte u.a. die Mündung des Chang Jiang und überfiel mandschurische Schiffe. Zwischen 1650 und 1660 stellte er den größten Machtfaktor zwischen der Mündung des Chang Jiang und dem Mekongdelta dar. Nach einem vergeblichen Versuch, mit seiner Flotte 1659 Nanjing aus den Händen der Mandschus zu befreien, war deren weiterer Vormarsch nicht mehr aufzuhalten und Zheng Chenggong zog sich 1661, nachdem man seinen Vater in Beijing hingerichtet hatte, aus seinen Küstenstützpunkten mit seinen Leuten nach Taiwan zurück. Auf der Insel vertrieb er die Holländer und konnte diese Region bis zu seinem Tode mit seinen Piratenflotten beherrschen. Maßnahmen der Qing-Regierung, wie der Erlass an die Bevölkerung der Küstengebiete, sich 15 km in Landesinnere zurückzuziehen, um so den Kontakt zu den Piraten zu unterbinden, wurden erst 1683, nach dem Tode Zheng Chenggongs und dem endgültigen Ende der Macht der Zheng-Familie, zurückgenommen. Die Treue zum Ming-Kaiser und die Befreiung Taiwans von den Holländern macht Zheng gerade auf Taiwan bis heute zu einer bedeutenden Person der chinesischen Geschichte.

Chinesische Piraten in Vietnam

Ausgangspunkt für ein weiteres Kapitel in der Geschichte der chinesischen Piraterie war Ende des 18. Jahrhunderts die Tay-Son-Rebellion gegen die Le-Dynastie in Vietnam. Die Tay-Son-Rebellion wurde von drei Brüdern angeführt, deren Heimatort der Rebellion ihren Namen gab. Nachdem die Tay-Son die Macht übernommen hatten, sich aber ihrer Position nicht sicher sein konnten, begannen sie 1792 unter den chinesischen Küstenbewohnern Kaperfahrer zu rekrutieren. Viele der Chinesen, die sich in den Dienst der Tay-Son begaben, verdienten ihren kargen Lebensunterhalt als Fischer. Die Piraterie betrieben sie bereits als »Nebenerwerb«. Einer derjenigen, die bereits 1786 in vietnamesischen Dienst traten, war Zheng Qi, der bereits in China mehrere Banden angeführt hatte und über Erfahrungen in der Piraterie verfügte.

1801 musste er aus Vietnam fliehen, von wo aus die chinesischen Piraten erfolgreich ihrem Gewerbe nachgingen. Die Tay-Son, selbst kurz vor der endgültigen Niederlage stehend, konnten nicht mehr ihre schützende Hand über die Piraten halten. 1802 versuchte Zheng Qi mit 200 Dschunken den Tay-Son beizustehen. Doch seine Flotte wurde vernichtend geschlagen. Der neue Herrscher von Vietnam, Phuc Anh, lieferte mehrere Piraten an den chinesischen Kaiser aus und ließ Zheng Qi köpfen.

Dieses scheinbare Ende der Piraten stellte jedoch den Ausgangspunkt für die größte Piratenflotte aller Zeiten dar. Die Piraten schlossen sich nach einer Zeit erbitterter Kämpfe einzelner Banden untereinander zu einem einzigen Verband zusammen. 1805 übernahm Zheng Yi, ein Vetter von Zheng Qi, das Kommando über die Piraten.

Unter seiner Führung unterzeichneten die bedeutendsten Piraten der Provinz Guangdong einen Vertrag und bekräftigten damit den Bund der Piraten.

Es gab sechs Flotten, zu denen zwischen 70 und 300 Dschunken gehörten. Die größte bestand aus 300 Dschunken und bis zu 40.000 Piraten. Die Anführer der Flotten waren alle schon zu Zeiten der Tay-Son in Vietnam gewesen und besaßen dadurch große Erfahrung. Die straffe Organisation machte den Bund zu einem riesigen Machtfaktor, sozusagen zu einem Staat im Staate.

Zu der schlagkräftigen Organisation gehörte die Einteilung in Geschwader mit bis zu 36 Schiffen und ca. 1500 Besatzungsmitgliedern. Auch war die Befehlsstruktur – im Gegensatz zu den üblichen Gepflogenheiten von Piraten anderer Länder – streng hierarchisch. Einem Kapitän, dem auch mehrere Dschunken unterstehen konnten, war auf jedem Schiff ein Hauptmann untergeordnet. Dieser hatte die Aufgabe, im Kampf das Schiff zu führen und Aufgaben an Besatzungsmitglieder zu verteilen. Pro Piratenschiff gab es zwei Steuerleute, was zeitweise innerhalb der chinesischen Marine zu einer Verknappung an Leuten mit guten Navigationskenntnissen führte, da diese schon der besseren Bezahlung wegen zu den Piraten übergelaufen waren. Des weiteren gab es Proviantmeister, die die Verteilung der Beute überwachten und dafür sorgten, dass die Erträge aus Überfällen ordnungsgemäß registriert wurden.

Die chinesischen Piraten hatten ein System entwickelt, welches den absoluten Zusammenhalt der Flotten sicherte. Ein Fünftel der Beute erhielt das Schiff, das den Überfall gemacht hatte. Der Rest wurde entweder in eigene Lagerhäuser gebracht oder, wenn es sich um Bargeld handelte, zum Kauf von Proviant und Ausrüstung verwendet. Diese Einrichtungen kamen allen Besatzungsmitgliedern zugute, also auch jenen Schiffen, die keine erfolgreiche Kaperung vorweisen konnten.

Neben diesen sozialen Anreizen der Piraten, die auch Fischern eine Chance boten, waren es vor allem geographische und ausrüstungstechnische Vorteile, die den Piraten ihre große Macht sicherten. So verfügten sie über Stützpunkte in der Nähe aller wichtigen Handelswasserstraßen des Reiches. Außerdem stand ihnen auch im Landesinneren ein umfangreiches Netz von Händlern und Helfern zur Verfügung. Der Zusammenhalt war so eng, dass auch größere Aktionen der Regierung gegen Zwischenhändler keine Auswirkung auf die Aktionsbereitschaft der Piraten hatten.

Der Bund der Piraten zählte eine große Anzahl verschiedenster Schiffe; von Kriegsdschunken mit bis zu 400 Mann Besatzung und den Handelsdschunken mit 200 Mann bis zu den kleinen Flussdschunken. Letztere wurden vor allem gegen Dörfer eingesetzt, die sich weigerten Schutzgelder zu bezahlen. Bewaffnet waren die Schiffe mit bis zu 40 großen Kanonen und diversen kleineren

Kanonen und Gewehren. Die Piraten kämpften mit Bambusspeeren und Messern.

Shap'ng-Tsais Piratenfahne wurde 1849 von seinem Flaggschiff erbeutet.

Die Piratenarmee der Frau Zheng

Am 16.11.1807 starb der Oberbefehlshaber der Piraten Zheng Yi. Seine Nachfolge trat seine Frau, Zheng Yi-Sao, an. Sie sollte zusammen mit Zhang Bao, dem Sohn eines Fischers, der sich im Alter von 15 Jahren den Piraten angeschlossen hatte, den Bund der Piraten zu noch größerer Macht führen. Zhang Bao, eine Art Ziehsohn von Zheng Yi, fühlte sich durch seine Herkunft keinem der anderen Flottenkapitäne verpflichtet und galt somit als idealer Oberbefehlshaber der Flotte. Später heiratete er Zheng Yi-Sao.

Als eine der ersten Maßnahmen nach dem Tode ihres Mannes erließ Frau Zheng einen Kodex, der genau regelte, welches Fehlverhalten geahndet werden sollte. So wurde zum Beispiel Befehlsverweigerung mit dem Tode durch Enthaupten bestraft. Diebstahl oder der Überfall auf verbündete Dörfer galten ebenso wie das Vergewaltigen von Gefangenen als Schwerverbrechen, die meistens den Tod durch Vierteilen oder Auspeitschen nach sich zogen. Dieser Verhaltenskodex führte

87

dazu, dass der ohnehin straff organisierte Piratenbund zusätzlich an Stärke gewann. Dadurch gelang es dem Bund, zu einer Art »Wirtschaftsunternehmen« aufzusteigen, für das Überfälle auf Schiffe nicht mehr die einzige Einnahmequelle darstellten. Schutzgelderpressung und Lösegeldforderungen, Überfälle auf Dörfer und Märkte waren weitere wichtige Einkunftsmöglichkeiten. Auch ausländische Schiffe und Niederlassungen wurden nicht länger verschont.

Besonders Schutzgelderpressungen erwiesen sich als ein extrem profitables Geschäft. Die bereits seit 1804 übliche Praxis, an Schiffe Schutzbriefe zu verkaufen, weitete sich enorm aus, so dass bald kaum noch ein Schiff an der chinesischen Küste ohne ein Schutzzertifikat der Piraten unterwegs sein konnte. Erwerben konnte man die Schutzbriefe bei den Kapitänen oder bei einer Außenstelle an Land. So hatte sich ein weit verzweigtes »Versicherungssystem« aufgebaut.

Diese festen Einnahmen machten es den Piraten möglich, ihre Flotte weiter auszubauen. So wurden jetzt nur noch Leute angeheuert, die mindestens ein dreiviertel Jahr an Bord bleiben wollten. Weiterhin rekrutierten sich viele neue Piraten aus der Gruppe der Fischer, aber auch Personen, die vor der Willkürherrschaft der Qing auf der Flucht waren, schlossen sich an. Diese perfekt organisierte Truppe und das strategische Geschick von Zheng Yi-Sao ließen fast jeden Angriff der Piraten zum Erfolg werden. Um nicht mit dieser Piratenarmee kämpfen zu müssen, kam es sogar vor, dass Marinesoldaten ihre eigenen Schiffe sabotierten.

Da die Piraten bald auf See kaum noch Geg-

ner hatten, überfielen sie selbst Militärgarnisonen des Kaisers, um deren reiche Vorräte zu erbeuten. Um 1809 beherrschten die Piraten die gesamte Küste der Provinz Guangdong. Zur Demonstration ihrer Macht ließen sie sogar einen Sondergesandten des Kaisers ermorden.

Als im gleichen Jahr ein neuer Generalgouverneur nach Guangdong kam, der den Küstenschiffsverkehr weitestgehend unterband, führte das nur dazu, dass die Piraten weiter ins Landesinnere vordrangen. Nachdem sich schließlich sogar die Großstadt Guangzhou (Kanton) durch die Piraten bedroht sah, kam es zu Verhandlungen des chinesischen Kaisers mit den ausländischen »Barbaren«, den Engländern und Portugiesen. Aber selbst der Einsatz von britischen und portugiesischen Schiffen brachte nicht den gewünschten Erfolg.

Der Bund, der in seinen besten Jahren aus über tausend Dschunken und bis zu 150.000 Piraten bestanden hatte, war zu einer ernsthaften Bedrohung des regulären Staates geworden.

Erst interne Auseinandersetzungen der Piraten zwischen der schwarzen und der roten Flotte und ein Amnestieangebot des Kaisers führten zum Ende des Piratenbundes. Die Piraten durften einen großen Teil ihres Vermögens behalten und erhielten die Möglichkeit, in die Armee einzutreten. Viele der Ex-Piraten, so auch Zhang Bao, halfen später dem Kaiser bei der Bekämpfung der Piraterie. Dies war das Ende einer Form und eines Umfanges von Seeräuberei, wie sie bislang auf der Welt nicht aufgetreten war.

Pirat gegen die Kolonialmächte

Ein vorerst letztes Kapitel in der Geschichte der Piraterie in China schrieb Shap'ng-Tsai. Im Anschluß an den von den Chinesen verlorenen 1. Opiumkrieg (1839–1842), durch den die Engländer die Chinesen zwangen, die Einfuhr von indischem Opium nach China zuzulassen und sich Hong Kong einverleibten, kam ein Pirat namens Shap'ng-Tsai zu Ruhm. Da er auch britische und amerikanische Schiffe angriff, genoss er den Rang eines Volkshelden. Sein Stützpunkt lag bei Tin Pak, 300 km westlich von Hong Kong. Im Jahr 1849 verfügte er bereits über eine Flotte von 70 Schiffen. Weil die Aktivitäten Shap'ng-Tsais den Handel stark beeinträchtigten, entschlossen sich die Kolonialmäch-te im September 1849, massiv gegen die Piraten vorzugehen und stellten ein Geschwader dampfgetriebener Kriegsschiffe zusammen. Der Angriff auf den Hafen Tin Pak misslang, da die Piraten bereits vorab aus chinesischen Kreisen gewarnt worden waren. Nach konsequenter Verfolgung der Piraten gelang es Kommandant Hay von der Royal Navy jedoch, die Piraten zu stellen und ihre Flotte zu vernichten. Bei dem Angriff starben ca. 1500 von Shap'ng-Tsais Leuten. Er selbst konnte jedoch ins Landesinnere entkommen. In die Enge getrieben, nahm er ein Amnestieangebot des Kaisers an und trat der chinesischen Marine bei. Die Militärpräsenz der Kolonialmächte sorgte von nun an dafür, dass es nur noch selten zu Piratenüberfällen kam.

Jann M. Witt

»Vor den Kapern hatte ich viel mehr Furcht, wie vor Seegefahren.«

Eine kurze Einführung in die Geschichte der Kaperei

Das Aufbringen von Schiffen, also die gewaltsame Aneignung fremder Güter auf hoher See, ist fast so alt wie die Seefahrt selbst. Wurde ein solcher Akt allein aus Habgier begangen, galt die Tat als Seeraub und damit als kriminelle Handlung, die von allen Nationen mit dem Tod bestraft wurde. Daher bezeichnete bereits das Römische Recht, ebenso wie später das moderne Völkerrecht, Piraten als »Hostes Humanis Generis«, als Feinde der Menschheit.

Anders als die Piraterie stellte das als Kaperei bezeichnete Aufbringen von feindlichen oder mit feindlichen Waren beladenen Schiffen in Kriegszeiten seit dem Mittelalter einen durch das Kriegs- und Völkerrecht legitimierten Kriegsakt dar. Kaperei wurde sowohl von Kriegsschiffen als Teil der staatlichen Exekutive als auch durch Kaperschiffe privater Reeder ausgeübt. Letztere wurden mittels eines sogenannten Kaperbriefs, in dem Namen und Herkunft des betreffenden Schiffs genau bezeichnet sein mussten, ermächtigt, quasi als »lizensierte Piraten« für die Kriegsdauer im Namen des den Kaperbrief ausstellenden Landes gegen all jene Nationen Kriegshandlungen zu begehen, die darin als Feindstaaten aufgeführt waren. Dadurch wurde ein privates Schiff zu einer Art »Hilfskriegsschiff«, auf Englisch »private ship of war« oder kurz »privateer«. Die Besatzungen der Kaperschiffe standen unter dem Schutz des Kriegsvölkerrechts und galten im Falle einer Gefangennahme als Kriegsgefangene und nicht als Piraten.[1]

Obwohl der aus dem Friesischen stammende Begriff »Kapern« erst um die Mitte des 17. Jahrhunderts in Gebrauch kam - der älteste Nachweis im deutschen Sprachraum findet sich im Jahr 1678 seltsamerweise in Nürnberg -, beschreibt er einen Sachverhalt, der bereits im Mittelalter als »Ausliegen« bekannt war.

Das Mittelalter war eine unsichere Zeit für Seefahrt und Handel, denn nach dem Un-

Der Kaperbrief von William Kidd (ca. 1645–1701) datiert vom 11. Dezember 1695. Obwohl Kidd ursprünglich in offiziellem Auftrag zur Bekämpfung der Piraten im Indischen Ozean ausgesandt worden war, begann er schon bald auf eigene Faust zu operieren und plünderte Handelsschiffe verschiedener Nationen. Gerade am Beispiel Kidds zeigt sich, wie eng Kaperei und Piraterie beieinander liegen konnten. Nach einem Aufsehen erregenden Prozess wurde William Kidd im Jahre 1701 in Wapping bei London als Pirat gehängt.
(© Public Record Office, London: High Court of Admirality 1/15 Pt. 2 F. 108)

Der dänische Kutter »Søfuglen« (Bildmitte) machte Jagd auf englische Handelsschiffe. Dieses Schiff, ein durchaus typischer dänischer Kaperfahrer, hatte eine Besatzung von 24 Mann und eine Bewaffnung von vier Kanonen und zwei Haubitzen. Ebenso charakteristisch war auch das Ende des Unternehmens: Am 25. Mai 1809 wurde die »Søfuglen« nach einer elfstündigen Jagd mitsamt seinem Tender oder Begleitschiff »Patrioten« (rechts) von der englischen Kriegsbrigg »Mosquito« (links) in der Nordsee gestellt und aufgebracht.
(Original im Nationalhistoriske Museum, Frederiksborg)

tergang des Weströmischen Reiches gab es in Europa keine Zentralgewalt mehr, die in der Lage gewesen wäre, die Seehandelswege zu schützen. Überall lauerten Piraten und auch Übergriffe fremder Potentaten waren durchaus nicht selten, weshalb die Kaperei als legitimes Mittel erachtet wurde, Unrecht zu vergelten und sein Recht durchzusetzen. So durfte sich nach mittelalterlichem Recht ein Geschädigter mit Hilfe der sogenannten »Repressalie« auf eigene Faust für das erlittene Unrecht entschädigen. Zudem war der Einsatz von Kaperschiffen der einfachste Weg für einen mittelalterlichen Herrscher, rasch zu einer Kriegsflotte zu kommen. Oftmals griff man auch auf professionelle Hilfe zurück, indem man einfach einige der Piraten in Dienst nahm, die damals die europäischen Gewässer unsicher machten. Diese mit einem Kaperbrief ausgestatteten, sogenannten »Auslieger« bildeten das Gros der mittelalterlichen Kriegsflotten.[2] Doch da es den mittelalterlichen und frühneuzeitlichen Staaten an Möglichkeiten zu einer effektiven Kontrolle ihrer Kaperfahrer fehlte, war deren Einsatz bestenfalls problematisch.

Noch an der Wende vom 16. zum 17. Jahrhundert war die staatliche Kontrolle der Kaperfahrer äußerst ineffizient. Die zuständigen Amtsinhaber waren oftmals korrupt und gerne bereit, gegen entsprechendes Entgelt die Augen auch vor offenkundigen Missbräuchen zu verschließen. Denn obwohl die Kaperschiffe verpflichtet waren, sich unter allen Umständen an das Kriegsrecht zu halten und nach der Rückkehr von einer Kaperfahrt über ihre Aufbringungen Rechenschaft abzulegen, zeigte die Erfahrung, dass die Kaperfahrer oft genug hemmungslos alle Schiffe plünderten, die ihnen vor den Bug liefen. Ebenso waren Kaperschiffe dafür berüchtigt, es mit den Rechten von Neutralen nicht so genau zu nehmen und diese gelegentlich unter dem Vorwand der Kontrolle

zu plündern, um sich für eine wenig lukrative Kreuzfahrt zu entschädigen: Nackte Habgier und nicht etwa Patriotismus war schließlich das wichtigste Motiv dieser Schiffe. So verwundert es kaum, dass die privaten Kaperschiffe nicht den besten Ruf besaßen. Dennoch wollte keine Nation auf ihren Einsatz verzichten, wie Sir Leoline Jenkins, Vorsitzender des englischen High Court of Admirality von 1665 bis 1685, treffend bemerkte: »Die Kaper sind wie die Astrologen des alten Roms. Jeder tadelt sie, aber sie kommen immer wieder und jeder bedient sich ihrer.«[3] Der englische Seeheld Lord Nelson (1758–1805) äußerte 100 Jahre später sogar, dass die Kaper nicht viel besser als Piraten wären. Tatsächlich verschwamm die Grenze zwischen Kaperei und Seeraub oft genug und mancher Pirat, wie etwa der berüchtigte Kapitän William Kidd (ca. 1645–1701), hatte seine Karriere als Kaperfahrer begonnen. Daher wurde es immer dringender erforderlich, den Kaperkrieg auf eine feste rechtliche Grundlage zu stellen. Ausgehend vom mittelalterlichen Seerecht, das sich bereits intensiv mit Fragen der Piraterie und Kaperei auseinander gesetzt hatte, entwickelte sich im 17. Jahrhundert innerhalb des jetzt neu ent-

1 Zu den rechtlichen Aspekten der Kaperei siehe Ulrich Scheuner: »Prisenrecht«, Wörterbuch des Völkerrechts, hg. von H.-J. Schlochauer, Bd. 2, Berlin 1961, S. 794–802 und John Hattendorf, Maritime Conflict, The Laws of War, Constraints on Warfare in the Western World, hg. von M. Howard, G. J. Andreopoulos und M. R. Shulman, New Haven 1994, S. 98–115.

2 Norbert Ohler, Krieg und Frieden im Mittelalter, München 1997, S. 112ff., 144-153 und S. 187-190 und Archer Jones, The Art of War in the Western World, New York 1989, S. 144-147.

3 Zitiert nach Jacobsen (wie Anm. 1), S. 532.

Dieses Gemälde von Robert Salmon aus dem Jahre 1802 zeigt eine vor Anker gehende englische Fregatte. Dieser Schiffstyp war ideal für den Einsatz im »Guerre de Course« oder Kaperkrieg, da Fregatten schneller und schwerer bewaffnet waren als jedes Handelsschiff und zugleich jedes größere Kriegsschiff aussegeln konnten. Ihre Schnelligkeit und Kampfstärke machten die Fregatte aber auch zum wichtigsten Schiffstyp zur Bekämpfung der Kaperei.
(Original im National Maritime Museum, Greenwich)

stehenden Völkerrechts eine eigene Seerechtswissenschaft, die im Verlauf der nächsten zwei Jahrhunderte die grundlegenden Rechte und Pflichten der seefahrenden Nationen in Krieg und Frieden definierte. Die detaillierte Ausgestaltung des Kaper- und Prisenwesens erfolgte allerdings durch das jeweilige nationale Recht, etwa durch Gesetze oder die bei Kriegsbeginn erlassenen und nur für die Kriegsdauer gültigen Prisenordnungen, die das Prisenwesen des jeweiligen Staates genau regelten. Außerdem wurde das Prisenrecht durch die Entscheidungen der Prisengerichte, die in einem peinlich genauen Verfahren über die Rechtmäßigkeit einer Aufbringung zu befinden hatten, und völkerrechtliche Verträge fortwährend weiterentwickelt. Vor allem die Problematik der Rechte und Pflichten der Neutralen barg ein erhebliches Konfliktpotenzial. Insbesondere über die Frage »Frei Schiff, frei Gut«, also die Berechtigung der Neutralen, während eines Kriegs unbehelligt von den beteiligten Mächten feindliches Gut auf neutralen Schiffen oder neutrales Gut auf feindlichen Schiffen zu transportieren, wurde heftig gestritten. Zugleich gab es auch heftige Dispute um die Frage der Beschränkung der freien Schifffahrt durch Blockaden und um die Definition der sogenannten »Konterbande«. Dieses Wort, vom französischen »Contrebande« bzw. dem italienischen

»Contra Bando« abgeleitet, bedeutet »gegen die Verordnung« und bezeichnet verbotene, den Feind militärisch unterstützende Handelswaren.

Seit dem 16. Jahrhundert hatte sich überdies für die Aufbringung von Handelsschiffen ein völkerrechtlich verbindliches Rechtsverfahren herausgebildet, dessen strikte Beachtung sowohl für Kaper- als auch für Kriegsschiffe Voraussetzung für die Anerkennung einer ordnungsgemäßen Aufbringung durch die Prisengerichte war. Wurde ein verdächtiges Schiff gesichtet, forderte man es zum Beidrehen auf, wobei gegebenenfalls der bekannte »Kanonenschuss vor den Bug« diesem Verlangen den nötigen Nachdruck verlieh. Half auch dieser nicht, so wurde das Schiff kurzerhand geentert. Sogleich nach dem Anhalten des Handelsschiffs setzte ein Offizier des aufbringenden Schiffes über, um die Fracht zu durchsuchen und die Schiffspapiere zu überprüfen. Diese gaben Auskunft über die nationale Zugehörigkeit von Schiff, Besatzung und Ladung. Allerdings stellten gefälschte Papiere oder der Scheinverkauf eines Schiffes an einen neutralen Pro-forma-Eigner, die sogenannte »Neutralisierung« eines Schiffes, verbreitete Praktiken dar, um den wahren Charakter des Schiffes oder der Ladung zu verbergen und das Schiff vor einer Aufbringung zu schützen. Waren genügend Anhaltspunkte vorhanden, die eine Aufbringung rechtfertigten, wurde das Fahrzeug durch ein sogenanntes Prisenkommando in Besitz genommen und in einen befreundeten Hafen gebracht.

Doch bevor die Mannschaft eines Kriegs- oder Kaperschiffes in den Genuss ihrer Prise kommen konnte, musste in einem Prisengerichtsverfahren über die Rechtmäßigkeit der Aufbringung entschieden werden. Dabei überprüfte das Prisengericht auch, ob etwa die Rechte von Neutralen beeinträchtigt worden waren, wobei betroffene Neutra-

le vor dem Prisengericht als Partei zugelassen waren, nicht jedoch der Feind. Um die neutrale Schifffahrt etwas besser zu schützen, musste seit dem 17. Jahrhundert in vielen Staaten vor der Ausstellung eines Kaperbriefs eine Kaution hinterlegt werden, mit der eventuelle Schadensersatzansprüche abgegolten werden sollten.[4] Waren alle rechtlichen Voraussetzungen einer ordnungsgemäßen Aufbringung gegeben, erfolgte durch das Urteil des Prisengerichts die Anerkennung des aufgebrachten Schiffes als rechtmäßige oder »gute« Prise. Erst jetzt ging die Prise mitsamt ihrer Ladung in den Besitz des Aufbringenden über und durfte verkauft werden, wobei der Erlös als »Prisengeld« unter der Mannschaft des Schiffes aufgeteilt wurde.[5] Prozesse vor Prisengerichten dauerten mitunter Jahre, ja Jahrzehnte. Eine Vielzahl von Ausnahmeregelungen und juristischen Spitzfindigkeiten konnte das Gerichtsverfahren erheblich verzögern. So berichtet der Hamburger Professor Johann Georg Büsch über den Fall der Aufbringung des Hamburger Schiffs »Hendrik und Jacob«. Dieses war 1781 während des Amerikanischen Unabhängigkeitskriegs mit neutraler Fracht auf der Reise nach Portugal von einem britischen Kaperschiff aufgebracht worden. Das anschließende Prisenverfahren dauerte durch endlose Verschleppungen seitens der Reeder des Kapers bis 1793 und kostete die Hamburger Eigner des Handelsschiffs insgesamt 8000 Mark banco.[6]
Zeitgleich mit der Entwicklung dieser Grundsätze des Prisenrechts wandelte sich auch das Gesicht des Seekrieges, denn die frühneuzeitlichen Staaten begannen seit dem 16. Jahrhundert mit dem Aufbau von regulären Kriegsflotten, die sie auch in Friedenszeiten unterhielten. Auch der Kaperkrieg wurde nun mehr und mehr eine Aufgabe der regulären Flotten, für die vor allem kleinere und schnelle Kriegsschiffstypen, wie Fregatten und Korvetten, eingesetzt wurden.[7] Obwohl die Ka-

Am 7. Januar 1808 wurde das dänische Kaperschiff »Admiral Juel« unter dem Kommando des Kaperkapitäns Jürgen Jürgensen (1780–1821) nach einem heftigen Gefecht vor der englischen Küste von der britischen Kriegsbrigg »Sappho« aufgebracht. Die »Admiral Juel« war mit ca. 180 t Tragfähigkeit und einer Bewaffnung von 28 Kanonen bei 91 Mann Besatzung eines der größten dänischen Kaperschiffe. Gemälde von Francis Sartorius. (Original im National Maritime Museum, Greenwich)

perschiffe mit dem Aufkommen der neuen Kriegsflotten ihre beherrschende Rolle im Seekrieg zunehmend einbüßten, blieben sie dennoch von großer Bedeutung im Kampf gegen die feindlichen Handelsschiffe. Dabei unterschied man seit dem 17. Jahrhundert zwischen zwei Arten privater Kaperschiffe. Zum einen gab es bewaffnete Handelsschiffe, die in der Hauptsache normale Handelsfahrten unternahmen, aber durch einen mitgeführten Kaperbrief berechtigt waren, bei Gelegenheit feindliche Schiffe aufzubringen. Auf diesen Schiffen erhielt die Mannschaft eine normale Heuer, die gegebenenfalls durch einen Anteil am Kapergewinn aufgebessert wurde. Neben diesen Gelegenheitskapern gab es allerdings auch Schiffe privater Reeder, die ausschließlich in der Kaperei eingesetzt wurden oder sogar speziell für diesen Zweck gebaut worden waren. Auch diese Kaperschiffe waren mit einem Kaperbrief versehen, doch fuhr die Besatzung in der Regel in einer Art Gewinnbeteiligung: Geld gab es nur, wenn Prisen gemacht wurden, ansonsten ging die Mannschaft leer aus. Die Größe dieser Kaperschiffe variierte vom kleinen Ruderboot mit einem Dutzend Mann, bewaffnet mit Säbeln und Musketen, bis hin zur Fregatte

4 Johann Georg Büsch, Ueber das Bestreben der Völker neuerer Zeit, einander in ihrem Seehandel recht wehe zu thun, Sämmtliche Schriften über die Handlung, Fünfter Theil, Hamburg 1825.
5 Auf die britischen und französischen Prisengerichte zur Zeit der Revolutionskriege und Napoleonischen Kriege geht Karl H. Schwebel, Bremer Kaufleute in den Freihäfen der Karibik, Von den Anfängen des Bremer Überseehandels bis 1815, Bremen 1995, S. 61-84 detailliert ein.
6 Büsch (wie Anm. 4), S. 104-110.
7 Russell F. Weigley, The Age of Battle – The quest for decisive warfare from Breitenfeld to Waterloo, London 1993, S. 131-163 und Geoffrey Parker, Die militärische Revolution – Die Kriegskunst und der Aufstieg des Westens 1500–1800, Frankfurt a.M. 1990, S. 107-130.

Die hier auf einer Zeichnung von Jacob Petersen dargestellte Jacht »Johanne« aus Kopenhagen war mit ihren zwei Dreipfünderkanonen und 25 Mann Besatzung ein typisches dänisches Kaperschiff aus der Zeit des dänisch-englischen Kriegs von 1807–1814. Das Schiff wurde 1813 als Kaper ausgerüstet und stand unter dem Kommando von Kapitän Chresten Holm. Bei einem Vergleich mit der »Admiral Juel« wird deutlich, wie sehr Kaperschiffe in Größe und Bewaffnung variieren konnten. (Original im Handels- og Søfartsmuseet, Kronborg)

8   David J. Starkey, British Privateering Enterprise in the Eighteenth Century, Exeter 1990, S. 35-58.
9   Zu der strategischen Grundkonstellation der britisch-französischen Seekriege John B. Hattendorf, The Struggle with France 1690–1815, The Oxford illustrated History of the Royal Navy, hg. von J. R. Hill, Oxford, 1995, S. 80-119; Paul Kennedy, The Rise and Fall of British Naval Mastery, 2. Aufl., London 1983, S. 80-144 und Weigley (wie Anm. 7), S. 331-353.
10 Arne Bialuschewski, Piratenleben – Die abenteuerlichen Fahrten des Seeräubers Richard Sievers, Frankfurt a.M. 1997, S. 10ff.

mit zwanzig und mehr Kanonen. Weil die Kaperschiffe vor allem an schnellem Gewinn interessiert waren, griffen sie in der Regel nur Handelsschiffe an. Diese besaßen, mit Ausnahme der Indienfahrer, meist nur eine geringe Bewaffnung und boten daher eine leichte und zudem reiche Beute, denn nicht das Schiff, sondern die Ladung brachte das meiste Geld.[8] Doch trotz der Verlockung schnellen Reichtums barg die Kaperei auch ihre Gefahren. So berichtet ein Epitaph in der Stadtkirche von St. Peter Port auf der für ihre Kaperfahrer berühmten oder – je nach Standpunkt – berüchtigten englischen Kanalinsel Guernsey über das Schicksal eines Kaperkapitäns: »Gewidmet dem Andenken an Kapitän NICHOLAS Le MESSURIER, Kommandant des privaten Kriegsschiffs ›Bellona‹ von 20 Kanonen, dieser Insel zugehörig, welcher auf einer Kaperfahrt in der Nacht des zwölften Februar 1759 einen großen französischen Ostindienfahrer sichtete und am Morgen in der Dämmerung kühn vorstieß und angriff, jedoch leider eine Stunde später fiel. Das Kaperschiff, an Mast und Takelage schwer beschädigt, mit mehreren Treffern in der Wasserlinie und vielen Toten und Verwundeten, musste abdrehen, nachdem es dem Feind schwer zugesetzt hatte. Er war ein Mann von dieser Insel, geboren am 16. Mai des Jahres 1731 und zeigte sich stets als tapferer und emsiger Offizier, zu dessen Gedenken die Reeder des Kaperschiffs diese Gedächnistafel aus Dank für seine treuen Dienste gestiftet haben.«

Das 17. und 18. Jahrhundert waren geprägt von dem Konflikt zwischen Frankreich und Großbritannien um die Hegemonie in Europa und der Welt. Während für die Briten eine starke Kriegsflotte, die sowohl gegen feindliche Seestreitkräfte als auch – ebenso wie Kaperschiffe – im Handelskrieg eingesetzt wurde, notgedrungen das wichtigste Mittel zur Verteidigung war, blieb Frankreich im Denken einer Kontinentalmacht verhaftet. Die Franzosen betrachteten die Flotte als eine ihren Landstreitkräften gegenüber zweitrangige Waffe. Frankreich versuchte daher seine Kriege an Land und nicht auf See zu gewinnen und setzte vor allem auf den Handelskrieg, französisch »Guerre de Course«, in dem sowohl Kriegs- als auch Kaperschiffe Verwendung fanden.[9] Infolge der Expansion des europäischen Kolonialbesitzes und der Ausweitung der Handelswege operierten die Kaperschiffe nicht mehr allein in den europäischen Gewässern, sondern, von den europäischen Kolonien ausgehend, weltweit. Auch die Kolonialbehörden durften Kaperbriefe ausstellen, eine Befugnis, die manchmal von korrupten Amtsinhabern missbraucht wurde, um offenkundigen Piratenunternehmungen einen legalen Anstrich zu geben.[10]

In dieser Epoche war besonders der Status der Neutralen heiß umstritten. Die zahllosen Kriege zwischen England und Frankreich im Verlauf des 18. Jahrhunderts hatten vor allem den Seehandel neutraler Staaten wie Dänemark, Schweden, Russland und den Niederlanden gefördert. Während sich jedoch das Interesse der Briten vor allem darauf richtete, durch Handels- und Kaperkrieg die Zufuhr von kriegsnotwendigen Gütern an Frankreich zu unterbinden und daher die Rechte der Neutralen, etwa durch die Ausdehnung der Konterbandebestimmungen auf immer mehr Güter, zu beschränken suchte, unterstützte das von der neutralen Schifffahrt abhängige Frankreich diese bei ihren Forderungen nach dem Schutz ihrer Rechte. Der Konflikt um die Rechte der Neutralen eskalierte erstmals während des Amerikanischen Unabhängigkeitskriegs von 1776 bis 1783. Aufgrund der zahlreichen britischen Übergriffe gegen ihre Handelsschiffe schlossen sich die neutralen Seemächte 1780 zu einer sogenannten »Bewaffneten Neutralität« zusammen, um, notfalls auch mit Waffengewalt, ihre Interessen gegen die Briten durchzusetzen. Bis 1783 waren fast alle kleineren europäischen Handelsnationen diesem Bündnis beigetreten, wodurch Großbritannien zum Nachgeben gezwungen wurde.

Noch härter wurden die Auseinandersetzungen um die Rechte der neutralen Schifffahrt in den fast ein Vierteljahrhundert währenden Kämpfen zwischen England und Frankreich in Folge der Französischen Revolution geführt. In den Jahren zwischen 1793 und 1815 kämpften England und Frankreich in einem weltweiten Konflikt um die Vorherrschaft in Europa, wobei sich wie nie zuvor militärische und wirtschaftliche Faktoren vermischten. Wiederum war die französische Strategie vorwiegend kontinental geprägt, denn auch dem militärischen Genie Napoleon Bonaparte (1769–1821) fehlte das Verständnis für die Besonderheiten des Seekriegs. Daher wurde die alte Tradition des »Guerre de Course« für Frankreich erneut zur wichtigsten Waffe im Seekrieg gegen Großbritannien. Da die Briten ebenfalls wieder zu diesem Mittel griffen, waren die Auswirkungen für die Handelsschifffahrt verheerend. So schreibt der von der Insel Föhr stammende und unter dänischer Flagge fahrende Kapitän Jens Jacob Eschels (1757–1842) in seinen Memoiren über seine Fahrten während der

Revolutionskriege: »Vor den Kapern hatte ich viel mehr Furcht, wie vor Seegefahren.«[11]

Zwar war England in den ersten Jahren des Krieges bemüht, die Neutralen nicht völlig vor den Kopf zu stoßen, um sie nicht auf die Seite ihrer Feinde zu treiben. Doch mit Fortschreiten des Krieges und mit der immer verzweifelteren Lage in der sich England, gegen eine Welt von Feinden kämpfend, wiederfand, schränkten die Briten die Rechte der Neutralen immer rigoroser ein. Deshalb schlossen sich die nordeuropäischen Mächte Preußen, Dänemark und Schweden auf Initiative und unter der Führung des mit Napoleon sympathisierenden russischen Zaren Paul I. im Dezember 1800 erneut zu einer »Bewaffneten Neutralität« zusammen. Dies gefährdete den Zugang der Briten zum Ostseeraum und den für die Royal Navy dringend benötigten Schiffbaugütern. Ohne Flotte aber war England verloren. Daher war die Reaktion der Briten schnell und hart: Die Admiräle Sir Hyde Parker und Lord Nelson wurden im März in die Ostsee entsandt, um die widerspenstigen neutralen Mächte zur Räson zu bringen und den Zugang zur Ostsee zu sichern – notfalls mit Gewalt. Nach erfolglosen Verhandlungen folgte am 2. April 1801 die Schlacht von Kopenhagen, in der die dänische Flotte fast völlig vernichtet wur-

11 Jens Jacob Eschels, Lebensbeschreibung eines Alten Seemannes, von ihm selbst und zunächst für seine Familie geschrieben, Altona 1835, Nachdruck hg. von Albrecht Sauer, Hamburg 1995, S. 280.

Dieses Gemälde des englischen Marinemalers Francis Holman aus dem Jahre 1778 zeigt eine britische Kriegsbrigg mit vier von ihr aufgebrachten Prisen. Obwohl hier ein Ereignis aus dem amerikanischen Unabhängigkeitskrieg abgebildet ist, könnte diese Szene ebenso gut aus den napoleonischen Kriegen stammen. Wie die Fregatten waren auch Briggs wegen ihrer Schnelligkeit und der für ihre Größe relativ schweren Bewaffnung ideale Schiffe für den »Guerre de Course« und die Bekämpfung feindlicher Kaperschiffe.
(Original im National Maritime Museum, Greenwich)

Anonymes Porträt des von der Insel Föhr stammenden Kapitäns Jens Jacob Eschels (1757–1842). Trotz einer erfolgreichen Karriere als Kapitän in der internationalen Fahrt zog Eschels sich 1798 aufgrund der Kaperei von der Seefahrt zurück.
(Bild im Privatbesitz Horn)

12 Ole Feldbæk, Denmark and the Armed Neutrality 1800–1801, Small Power Policy in a World War, Kopenhagen 1980, S. 202-209.

13 Ole Feldbæk, Storhandelens tid, Dansk Søfarts Historie, Bd. 3, 1720–1814, Kopenhagen 1997, S. 201-206 und Kay Larsen, Dansk Kapervæsen 1807–14, Kopenhagen 1972.

14 Kennedy (wie Anm. 9), S. 161-172; ders., Aufstieg und Fall der großen Mächte – ökonomischer Wandel und militärischer Konflikt von 1500–2000, Frankfurt a.M. 1991, S. 208-212 und Anthony Nicolas Ryan, Trade between Enemies, Maritime Resistance to the Continental System in the Northern Seas (1808–1812), in: The North Sea, A Highway of Economic and Cultural Exchange, hg. von Arne Bang-Andersen, Basil Greenhill und Egil Harald Grude, Stavanger 1985, S. 181-194; Feldbæk (wie Anm. 13), S. 206-211.

de. Kurz darauf erreichte die Nachricht von der Ermordung Zar Pauls die Dänen und Briten in Kopenhagen: Mit ihrem Initiator war auch die zweite »Bewaffnete Neutralität« gestorben.[12]

Trotz dieses Erfolgs zeigte sich beim erneuten Ausbruch des Krieges zwischen England und Frankreich nach dem kurzen Zwischenspiel des Friedens von Amiens 1803, dass sich Großbritannien auch nach dem Seesieg in der Schlacht von Trafalgar am 21. Oktober 1805, in der die Royal Navy um den Preis von Nelsons Tod die unangefochtene Seeherrschaft erlangt hatte, in einer überaus schwierigen Lage befand: Um seinen Erzrivalen wirtschaftlich in die Knie zu zwingen, verhängte Napoleon, seit der Niederlage Preußens und dem Friedensschluss mit Russland der fast unumschränkte Herrscher des europäischen Kontinents, am 21. November 1806 in Berlin die sogenannte Kontinentalsperre. Diese verbot die Einfuhr englischer Waren auf den europäischen Kontinent und sah daher die hermetische Abschottung der europäischen Küsten vor, wobei auch Druck auf die kleineren neutralen Staaten Nordeuropas ausgeübt wurde. Erneut drohte eine Schließung der Ostseezugänge für die Briten und damit die Unterbrechung der Versorgung der Royal Navy. Dies konnte die britische Regierung unter keinen Umständen zulassen und sie begann daher, Druck auf Dänemark auszuüben und entsandte erneut ein Geschwader in die Ostsee. Nachdem der dänische Regierungschef Bernstorff ein englisches Ultimatum entrüstet zurückgewiesen hatte, begannen die Briten am 2. September 1807 die Stadt zu beschießen. Die Dänen verteidigten todesmutig ihre brennende Stadt fünf lange Tage, bevor die Kapitulation unvermeidbar wurde.

Bei den Dänen hinterließ dieser »Raub der dänischen Flotte« für viele Jahre einen tiefen und bitteren Hass auf die Briten und trieb sie endgültig als treue Bundesgenossen auf die Seite Frankreichs. Obwohl die Dänen mit ihren wenigen verbliebenen Kriegsschiffen, ebenso wie mit einer rasch erbauten Flotte von Ruderkanonenbooten und unzähligen privaten Kaperschiffen aktiv in den Seekrieg gegen England eingriffen, blieb der britische Zugang zur Ostsee dennoch den ganzen Krieg hindurch gewahrt.[13] Trotzdem wuchs in den folgenden Jahren der wirtschaftliche Druck auf die Briten: In den zum Bersten gefüllten Londoner Warenhäusern stapelten sich die Exportgüter, die Arbeitslosigkeit stieg, und der Ausbruch sozialer Unruhen schien nur noch eine Frage der Zeit. Eine gewisse Abhilfe brachte der Schleichhandel mit kleineren Häfen auf dem Kontinent, wie z.B. Tönning im Herzogtum Schleswig. Zugleich wurden von beiden Seiten in Form der sogenannten Lizenzen Sondergenehmigungen zum Handel mit dem Feind an feindliche und neutrale Handelsschiffe erteilt. So wurde durch die englischen Lizenzen diesen Schiffen das Anlaufen britischer Häfen und der Export englischer Waren gestattet, während Frankreich Lizenzen zur Einfuhr dringend benötigter Nachschubgüter ausgab. Doch erst der Aufstand der Spanier gegen die französische Besatzung seit 1808 und der Überfall Napoleons auf Russland im Jahr 1812 brachen die Kontinentalsperre endgültig auf und bewahrten letztlich Englands Wirtschaft vor dem Kollaps. Doch nicht nur die Kontinentalsperre hatte den britischen Handel schwer geschädigt. Obwohl die französische Flotte seit Trafalgar kaum noch aktiv war, blieb die britische Handelsschifffahrt durch den französischen »Guerre de Course« einem stetigen Aderlass ausgesetzt. Schätzungen besagen, dass zwischen 1793 und 1815 insgesamt etwa 11.000 Schiffe, etwa 2,5% der Gesamttonnage Englands, aufgebracht wurden, eine bis heute unübertroffene Verlustquote.[14]

Der letzte große französische Kaperkapitän war der 1773 in St. Malo geborene Robert Surcouf. Mit 13 Jahren war er zur See gegangen und hatte sein Handwerk vor allem im Sklavenhandel zwischen Afrika und Mauritius gelernt. Bereits mit 17 zum Offizier befördert, wurde Surcouf 1794, mit 21 Jahren, Kapitän auf dem Sklavenschiff »Creole«. Zwar verbot der französische Konvent nach der Revolution den Sklavenhandel, Surcouf jedoch betrieb sein schmutziges Geschäft weiter, bis er wohlhabend genug war, um sich in der Kaperei ein neues lukratives Betätigungsfeld zu suchen. Weil sein Sklavenschiff für sein neues Geschäft ungeeignet war, erwarb Sourcouf daher die 180 t große »Emilie«, um Jagd auf englische Handelsschiffe im Indischen Ozean zu machen – allerdings ohne Kaperbrief! Da Surcouf sich mit den Behörden auf Mauritius überworfen hatte, war ihm dieser verweigert worden. Offiziell war ihm lediglich die Bewaffnung seines Schiffes zu Verteidigungszwecken gestattet, so dass Surcouf vom rechtlichen Standpunkt gesehen ein gewöhnlicher Pirat war und deshalb im Fall einer Gefangennahme im Schatten des Galgens stand. Dies hielt ihn jedoch nicht davon ab, in der Bucht von Bengalen in einer Reihe von kühnen Attacken mehrere englische Handelsschiffe aufzubringen, darunter den mit 26 Kanonen bewaffneten Ostindienfahrer »Triton«, den er mit nur 19 Mann im Handstreich nahm. Nach seiner Rückkehr nach Mauritius wurden seine Prisen wegen seiner mangelnden Legitimation vom Gouverneur der Insel konfisziert, er konnte jedoch später in Frankreich deren Herausgabe vor Gericht erklagen. Zwischen 1798 und 1800 setzte er, jetzt im Besitz eines offiziellen Kaperbriefs, seinen erfolgreichen Kaperzug an Bord der Schiffe »Clarisse« und »Confiance« fort, der seinen Höhepunkt in der Aufbrin-

Ein englischer Handelsschiffs-
konvoi aus dem Jahre 1802.
Das Konvoisystem war eine der
wichtigsten Waffen der Briten im
Kampf gegen die französischen
Kaperschiffe während der
Napoleonischen Kriege. Das vom
Maler Thomas Luny dargestellte
Schiffsgewimmel gibt einen
Eindruck von den Problemen, die
mit dem Zusammenführen und
Koordinieren von bis zu 500 allein
vom Wind abhängigen Handels-
schiffen verbunden waren.
(Original im National Maritime
Museum, Greenwich)

gung des 1200 t großen Indienfahrers »Kent«
fand. Nach dem Wiederausbruch des Krieges mit England 1803 wurde ihm von Napoleon der Rang eines Kapitäns zur See in
der französischen Marine angeboten. Surcouf lehnte jedoch dankend ab, er zog die
Unabhängigkeit eines Kaperkapitäns vor.
Von St. Malo aus rüstete er zahlreiche Kaperschiffe aus, bevor er sich 1807 auf der
eigens für ihn erbauten »Revenant« erneut
auf eine Kreuzfahrt in den Indischen Ozean aufmachte. Nach seiner Rückkehr nach
Frankreich wurde Surcouf von Napoleon geadelt und wechselte in das Kaperreederei-
geschäft. 1827 starb er nach einer beispiel-
losen Karriere, die ihn vom einfachen
Schiffsjungen zum berühmtesten Kaperkapitän seiner Zeit geführt hatte.[15]
Doch nicht allein durch die gekaperten Schiffe und die gefangenen Besatzungen, sondern
auch durch die indirekten Auswirkungen, z.B.

den Anstieg von Versicherungsprämien und
Frachtraten, wurde die britische Wirtschaft
erheblich in Mitleidenschaft gezogen. Daher
griffen die Briten zu einer Strategie, die in
beiden Weltkriegen den Alliierten zum Sieg
über die deutschen U-Boote verhalf, dem
Schiffskonvoi. Konvois von bis zu 500 Handelsschiffen waren keine Seltenheit. Zwar
gelang es den Briten während der gesamten
Kriegsdauer nie, die Kaperei vollständig einzudämmen, doch zusammen mit der ständigen Überwachung der wichtigsten Handelsrouten und der Eroberung der französischen
Kaperstützpunkte in Übersee durch die Royal
Navy sorgte das Konvoiwesen dafür, dass die
Aktivität der französischen Kaperschiffe
mehr und mehr eingeschränkt wurde. Wie
bereits in den vorigen Kriegen hatte sich gezeigt, dass der französische »Guerre de Course«
trotz z.T. spektakulärer Erfolge allein, ohne
den Rückhalt einer starken Kriegsflotte, nicht

gegen die erdrückende Übermacht der Royal Navy bestehen konnte.[16] Allerdings brachte der Ausbruch des englisch-amerikanischen Krieges von 1812 nochmals eine kurze Blüte der Kaperei. Hunderte von Kaperschiffen machten mit großem Erfolg Jagd auf die britische Handelsschifffahrt. Doch trotz einiger spektakulärer Erfolge der US-Navy gegen die englische Marine in Einzelschiffgefechten hatten die Amerikaner der übermächtigen Royal Navy auf Dauer nicht viel entgegenzusetzen und so schlossen Großbritannien und die USA 1814 einen Kompromissfrieden.[17]

In Europa endete der Krieg 1815 mit der Niederlage Frankreichs, während Großbritannien, die führende Weltwirtschaftsmacht des beginnenden 19. Jahrhunderts, für einhundert Jahre die unangefochtene Herrschaft über die Weltmeere erlangte. Doch die Verheerungen, die die Kaperei in diesem fast ein Vierteljahrhundert während Ringen zwischen Großbritannien und Frankreich um die Vorherrschaft in Europa angerichtet hatte, blieben nicht ohne Wirkung. Im Jahre 1856 unternahmen die großen Seemächte mit der Deklaration von Paris den Versuch, das Unwesen der privaten Kaperschiffe einzuschränken und das Kaperrecht allein auf Kriegsschiffe zu beschränken. Da aber die Vereinigten Staaten von Amerika diesen völkerrechtlichen Vertrag nicht unterzeichnet hatten, schwärmten während des Amerikanischen Bürgerkriegs von 1861 bis 1865 noch einmal die Kaperschiffe der Konföderierten aus und brachten den Seehandel der USA fast völlig zum Erliegen, ein Aderlass, von dem sich die amerikanische Handelsflotte nur langsam, über Jahrzehnte hinweg, erholte.[18] Erst die Haager Konvention von 1907 konnte mit dem völkerrechtlichen Verbot der Privatkaperei das endgültige Ende dieser alten Form des Wirtschaftskrieges durchsetzen.

15 »Sourcouf«, The Oxford Companion to Ships and the Sea, hg. von Peter Kemp, Oxford 1976, S. 848 und Rayner Thrower, The Pirate Picture, New York 1980, S. 159ff.
16 Kennedy (wie Anm. 9), S. 161-172 und ders. (wie Anm. 14), S. 208-212.
17 Michael Lewis, The History of the British Navy, Harmondsworth 1957, S. 209f. und Willi Paul Adams, Revolution und Nationalstaatsgründung 1763–1815, Die Vereinigten Staaten von Amerika, hg. von Willi Paul Adams, Fischer Weltgeschichte, Bd. 30, Frankfurt a.M. 1977, S. 65ff.
18 Stephen Howarth, To Shining Sea, A History of the United States Navy 1775–1991, London 1991, S. 206-208; James M. McPherson, Für die Freiheit sterben, Die Geschichte des Amerikanischen Bürgerkrieges, München 1992, S. 303ff.

Die Eroberung des britischen Indienfahrers »Kent« durch den letzten großen französischen Kaperfahrer Robert Surcouf. Das Gemälde zeigt den Moment des Enterns, als einige Franzosen von der Takelage des französischen Kapers, der »Confiance«, Granaten auf das dichtbemannte Deck der »Kent« werfen und durch das so angerichtete Blutbad unter den britischen Seeleuten den Kampf für sich entschieden.
(© Rare Books Division, The New York Public Library, Astor, Lenox and Tilden Foundations)

Heide Menge
Piratenbräute
und andere Weibsbilder

Attraktiv und begehrenswert, verwegen und stolz, in ledernen Stiefeln und engen Kniehosen, einen blitzenden Dolch zwischen den strahlend weißen Zähnen stürmen sie karibische Hafenstädte und feindliche Schiffe – angstvolle Bewunderung in den Augen ihrer Männer. Sie sind die *Piratenbraut* und die *Piratenkönigin*. Sie leben im Film und in Romanen.

Gab es sie überhaupt oder sind sie nur pittoreske Gestalten, geboren aus unseren Sehnsüchten und Phantasien?

In dem neuesten Streifen »Piratenbraut« spielt Geena Davis die Titelrolle. Sie ist die schöne, steckbrieflich gesuchte, doch warmherzige und von den besseren Teilen der Mannschaft geliebte Piratentochter Morgan Adams'. Piraterie und Abenteuer liegen ihr im Blut. Auf der Jagd nach dem Familienschatz in tropischer Idylle wird sie gnadenlos bekämpft von ihrem Erzfeind, dem unangenehmsten Mitglied der Familie, ihrem Onkel Doug, und dessen korrupten Verbündeten vom Militär. Nur leicht blessiert und ansprechend zerzaust übersteht sie waghalsige Kletterpartien, seilt sich in unergründliche Schluchten hinab und taucht delphingleich in die blaue Tiefe des Meeres. Keiner kommt ihr gleich an Willenskraft, Ausdauer und sportlichem Geschick. Doch Witz und die Gabe zum Wortgeplänkel sind die Tugenden der 90er Jahre, und so erweist sich doch noch einer in ihren Augen und denen der Zuschauer als ebenbürtig, der sympathische Aufschneider Shaw, Abenteurer, Gesetzesbrecher und vogelfrei wie sie. Mit dem verheißungsvollen Ausblick auf ein immer währendes, gemeinsames, freies Piratenleben endet der Film.

Temporeich in Szene gesetzt will die »Piratenbraut« als reiner Actionfilm unterhalten und greift in die bewährte Kiste vom Piratenleben in Freiheit und Abenteuer. Bunte Gestalten wimmeln über nostalgische Schiffsdecks und liefern sich blutige Gefechte und rasante Ver-

folgungsjagden in traumhafter Kulisse. Die Piraten schlagen dem Gesetz nur ein Schnippchen, sie sind doch die Guten mit den wahren Werten und brechen stellvertretend für uns aus dem engen Alltag aus, geben unserem langweiligen Leben Würze und Spannung.

Neu ist nur die Rolle der Protagonistin. Anders als in den Hollywoodfilmen vergangener Jahrzehnte, muss die Piratin von heute am Schluss nicht mehr den verdienten Leinwandtod sterben, weil sie aus ihrer tradierten Rolle ausgebrochen, dominant und bedrohlich in ein den Männern vorbehaltenes Territorium eingedrungen ist. Solches Klischee trägt den Mief der 50er Jahre. Wir sind in den 90ern! Die Grenze zwischen den Geschlechtern wird nicht mehr so streng gezogen. Heutzutage nimmt sich die selbstbewusste Piratin, was sie will, greift sich die Männer, wie sie will und wird nicht dafür bestraft.

Ernst zu nehmen als Symbol der Gleichberechtigung ist dieses Bild jedoch nicht. Auf ihre Weise beflügelt die Piratenbraut noch immer die Phantasien. Sie ist nur dem gegenwärtigen Frauenbild angepasst – weder Weibchen noch viriles Monstrum, auch keine Gefahr. Sie ist die Traumfrau, der mit etwas Glück jeder über den Weg laufen kann, gar nicht unnahbar, Partnerin, aktiv, mit eigenen sexuellen Wünschen, durchaus einmal führend, aber doch fürsorglich, lieb und vor allen Dingen liebend.

Die Piratenbraut als Phantasieprodukt ist keine Erfindung neuerer Zeit. Sie steht nur am Ende einer jahrhundertealten Tradition der Mythosbildung um außergewöhnliche Erscheinungen, die wenigen in der langen Piratengeschichte bekannt gewordenen Frauen, die es wagten, die ihnen zugedachten Kleider abzustreifen und neue anzuziehen. Eine solche Verletzung der Geschlechtergrenzen war erklärungsbedürftig. Das Bild

Ausschnitt aus dem Filmplakat »Die Piratenbraut«.

Bild linke Seite: Anne Bonny in einer Buchillustration von 1735.

musste wieder übermalt werden, sei es als Ikone zur Verehrung oder als Objekt zur Verteufelung.

Der Gedanke an Frauen in einer bisher exklusiv männlich betrachteten Domäne entbehrte auch nicht der Pikanterie, er konnte wachsen. Stets fiel die Saat auf reichen Nährboden in der sexuellen Imagination. Im 17. und 18. Jahrhundert erregte das Thema »Travestie« die Gemüter. Fiktive Autobiographien, in denen Frauen ihr Leben unter Männern in Verkleidung schilderten, schossen wie Pilze aus dem Boden.

Das Interesse erwachte nicht von ungefähr. In ihrer erst 1990 erschienenen Studie »Frauen in Männerkleidern« decken die Niederländer Rudolf Dekker und Lotte van de Pol auf der Grundlage von Gerichtsakten 120 Fälle auf, in denen Frauen gerade in dieser Zeit als Männer verkleidet lebten. Einige Frauen wurden erst nach ihrem Tod entlarvt. Dekker und van de Pol weisen nach, dass es sich dabei nicht um abstruse Einzelfälle handelte, sondern um eine europaweit praktizierte Tradition, die dazu diente, schwierigen Lebenssituationen zu entkommen. Viele der Frauen kamen aus England oder Deutschland in die damals wirtschaftlich aufblühenden Niederlande. Der überwiegende Teil diente in der Armee und fuhr zur See.

Von dort zur Piraterie war es nur ein kleiner Schritt – im Roman.

Anne Bonny und Mary Read

Und wie ein Roman lesen sich die Lebensgeschichten der beiden berühmtesten Piratinnen aus jener Zeit des hohen Piratentums, Anne Bonny und Mary Read. Unzählige Geschichten ranken sich seitdem um ihr Leben. Seit fast 300 Jahren bis heute wird das Repertoire mit Liedern, Bühnenstücken und Filmen ständig erweitert und im jeweiligen Zeitgeschmack klischiert. Der Leser und Betrachter schwankt zwischen Abscheu und Fas-

zination. Genügend Stoff dazu ist in dem ersten Bericht über sie angelegt. Captain Charles Johnson, dessen Name ein Pseudonym für den Gerichtsreporter und Autoren des »Robinson Crusoe«, Daniel Defoe, sein soll, schrieb ihn 1724 als erster nieder. Obwohl schon Zeitgenossen seine Darstellung anzweifelten, so dass er sich im Vorwort zur zweiten Auflage seines Buches genötigt fühlte, ihren Wahrheitsgehalt zu beteuern, gelangte sein Buch dank seiner Kenntnisse der Piraterie schnell in den Status eines authentischen Berichts und somit werden bis heute seine Version der Lebensgeschichten von Anne Bonny und Mary Read als Fakten weitererzählt. Nachprüfbare Belege sind die Gerichtsakten ihres Prozesses.

Anne Bonny und Mary Read segelten in der Karibik in der Mannschaft John Rackams. Gemeinsam mit ihm und dem Rest seiner Leute wurden sie Anfang November 1720 von Kapitän Barnett gefangen genommen und in St. Jago de la Vega, Jamaika, vor Gericht gestellt. Da sie Frauen waren, bekamen sie am 28.11.1720 ein Sonderverfahren. Die Anklage lautete auf Schwerverbrechen, Piraterie und Raub auf hoher See in vier Fällen. Beide Frauen erklärten sich nicht schuldig. Ihre Anwesenheit auf dem Schiff sowie die Teilnahme an den Überfällen wurde von mehreren Zeugen bestätigt. Die Beweisaufnahme ging in Einzelheiten bezüglich der Beute.

Ihnen wurde kein Mord zur Last gelegt, aber die Seeleute der geenterten Schiffe sagten aus, dass sie bei den Überfällen um ihr Leben fürchteten. Mehrere Zeugen beurteilten beide Frauen als sehr verworfen, da sie fluchten und lästerten. Übereinstimmung herrschte auch in dem Eindruck, sie seien nicht aus Zwang, sondern freiwillig an Bord gewesen, darüber hinaus »sehr aktiv und bereit, alles zu tun«.[1] Die Aussage der Zeugin Dorothy Thomas implizierte sogar eine übergeordnete

1 Trial transcript, PRO CO 137/14/XC18757, in: Wheelwright, Julie: »Tars, tarts and swashbucklers«, aus Stanley, Jo, Hg.
2 Ebenda.
3 Ebenda.
4 Vgl. Wheelwright, Julie, s.o.

Stellung, denn bei dem Überfall auf ihr Kanu hätten sie die Männer angewiesen, die Zeugin zu töten, falls sie Widerstand leisten sollte. Zeugen aus Rackams Mannschaft erklärten, die beiden Frauen hätten an Bord mal Frauen-, mal Männerkleidung getragen. Auch bei dem Überfall auf das Kanu von Dorothy Thomas waren sie trotz Hosen für die Zeugin an »ihren großen Brüsten«[2] als Frauen erkennbar.

Im Anschluss an die Zeugenaussagen verzichteten Anne Bonny und Mary Read auf ein Kreuzverhör. »Sie verteidigten sich nicht und stellten keine Fragen.«[3] Gerichtsvorsitzender Sir Nicholas Laws und seine Beisitzer sprachen sie im Sinne der Anklage schuldig. Wieder schwiegen sie. Das Gericht verurteilte sie zum Tode. Danach führten beide ihre Schwangerschaft an. Eine medizinische Untersuchung wurde anberaumt.[4]

Beide Frauen schwiegen zu jedem Punkt der Beweisführung. Sie konnten oder sie wollten nichts dazu sagen. Erst nach dem Todesurteil zogen sie ihre Trumpfkarte aus dem Ärmel: ihre Schwangerschaften.

Weiteres ist den Prozessakten nicht zu entnehmen. Es gibt weder einen Vermerk über das Ergebnis der Untersuchungen noch darüber, was weiter mit ihnen geschah. Laut Johnson starb Mary Read noch im Gefängnis, Anne Bonny verschwand spurlos daraus. Johnson fügte seinem Report ausführliche Lebensläufe beider Frauen hinzu und transformierte sie von einfachen Kriminellen zu den legendären Gestalten, die sie bis heute geblieben sind.

Nimmt man die Lebensläufe als Fakten – andere sind nicht bekannt – und lässt man die poetische Ausmalung ihrer Charaktere sowie die intimen Kenntnisse über ihr Liebesleben und das ihrer Eltern beiseite, wirken sie noch abenteuerlich genug.

Anne Bonny wurde als uneheliche Tochter eines irischen Anwalts und einer Dienstmagd in Irland in der Nähe von Cork geboren. Später übersiedelten dennoch beide Eltern mit dem Kind gemeinsam nach Carolina. Der Vater sattelte um auf den Beruf eines Kaufmanns und kam als solcher zu Wohlstand. Ihre Mutter verstarb früh und Anne

Mary Read als gefährliche und erotische Piratin in einer Illustration von 1735.

führte ihrem Vater den Haushalt. Das brave Leben gefiel ihr nicht. Sie brannte mit einem Seemann durch und folgte ihm nach Providence. In diesem Piratennest lernte sie John Rackam kennen. Sie verliess den Seemann und begleitete fortan Calico Jack bei seinen Plündereien, angetan mit Männerkleidern. Mit Rackam hatte sie auch ein Kind, das sie aber auf Kuba zurückließen.

Mary Read wurde, ebenfalls unehelich, in armen Verhältnissen in England geboren. In der Verkleidung eines Jungen diente sie bereits mit 13 Jahren als Lakai, trat später in die Armee ein und wurde Kadett in einem Infanterieregiment in Flandern. Sie verliebte sich in einen Kameraden und heiratete ihn. Beide ließen das Soldatenleben sein und eröffneten ein Gasthaus im holländischen Breda, das »Three Horse Shoes«. Doch schon bald starb ihr Ehemann. Da das Gasthaus auch noch schlecht lief, zog sie wieder Männerkleider an und ließ sich erneut für die Armee anwerben. Sie wechselte zur Seefahrt und heuerte auf einem holländischem Schiff nach Westindien an. Als das Schiff von Piraten überfallen wurde, blieb sie bei ihnen.

In Johnsons von kleinen Geschichten untermauerter Charakterisierung ist Anne Bonny die ungestüme Draufgängerin mit einem Hang zur Gewalt schon in frühen Jahren. Mary Read ist weiblicher. Ihre Motive sind ehrbar, sogar Mitleid erregend. Der Verfasser zeichnet das Bild einer typischen travestierenden Frau der damaligen Zeit. Er lässt alle Beweggründe anklingen, die nach Dekkers und van de Pols Studie die vor Gericht gestellten Frauen je äußerten, wenn auch manche in versteckter Form: ökonomische, emotionale und patriotische. Die Beeinflussung durch andere, die viele Frauen angaben, erfolgt hier durch Marys Mutter, die als erste auf die Idee kam, das Kind in Jungenkleider zu stecken. Es fehlt auch nicht die Anspielung auf lesbische Beziehungen.

Man ist versucht, zu spekulieren: Marys Vorgeschichte spielt im holländischen Breda, einem Ort, in dem eine weibliche Soldatin zu Marys Zeit berühmt war. Sie hatte bestimmt davon gehört. Oder vielleicht nur der Verfasser? Journalistischen Spürsinn besaß er ja.

Beim Vergleich mit den Gerichtsakten und Johnsons Lebensgeschichten lassen sich für Mary Read einige Widersprüche erkennen: Nach den Zeugenaussagen wurden beide

Der Schrecken steht ihm ins Gesicht geschrieben: Er hat den Kampf gegen eine Frau verloren.

Frauen von niemandem für Männer gehalten, weder von der Mannschaft noch von anderen Zeugen. Sie waren also nicht verkleidet, wie Johnson behauptet.

Die häufig zitierte Schilderung, wie Mary Read unter Deck feuerte, um die Leute heraufzuholen und zum Kampf anzutreiben, müsste vermerkt sein, da sie laut Johnson diesem Beweis heftig widerspricht. In der Akte steht von beidem nichts. Im Gegenteil, dort steht, sie sagten nichts.

Auch wehrt sich Mary nicht mit dem Hinweis, sie hätte mit ihrem Geliebten dem Piratentum entsagen wollen. In den Akten ist von einem Ehemann oder Geliebten keine Rede. Sie sagte, sie sei schwanger. Von wem, verriet sie nicht.

Den Wahrheitsgehalt aus Johnsons romanhafter Reportage herauszufiltern, Fiktion von Fakt zu trennen oder ihn ganz zu widerlegen, ist heute nicht mehr möglich. Es hat sie gegeben, die travestierenden Frauen – aber hier wurde zugleich ein Mythos geboren, der Mythos von den berühmten Piratinnen Anne Bonny und Mary Read.

Grace O'Malley

Eine andere Form der Legendenbildung widerfuhr der irischen Piratin Grace O'Malley. In ihrem Heimatland zur Kultfigur erhoben, wird sie als glühende Patriotin und irische Freiheitsheldin bedichtet und besungen. Doch auch diese Verklärung lässt einen Aspekt des Themas durchschimmern: Wie schneidere ich dieser unbequemen Frau ein Kostüm, damit ich ihr Bild in meinen Rahmen hängen kann?

Patriotismus als mildernder Umstand klingt bei Mary Read an. Viele Balladen zu Grace O'Malley sind erst zu Reads Zeiten entstanden. Wie Dekker und van de Pol anführen, konnten sich für ihr Vaterland kämpfende Frauen durchaus die Bewunderung ihrer Zeitgenossen erwerben. Die politische Situation Irlands musste den Effekt in den nachfolgenden Jahrhunderten noch verstärken.

Aber die Piratin Grace O'Malley war keine Patriotin. Sie war eine kühl rechnende Geschäftsfrau und paktierte mit beiden Seiten, den verhassten Engländern und den irischen Stämmen, wann immer es ihr ratsam und nützlich erschien. Das könnte auch erklären, warum diese berühmte Frau keinen Eingang in irische Geschichtsbücher fand. In englischen Annalen und Briefen der Statthalter an die Königin ist ihr Leben jedoch außergewöhnlich gut dokumentiert. »Da kam zu mir diese hochgerühmte Kapitänin und bot mir ihre Schiffe an«,[5] berichtet Sir Henry Sidney, Offizial der englischen Königin.

Grace O'Malley oder Granuaile lebte zeitgleich mit Sir Francis Drake und Elisabeth I. von England. Um 1530 wurde sie als Tochter eines irischen Clanchefs auf Clare Island im Westen Irlands geboren.

Das Irland der damaligen Zeit bestand aus unabhängigen Clans, die ständig im Krieg miteinander lagen. Der Clanchef war Eigner des Landes auf Lebenszeit. Die Aufgabe des Clanchefs war es, das Überleben der Gemeinschaft zu sichern. Sein Nachfolger wurde noch zu seinen Lebzeiten gewählt. Frauen waren von der Erbfolge ausgeschlossen.

Die englische Kolonialpolitik sah vor, die irischen Stämme einzeln für sich zu gewinnen und auf möglichst friedlichem Wege englische Bräuche und Gesetzgebung einzuführen. Dazu gehörte die Übernahme des englischen Erbrechts, in direkter Linie nach der Erstgeburt.

Mit 15 heiratete Grace den Anführer des Nachbar-Clans, Donal O'Flaherty. Donal verschleuderte die Ressourcen seines Clans durch zahlreiche Schlachten. So übernahm Grace die Lebenssicherung des Clans. Ihr Erfolg sicherte ihr – ungewöhnlich auch für eine irische Frau der Zeit und von den anderen Clanchefs nie akzeptiert – eine eigene

5 Chambers, Anne: The Pirate Queen of Ireland: Grace O'Malley«, in: Stanley, Jo, Hg. Bold in her breeches, London 1995, S. 102.

105

6 State Papers, Ireland 63/158, Nr. 37 in: Chambers, Anne, s.o.

7 State Papers, Ireland 63/19 Nr.36 in Chambers, Anne, s.o.

8 State Papers Elizabeth I., Public Record Office London, in: Chambers, Anne, s.o.

9 Neumann, Karl Friedrich, übers.: »The History of the Pirates Who Infested the China Sea from 1807 to 1810«, geschrieben von Yuan Yun-lun, Chiang hai-fen chi, London 1831, in: Murray, Dian H.: »Cheng I Sao in fact and fiction«, aus Stanley, Jo, s.o.

10 Gollomb, Joseph: »Pirates Old and New«, New York 1928, in Murray, Dian H., s.o.

Anhängerschaft. Da sie nach gälischem Recht nicht Donals Nachfolge antreten konnte, kehrte sie nach Clare Island zurück, allerdings mit einer stattlichen Anzahl von Gefolgsleuten, und führte dort gleichfalls die Familiengeschäfte.

Die O'Malleys wie die O'Flahertys lebten von der See. Sie trieben Handel bis nach Spanien und Schottland. Einen großen Teil ihres Lebenseinkommens aber bezogen sie seit alters her durch Plündern von Schiffen und Küstenorten von Kerry bis Donegal. Grace dehnte die Raubzüge so erfolgreich aus, dass ihre Gefolgschaft weiter wuchs.

Sie plünderte alle Schiffe aus, die sich in den Westen wagten, gleich welcher Nationalität. Besonders betroffen von ihren Aktivitäten aber war die unter englischer Hoheit stehende Stadt Galway. So zog sie sich den Zorn der englischen Verwaltung zu, denn kaum ein englisches Schiff erreichte noch unbeschädigt seinen Zielort. Hatten die ersten Administratoren noch mit Erstaunen und Bewunderung von ihr berichtet, verschärfte sich der Ton unter dem neuen Statthalter Sir Richard Bingham zusehends.

Aus Furcht, der Erbfeind Spanien könne Irland als Einfallstor auf ihr Reich nutzen, trieb Elisabeth von England nun die Kolonisierung Irlands mit mehr Druck voran. Aufstände irischer Stammesfürsten, die noch keine Allianz mit den Engländern geschlossen hatten, waren die Folge. Hass klingt aus Binghams Briefen, sie spiegeln eine Reaktion der Zeitgenossen. Er wollte dieser unweiblichen Frau und »Anführerin der Räuber und Mörder zur See«[6] das Handwerk legen. Er betrachtete Grace und ihre uneinnehmbare Festung als die Brutstätte der Aufstände, denn es waren die Schiffe Grace O'Malleys, die den Rebellen zur Verstärkung ihrer Streitkräfte Söldner aus Schottland holten – gegen Bezahlung. »She has been nurse to all rebellions for forty years«[7] schrieb er nach England.

An Land und auf See ging er massiv gegen sie vor. Schließlich wandte sie sich mit einer Petition an die englische Königin und bat um Protektion. Der schriftlichen Bitte folgte ein persönlicher Besuch bei Hofe. In dem Gesuch rechtfertigte sie ihre Seeattacken als die einzige Möglichkeit, den Lebensunterhalt für ihre Leute zu sichern. Als Gegenleistung für Elisabeths Entgegenkommen bot sie an, »ihr Leben lang mit Schwert und Feuer«[8] alle Feinde Englands zu bekämpfen.

Trotz eindringlicher Warnungen Binghams wurde ihr Schutz gewährt und ihrer Bitte in allen Punkten entsprochen. Ihr Sohn Tibbot wurde freigelassen und beide Söhne nach englischem Recht als Clanführer etabliert. Sie selbst erhielt die königliche Genehmigung, ihre Raubzüge fortzusetzen, allerdings unter englischer Flagge.

Cheng I Sao

Exotische Bilder umschweben einen dritten Piratinnen-Mythos. Schauplatz der Phantasie ist der Ferne Osten.

In China gehen die Berichte über eine küstennahe, überlebenssichernde Piraterie bis auf 4000 Jahre v.Chr. zurück. Speziell in Südchina war die Umgebung maritim, die Flüsse waren natürliche Straßen. Man lebte auf Dschunken. Die maritime Welt war kein rein männlicher Bereich wie bei uns. Frauen auf Piratenschiffen sind hier nicht so eine ungewöhnliche Erscheinung wie im Westen. Die bekannteste chinesische Piratin war Cheng I Sao. Über ihr Leben sind einige Fakten bekannt.

1801 heiratete die kantonesische Prostituierte den Piratenführer Cheng I, dessen Familie schon seit dem 17. Jahrhundert ihren Lebensunterhalt aus der Piraterie bestritt. Unter beider Führung vereinigten sich die zahlreichen, untereinander zerstrittenen Piratenbanden zu einer straff organisierten Konföderation von mehreren Flotten mit einer geregelten Infrastruktur.

Nach Cheng I's Tod 1807 unterstellte Cheng I Sao die Mannschaft Chang Pao, Cheng I's Adoptivsohn. Doch ihre Position als eigentliche Kommandantin sollte unangefochten bleiben. Chang Pao gehörte bereits zur Familie Cheng. Zur Absicherung heiratete sie ihn kurz darauf. Seitdem wurde die »Division Cheng I die Division Cheng I Sao oder die Frau von Sao genannt«.[9] Unter ihrer Führung wurde ein Gesetzeskodex mit strengen Sanktionen für die Piraten erlassen.

Das Bündnis selbst nahm den Charakter eines Wirtschaftsunternehmens an und wurde zu einem blühenden Geschäft. Sein Finanznetz umfasste Geleitdokumente für Küstenfischer, Schutzkonvois für die Salzflotten nach Kanton und die Errichtung von Mautstationen für Handelsschiffe entlang der Küsten.

Dem immer mächtiger werdenden Piratenbund standen die Marinestreitkräfte der Regierung hilflos gegenüber. Nun änderte sich die Strategie in eine Amnestie. Die Regierung wollte mit den Piraten verhandeln. Es war Cheng Sao, die auf Seiten der Piraten mit großem Geschick die Gespräche führte. Die Piraten, die bereit waren, ihr Gewerbe aufzugeben, durften den größten Teil ihrer Gewinne behalten und bekamen Posten bei der Militärverwaltung, betraut mit der Aufgabe, vor den Küsten Chinas zu patrouillieren.

Nachdem die Anführer aufgegeben hatten, war der Bund zerstört. Über Cheng I Sao selbst ist nur noch bekannt, dass sie zunächst mit ihrem Mann nach Fukien übersiedelte und nach seinem Tod nach Kwantung zurückkehrte. Dort starb sie im Alter von 69 Jahren.

Auffallend ist, dass Cheng I Saos Rolle in der chinesischen Piratenkonföderation im Westen stärker betont wird als in China selbst. Chinesische historische Aufzeichnungen sowie chinesische Fiktion legen den Schwerpunkt auf Chang Pao als Anführer und Helden. Cheng I Sao wird kaum erwähnt.

Bei uns ist das in jeder Hinsicht umgekehrt. Selbst seriöse Historiker wie Joseph Gollomb können es sich nicht verkneifen, Cheng I Sao, deren äußere Erscheinung in keiner Quelle beschrieben wird, mit exotischen Reizen auszustatten, jedoch nach westlichen Idealen verschönt. »Goldgestickte Drachen wanden sich über prachtvollen Purpur«, »sie hatte nicht den typischen Knospenmund der Chinesinnen, sondern eher die wollüstigen Lippen der indischen Tänzerinnen«, schreibt er. Und als sie das Kommando über die Flotte übernimmt, geht es weiter: »... dort stand sie, in den Augen (der Männer) eine Göttin ...«[10] Die Botschaft ist deutlich. Das Bild steht uns vor Augen. Das konnte keine normale Frau sein! Schon gar keine Chinesin aus einfachen Verhältnissen. Eine Frage drängt sich auf: Gab es diese Piratin wirklich oder ist sie nur eine pittoreske Gestalt, entsprungen aus unseren Sehnsüchten und Phantasien?

P. Mukundan

Piraterie und bewaffnete Raubüberfälle auf Schiffe

Piraterie spielte schon immer eine große Rolle in der kommerziellen Schifffahrt. Eine der frühesten Aufzeichnungen stammt aus der griechischen Antike.

Alexander der Große setzte alles daran, um ca. 330 v.Chr. der Piraterie den Garaus zu machen. 400 Jahre später erhielt der römische Prokonsul Pompejus den Auftrag, mit Hilfe einer Flotte von 270 Schiffen den Mittelmeerraum von Piraten zu säubern. Zehntausend Piraten wurden in einer dreimonatigen Kampagne getötet, vierhundert Piratenschiffe beschlagnahmt und der übrige Rest vernichtet. Das war vor über zweitausend Jahren.

In der heutigen Zeit ist die Situation wieder sehr ernst. Beweismaterial, dass von dem IMB Piracy Reporting Centre in Kuala Lumpur gesammelt wurde, bestätigt, dass die Anzahl der Übergriffe seit 1991 angestiegen ist und das Maß der Brutalität und die Unverfrorenheit der Piraten deutlich zugenommen hat. 1998 hat das IMB Piracy Reporting Centre 287 Überfälle auf Handelsschiffe dokumentiert, bis jetzt die höchste Anzahl seit Bestehen des Centers. Die Straftaten reichen von Überfällen auf Schiffe im Hafen oder am Ankerplatz über Diebstahl von Vorräten und Schiffsausrüstungen bis hin zu Schiffsentführungen und Diebstahl ganzer Schiffsladungen. 1999 wurden drei Seeleute getötet und 25 werden vermisst. Acht Schiffe wurden gekapert und 408 Mann Besatzung und Passagiere als Geisel genommen. Bei 150 Überfällen wurden Pistolen, Gewehre oder andere Waffen eingesetzt.

Typische Arten der Überfälle

Das IMB Piracy Centre sammelt Beweismaterial über Piraterie und Raubzüge auf Schiffe in den Häfen oder auf hoher See. Sie erfassen ein breites Spektrum von Übergriffen. An einem Ende des Spektrums sind die »maritime muggins« (unbedarfte Anfänger). Eine Gruppe von Piraten geht an Bord eines Schiffes mit der Absicht alles zu stehlen, was sie bekommen können. Beliebtes Diebesgut sind Farbtöpfe, Anlegetaue, Tampen oder Teile der Decksausrüstung, also alles, was leicht zu erbeuten ist. Sollte es den Piraten gelingen, zu den Unterkünften zu gelangen, sind die Wertsachen der Mannschaft oder Ausrüstungsgegenstände von der Brücke ebenfalls eine beliebte Beute. Kleinere Raubzüge dieser Art sind nichts Neues. In vielen Fällen wurden diese Piratentypen von der Besatzung verscheucht. Die heutigen Überfälle unterscheiden sich dadurch, dass die Piraten besser ausgerüstet, d.h. besser bewaffnet sind, größere Ausbeute erwarten und wesentlich entschlossener sind. Häufig ist der Tresor in der Kabine des Kapitäns das Ziel der Piraten. Dabei sind sie allzeit bereit, den Kapitän und die Mannschaft zu verletzen oder zu töten, sollten sie ihr Ziel nicht erreichen.

Auf der anderen Seite des Spektrums stehen Schiffsentführungen und Diebstahl kompletter Schiffsladungen. Diese kriminellen Vorgänge werden weit im Voraus geplant. Die Schiffe werden gezielt nach dem Wert der Ladung und der schnellen Veräußerung der Ladung bestimmt. Gut ausgebildete Piratengangs, bewaffnet mit Maschinenpistolen, überfallen die Schiffe. Sie gehen an Bord mit falschen Pässen, Schiffspapieren und Ladungsdokumenten. Diese Piraten sind in der Lage, ohne die Hilfe der Besatzung ein Schiff zu führen. Brutalität und Einschüchterung der Mannschaft sind bei den Überfällen an der Tagesordnung.

Die Mehrheit der Überfälle bewegt sich zwischen diesen beiden Extremen bei unterschiedlicher Anwendung von Gewalt und Dreistigkeit.

Nach dem Überfall auf die »Alondra Rainbow« festgenommene Piraten.

Brutale Überfälle:
MT »SIAM XANXAI«

Am 8. Juni 1999 um ca. 23.50 Uhr wurde die MT Siam Xanxai, nachdem sie Singapur mit 2060 MTS Erdöl verlassen hatte, vor den Tioman-Inseln in Malaysia überfallen und gekapert. Von Singapur, seinem letzten Anlaufhafen, war das Schiff auf dem Weg nach Songkhla, Thailand. Die Seeräuber waren mit Pistolen und Messern bewaffnet. Sie zwangen alle bis auf einen der 17-köpfigen thailändischen Besatzung in ein kleines Boot. Später wurden sie von einem Fischer aus Sibu, Sarawak gerettet. Die Piraten behielten einen Mann als Geisel, der ihnen an Bord zur Hand gehen mußte. Das IMB alarmierte sofort nach der Schiffsentführung die verantwortlichen Behörden im Umkreis.

Mitte Juli wurde ein Schiff mit Namen »Auo Me 2« im Hafen von Guangdong in Südchina von der Hafenbehörde festgehalten, da es ohne die notwendigen Dokumente entladen wollte. Anschließende Nachforschungen ergaben, dass es sich bei diesem Schiff um die »Siam Xanxai« handelte. Die beschuldigten Piraten werden in China festgehalten, so lange bis Anklage gegen sie erhoben werden kann.

MS »Alondra Rainbow«.

MV »NEWCO ENDURANCE«

Am 25. Juli 1999 wurde bekannt, dass die MV »Newco Endurance«, eine Fähre von Sri Lanka, von einem Tamilen-Terroristen der Tiger-Bomben-Selbstmordgruppe (LTTE) überfallen wurde. Der Selbstmord-Bombenattentäter versenkte die Fähre, die zur Nacht festgemacht hatte. Er selbst wurde dabei getötet und mit ihm ein Seemann, der an Bord war. Die LTTE zeigte keine Reaktion. Es ist nicht bekannt, ob es weitere Opfer gegeben hat.

MT »EMILIA THERESA«

Am 9. August 1999 überfielen Piraten den Chemietanker MT »Emilia Theresa« um ca. 03.45 Uhr an seinem Ankerplatz in Rio Grande, Brasilien. Die Piraten umringten den Offizier vom Dienst und befahlen ihm, sie zur Kabine des Kapitäns zu bringen. Nachdem sie feststellten, dass die Tür der Kabine verschlossen war, befahlen die Räuber dem Offizier, den Kapitän anzurufen.

Der Dienst habende Offizier teilte dem Kapitän mit, dass einige »Herren« an Bord seien und ihn sehen wollten. Nachdem der Kapitän fragte, ob es sich um Herren der Hafenbehörden handele, antwortete der Offizier mit »so ungefähr«. Der Kapitän begriff, dass es Schwierigkeiten gab. Er nahm das Bargeld bis auf 300 US $ aus dem Schiffstresor, versteckte es unter der Matratze und öffnete die Kabinentür. Drei Piraten drangen in die Kabine ein und zwangen den Kapitän zu Boden. Sie hielten ihm eine abgesägte Schrotflinte gegen seinen Kopf und eine Pistole in den Rücken. Sie nahmen seine Schlüssel, die Brieftasche und die 300 US $ aus dem Tresor. Sie durchsuchten die Kabine und fanden schließlich das unter der Matratze versteckte restliche Bargeld.

Anschließend gingen sie zur Kabine des Chefmaschinisten. Mit dem Schlüssel des Kapitäns öffneten sie die Tür. Der Maschinist und seine Frau wurden gefesselt, geschlagen und aufgefordert, ihre Wertsachen zu übergeben. Die Frau des Maschinisten erlitt Gesichtsverletzungen, innere Blutungen und gebrochene Rippen.

Der Chefmaschinist berichtete, dass er von der Bande gepackt und gegen die Wand geschmissen wurde. Ihm wurde dann eine Schrotflinte in den Nacken gedrückt. Die Bande forderte Geld. Sie griffen nach der Frau des Maschinisten und schmissen sie durch den Raum und auf den Tisch. Sie prallte so hart auf, dass sie Rippenbrüche erlitt. Sie schlugen ihr Gesicht gegen den Tisch und rissen sie wieder vom Tisch auf die Füße und drückten ihr zwei Pistolen gegen ihre Schläfen. Nachdem die Männer ihren Schmuck genommen hatten, versuchten sie ihre Ringe von den Fingern zu ziehen. Die Finger waren jedoch sehr geschwollen und sie konnten die Ringe so nicht bekommen. Sie wurden sehr wütend und frustriert und für eine Weile sah es so aus, als wollten sie die Finger mit ihren Messern abschneiden.

Nachdem die Kabinen des Chefmaschinisten und des Kapitäns völlig ausgeplündert waren, schlossen die Piraten ihre Opfer in der

Kabine des Chefmaschinisten ein und befahlen ihnen, sich für eine halbe Stunde ruhig zu verhalten, kein Wort zu sagen. Zirka gegen 04.45 Uhr verließen die Piraten das Schiff in ihrem Schnellboot. Der Kapitän meldete diesen Vorgang umgehend den zuständigen Behörden.

Das IMB Piracy Reporting Centre meldete den beschriebenen Vorfall ebenfalls den Behörden und erhielt eine Antwort des politischen Beraters der Direktion für Häfen und Küstenregionen, der brasilianischen Hafen-u. Schifffahrtsbehörde in Rio de Janeiro. Man versicherte dem Centre, dass die Bundespolizei (Justizministerium) Ermittlungen gestartet hätte.

MT »KILCHEM OCEANIA«

In den frühen Morgenstunden des 20. Juli 1999 wurde die MT »Kilchem Oceania«, ein Chemietanker der Bahamas, mit einer Besatzung von 17 Russen auf ihrer Fahrt kurz vor Lagos in der Nähe der Pennington-Ölfelder überfallen. Eine Gruppe von ca. 20 Piraten in einem kleinen Boot zwangen das Schiff, das regelmäßig Handel in Westafrika treibt, zu stoppen. Alle Türen an Bord waren verschlossen, jedoch die Piraten, bewaffnet mit automatischen Waffen und Messern, schlugen mit den Feueräxten die Tür zur Brücke ein. Sie fielen über den Kapitän her, der eine 10 cm lange, klaffende Wunde am rechten Arm und eine Schnittwunde am Kopf erlitt.

Nachdem der Kapitän und die Offiziere auf der Brücke gefesselt und geschlagen worden waren, machten sich die Piraten den Weg frei zur Schiffsmesse, wo sich die Besatzung versammelt hatte. Sie schlugen mit ihren Gewehrkolben und -läufen auf die Männer ein. Sie schleppten drei Geiseln in ihr Boot und befahlen dem Kapitän, das Schiff 2,5 nautische Meilen von der Küste wegzubewegen. Zwei weitere Boote kamen längsseits des Schiffes und die Piraten nahmen alles, was sie tra-

gen konnten vom Schiff, u.a. Sicherheitsausrüstungen, Vorräte, Lebensmittel, Navigationsgeräte, persönliches Eigentum der Besatzung und sogar die Matratzen von den Betten.

Die Piraten ließen dann eine Geisel wieder frei und verließen das Schiff. Zwei andere Besatzungsmitglieder, der dritte Offizier und ein Maschinist wurden als Geisel mitgenommen. Sie sollten zum Austausch für Geld und Ware dienen. Nachdem die Piraten das Schiff freigegeben hatten, verlangten sie, dass es in zwei Tagen an die gleiche Position zurückkehren sollte mit zusätzlichen Gütern, die die Piraten forderten.

Obwohl die Forderungen der Entführer nicht erfüllt wurden, ließen die Piraten die beiden Besatzungsmitglieder am 26. August 1999 in Port Harcourt nach 38 Tagen Gefangenschaft frei.

MV »ALONDRA RAINBOW«

Am 22. Oktober 1999 wurde die »Alondra Rainbow« in Kuala Tanjong, Indonesien, mit 7000 Tonnen Aluminiumbarren beladen und nahm Kurs auf Miike in Japan. Kurz nachdem das Handelsschiff Kuala Tanjong verlassen hatte, wurde es von Piraten gekapert, die mit Schusswaffen und langen Messern bewaffnet waren. Sie verbanden der Besatzung die Augen und schleppten sie auf ein anderes Schiff, das vor der Westküste von Thailand am 29. Oktober 1999 losgemacht wurde und auf See herumtrieb. Am 8. November 1999 wurden die ausgesetzten Seeleute von einem thailändischen Fischerboot aufgenommen.

Das IMB Piracy Reporting Centre schickte eine Sondermeldung an alle, die mit Schifffahrt zu tun haben, und bat um Hinweise, die im Zusammenhang mit dem Überfall stehen. Es liefen Hinweise aus den verschiedensten Richtungen ein, unter anderem von den Kapitänen der Schiffe, die sich auf See befanden. Es

Rückeroberung
der »Alondra Rainbow«.

wurde berichtet, ein ähnliches Schiff gesichtet worden sei, als es die Bucht von Bengalen in westliche Richtung in das Arabische Meer verließ. Diese Information wurde an die indische Küstenwache und an die Küstenwache von Sri Lanka weitergeleitet. Die indische Küstenwache schickte zwei Boote raus, die dem Schiff, das jetzt den Namen »MEGA RAMA« trägt und unter der Flagge Belizes fährt, immer näher kamen. Eine sofortige Überprüfung des Schiffsnamens beim IMB bestätigte, dass es unter falscher Flagge fuhr. Die Küstenwache befahl dem Schiff die Maschinen zu stoppen. Dieser Befehl wurde jedoch ignoriert. Das Schiff entfernte sich in westliche Richtung, weg von der indischen Küste.

Nachdem die Piraten das Schiff in Brand gesetzt hatten, wurde ein indisches Kriegsschiff eingesetzt, dass die Piraten durch eine gezielte Aktion zwang, aufzugeben. Das Enterkommando der Marine löschte das Feuer, kümmerte sich um den überfluteten Maschinenraum und schleppte das Schiff zurück nach Mumbai. Die Piraten wurden von der indischen Polizei verhaftet und erwarten ihre Anklage.

SHIPLOC: System zur Lokalisierung von Schiffen

Es ist sehr schwierig, Überfälle auf Schiffe zu verhindern. Die Schiffe werden normalerweise lange im Voraus ausgesucht und dann von schwer bewaffneten und rücksichtslosen Piraten überfallen. Eine Möglichkeit diese Verbrechen zu bekämpfen, bietet ein Ortungsgerät an Bord, das heimlich die Schiffsposition weiterleitet.

Das IMB hat mit einem führenden Satelliteningenieur an der Herstellung eines Satelliten-Ortungssystems, genannt »SHIPLOC«, zusammengearbeitet. SHIPLOC wurde speziell für die Lokalisierung von Schiffen auf hoher See und in Häfen konstruiert und wurde schon auf einigen Handelsschiffen eingebaut.

Der kleine Sender ist relativ günstig und kann gut verborgen installiert werden. Aus Sicherheitsgründen sollte die Besatzung nicht über die Existenz eines solchen Gerätes informiert werden. SHIPLOC ermöglicht den Schiffseignern/Reedern die exakte Position ihrer Schiffe zu überwachen. Das einzig zusätzlich notwendige Gerät ist ein PC mit Internetzugang. In der Vergangenheit waren ähnliche Systeme unerschwinglich teuer. Die Monatsmiete für SHIPLOC beträgt ca. $ 250 je nach Modul. Das IMB legt den Reedern sehr nahe, das Gerät auf ihren Schiffen einbauen zu lassen. Zusätzlich zur Piratenabwehr ermöglicht SHIPLOC präzise Positionsbestimmungen von Schiffen in regelmäßigen Abständen.

Veraltetes Seerecht

In der heutigen Zeit ist die Definition von Seeräuberei in Artikel 101 der United Nations Convention on the Law of the Sea (UNCLOS) von 1982 völlig unrealistisch. Sie betrifft lediglich die Überfälle auf hoher See, während die häufigsten Übergriffe auf Schiffe in Hoheitsgewässern passieren.

Auf hoher See darf einzig der Flaggenstaat wirksame Maßnahmen ergreifen, also der Staat, unter dessen Flagge das Schiff fährt. Erfahrungswerte zeigen aber, dass die meisten Flaggenstaaten weder die Möglichkeiten noch den Willen haben, effektiv oder wirkungsvoll auf einen Piratenraubzug zu reagieren, der mehrere tausend Meilen entfernt stattfindet. Ein wirkungsvolleres Abkommen ergab sich aus dem terroristischen Übergriff auf das Passagierschiff »Achille Lauro« 1985. Das Seerechtsübereinkommen von 1988 zur Bekämpfung gesetzwidriger Gewalttaten, die die Sicherheit im Schiffsverkehr beeinträchtigen, trat wie das 1988 geschlossene Abkommen von Rom 1992 in Kraft. Das Abkommen definiert verschiedene Kategorien von Straftaten, die die Staaten verpflichten, gemäß ihrer Hoheitsgewalt wirksame Maßnahmen einzuleiten. Die Verbrechen würden folglich nach nationalem Seerecht bestraft werden.

Die Staaten werden verpflichtet, den Straftäter gemäß dem Abkommen bis zur Auslieferung in dem Staat festzuhalten oder gerichtlich gegen ihn vorzugehen, wenn man ihn aufgegriffen hat.

Was muss getan werden?

Die IMB ist der Meinung, dass nur die Regierungen wirksam gegen Piraten vorgehen können. Wir glauben nicht, dass private Unternehmen einen wirksamen Schutz bieten können. Unterdessen zeigen sich einige Staaten bereit, mit drakonischen Mitteln gegen Piraterie vorzugehen. Selbst vor der international geächteten Todesstrafe schrecken die Richter nicht zurück.

Erst kürzlich wurde eine Bande von Piraten festgenommen, die an Schiffsentführungen in China, Indonesien und Korea beteiligt waren. Der Intermediate People's Court of Shanwei, South China, verurteilte im Dezember 1999 32 Personen wegen Hijacking und Ermordung der Besatzung der »Cheongson« im November 1998. Der Anführer der Bande und zwölf Bandenmitglieder wurden zum Tode verurteilt. Zur Zeit stehen zwei weitere Banden in China wegen mehrerer Schiffsentführungen unter Anklage und erwarten den Prozess.

Die Regierungen benötigen für ihre Arbeit Informationen durch die Reeder, um wirksam eingreifen zu können, denn die Behörden können ohne detaillierte Angaben über die seeräuberischen Übergriffe, wie z.B. die Beschreibung der Piraten, ihrer Boote, ihrer Waffen, die gestohlenen Gegenstände, wie sie an Bord gelangten und wie sie das Schiff wieder verließen, nichts tun.

Nicht immer stehen alle Informationen zur Verfügung. Die Besatzung muss mit größter Sorgfalt nach einem Übergriff befragt werden. Der Bericht wird dann an die örtlichen Behörden geschickt, die dann tätig werden. Die ITF Seafarers Trust unterstützt das IMB Piracy Reporting Centre mit finanziellen Mitteln, um derartige Ermittlungen durchzuführen. Ein Ermittler der IMB geht an Bord des Schiffes, an dem der Überfall stattgefunden hat. Die Besatzungsmitglieder werden dann um detaillierte Angaben gebeten, solange die Einzelheiten noch frisch im Gedächtnis sind. Die Berichte dieser Übergriffe werden dann an örtliche Behörden weitergegeben, die weitere Maßnahmen ergreifen können.

Wider die Piraterie

Unserer Meinung nach ist es irrelevant, ob ein Überfall in Hoheitsgewässern als Piraterie oder Raubzug definiert wird. Wenn ein Kapitän mitten in der Nacht durch maskierte Piraten geweckt wird und mit dem Lauf einer Schusswaffe im Gesicht Geld von ihm gefordert oder die Mannschaft bedroht oder misshandelt wird, darf eine Strafverfolgung nicht an kleinlichen Definitionen des Seerechts scheitern.

Heutzutage sind die Überfälle auf Schiffe und Seeleute weitaus gewalttätiger und dreister als noch vor wenigen Jahren und es ist höchste Zeit, wirksame Gegenmaßnahmen zu ergreifen und diese Straftaten auf ein akzeptables Niveau zu reduzieren.

Dieses Ziel kann jedoch nur durch wirkungsvolle staatliche Aktionen erreicht werden.

Bestehende internationale Abkommen, sofern ratifiziert, bevollmächtigen die Regierungen strafrechtliche Verfahren einzuleiten. Doch noch immer fehlt den Staaten häufig der Wille, gegen Piraterie vorzugehen.

Ein wichtiger Schritt ist die sofortige und genaue Dokumentation der Überfälle. Das IMB Piracy Reporting Centre hilft dabei vor Ort und ermöglicht so eine effektivere Verfolgung der Täter.

Doris Möller

Produktpiraten: Die Seeräuber des 20. Jahrhunderts

Jedem deutschen Urlauber begegnen die fliegenden Händler am Straßenrand, die vermeintliche Markenware so »preiswert« anbieten. Ob in der Türkei, in Griechenland, Spanien, Italien – überall das gleiche Bild. Wer gerät da nicht einmal in Versuchung, das in Deutschland so teure »Nike«-Shirt oder die »Levi's«-Jeans vermeintlich günstig einzukaufen. Die »Schnäppchen« dort sind keine Originalwaren, sondern Fälschungen, Plagiate. Auch in Deutschland selbst gibt es Produktpiraterie, wenn auch meist nicht so offen zur Schau gestellt wie in den genannten Urlaubsländern.

Als Produktpiraterie wird die Verletzung »gewerblicher Schutzrechte« oder verständlicher gesagt der Diebstahl geistigen Eigentums bezeichnet. Jemand verkauft z. B. Ware, die aufgrund der angebrachten Marke vermeintlich von einem bekannten Markenartikelhersteller stammt. Statt des Originals bietet er ein Plagiat an und täuscht so über die Warenherkunft. Der Produktpirat stiehlt und betrügt.

Die Geschichte der Fälschungen reicht bis in die Antike zurück. Archäologen finden bei Ausgrabungen immer wieder Kopien von Statuen, die bereits in vorchristlicher Zeit ihre Abnehmer fanden. Im Unterschied zu den antiken Plagiatoren fälschten die Piraten zur See keine Produkte, sondern enterten Schiffe, um sich das Hab und

Der »Plagiarius« (rechts) wird jährlich an Firmen vergeben, die besonders frech Ideen anderer plagiiert haben, wie zum Beispiel an die Firma Merlin (Forchtenberg), die den hölzernen Steppenbaum der Margarete Ostheimer GmbH (Zell) perfekt fälschte und auf den Markt brachte (unten).

Gut anderer zu Eigen zu machen, also zu rauben und zu stehlen. Die heutigen Produkt- und Markenpiraten stehlen ebenfalls, nämlich das Know-how von Unternehmen, deren Forschungs- und Entwicklungsleistungen. Ohne die Notwendigkeit, selbst Werbeaufwand und Innovationen vorweisen zu müssen, profitieren sie von der mit viel Werbeaufwand und Kosten errungenen Marktposition anderer. Der Profit ist garantiert. All die eingesparten Entwicklungs- und Werbekosten helfen, die Produkte meist zu geringerem Preis, oft aber auch von geringerer Qualität am Markt anzubieten. Sicherheitsvorgaben oder Qualitätsbestimmungen scheren sie nicht. Die Piraten von heute entern im Nadelstreifenanzug Absatzmärkte. Kein lautes Säbelrasseln und offener Kampf unterstreicht die räuberische Vorgehensweise. Die Eroberung erfolgt lautlos ohne Gefahr für das eigene »Piratenleben«. Allenfalls rasseln Maschinen. Arbeiter und Arbeiterinnen, die in Drittländern manchmal nur für eine Schale Reis rackern, wirken und werkeln für die modernen Freibeuter. Zuweilen laufen die Fertigungen auch in zweiter und dritter Schicht auf denselben Maschinen, auf denen die Originalprodukte hergestellt werden – nur, der Rechtsinhaber weiß davon nichts. Über den Hinterausgang gelangt die Ware dann auf die Märkte.

Produkt- und Markenpiraten haben deshalb mit Klaus Störtebeker eines gemeinsam: Sie sind beileibe keine Helden! Sie bereichern sich auf Kosten anderer, indem sie Kaufleute, Unternehmer bestehlen. Diese haben investiert, sozial abgesicherte Arbeitsplätze geschaffen, Innovationen entwickelt und Know-how aufgewandt, um ein erfolgreiches Produkt am Markt zu platzieren. Durch die Fälscher werden sie um ihren rechtmäßigen Profit betrogen. Die Bevölkerung nimmt hiervon kaum Notiz. Oft kauft gerade die junge Generation sogar ganz bewusst Fälschungen. Natür-

lich ist das gefälschte »Nike«- oder »Tommy Hilfiger«-Sweatshirt oft billiger als das Original. »Tolles Schnäppchen« – denkt sich der Kunde. Der besonders günstige Preis steigert das Kaufvergnügen. Manch einer wirft dem Markenartikelhersteller sowieso vor, das Produkt zu einem viel zu hohen Preis abzusetzen: »Der Originalhersteller soll nur sehen, dass er mit diesen Preisen nicht gewinnen kann ...«

Eine solche Auffassung zeugt von wenig Wirtschaftsverständnis. Keiner scheint sich darüber bewusst zu sein, dass sein Kauf Schaden verursacht und auf Dauer sichere Arbeitsplätze gefährdet. Es wäre schön, wenn dieses Hintergrundwissen ihn von seinem Kauf abhalten könnte. Das »Schnäppchen« ist gesamtgesellschaftlich gesehen aber ein »Eigentor« – fließt der Gewinn doch oft genug ins Drogenmilieu, oder es gehen schlicht Arbeitsplätze verloren, indem der Originalhersteller aufgrund seiner Absatzverluste seinen Personalbestand abbauen muss; schließlich gehen dem Staat und damit uns allen erhebliche Steuereinnahmen verloren, für die wir letztlich alle wieder zahlen müssen.

Wird es in Zukunft gelingen, dies besser in das Bewusstsein zu rücken? Sollte es die Hoffnung geben, dass beim Zeigen einer falschen »Rolex«

nicht mit Bewunderung – »Ach, das ist ein toller Kauf« – sondern eher nachdenklich – »Weißt Du überhaupt, wieviel den Leuten bezahlt wird, die das herstellen?« – reagiert wird? Beim Hören einer Piraten-CD wird vielleicht angemerkt: »Ich hoffe, Du weißt, dass der Vertrieb gefälschter CDs mit dem Drogenhandel verbunden ist.« Oder beim Tragen eines falschen »Lacoste«-Shirts die Feststellung folgt: »Das ist aber nicht gerade cool!«. Von einem derartigen Verbraucherverhalten sind wir jedoch leider noch weit entfernt. Schaut man auf die Statistik des deutschen Zolls, so hat sich die Zahl der Beschlagnahmungen im Bereich der Produkt- und Markenpiraterie an der Grenze der europäischen Gemeinschaft von 1990 bis 1999 drastisch erhöht. 1990 bestand erstmals aufgrund des damals neuen sogenannten »Produktpiraterie gesetzes« die Möglichkeit, »Piratenwaren« an der Grenze zu beschlagnahmen. Neun Jahre nach Inkrafttreten des Gesetzes und Neuerungen der EU-Verordnung zur Grenzbeschlagnahme ist die Anzahl der Beschlagnahmungen auf rund 2500 gestiegen. Dabei stellen diese Zahlen nur die Spitze eines Eisberges dar. Nicht alles, was die

Außengrenzen der Gemeinschaft an gefälschten Produkten passiert, wird vom Zoll entdeckt. Gerade einmal 5% beträgt der Anteil der durch den Zoll tatsächlich gecheckten Waren.

Auch innerhalb der Europäischen Gemeinschaft findet Produktpiraterie statt, und dort gibt es keine Grenze mehr, an der die Warensendungen angehalten werden können. Will ein Unternehmen heute tatsächlich aktiv gegen die modernen Piraten vorgehen, helfen oft nur eigene Ermittlungen. Der Deutsche Industrie- und Handelstag (DIHT) und der Aktionskreis Deutsche Wirtschaft gegen Produkt- und Markenpiraterie (APM) e.V. schätzen, dass allein in Deutschland der Schaden durch entgangene Umsätze und Lizenzeinnahmen etwa 55 Mrd. DM beträgt. Dr. Franz Schoser, Hauptgeschäftsführer des Deutschen Industrie- und Handelstages und Vorsitzender des APM, schätzt, dass ca. 70.000 Arbeitsplätze mehr in Deutschland bestehen könnten, wenn es diese Form der Wirtschaftskriminalität nicht gäbe. Die anliegende Übersicht verdeutlicht die geschätzte Verbreitung von Produkt- und Markenpiraterie in den verschiedenen Branchen.

Ob Mücken die täuschende Nachahmung bemerken? »SPECITAN« sieht aus wie »AUTAN«, schmeckt wie »AUTAN« und wirkt wie »AUTAN« – ist aber ein BAYER-Imitat aus Griechenland.

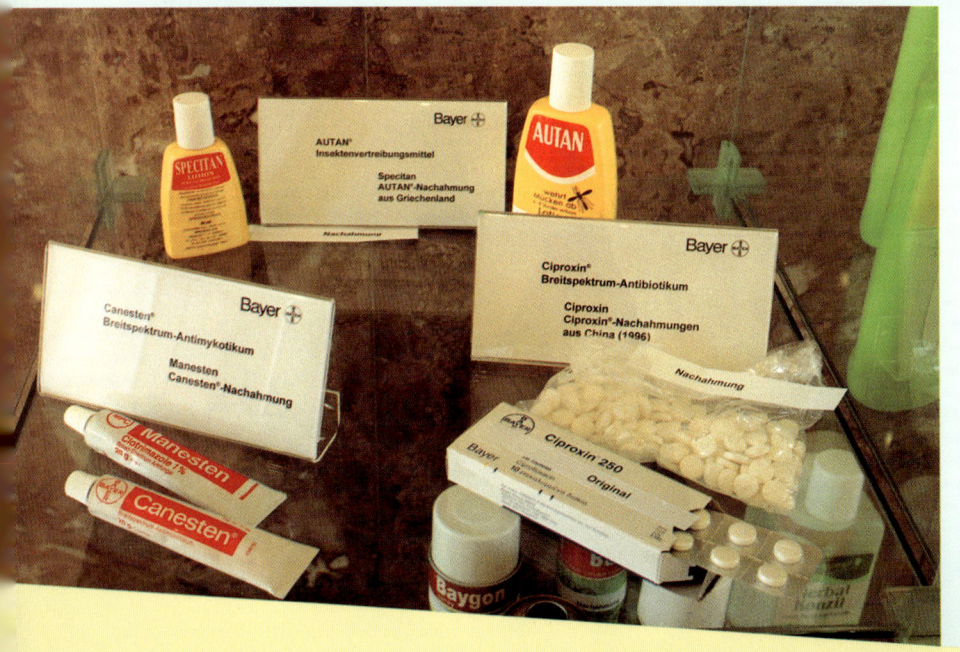

Produkt- und Markenpiraterie in Zahlen

Software

◗ Marktanteil von Raubkopien (1997)

weltweit	43 % (228 Mio. illegale Standardapplikationen neu installiert!)
in China	96 %
in Russland	89 %
in Westeuropa	39 %
in Deutschland	33 %

◗ Umsatzeinbuße für die Hersteller (1997):

weltweit	11,4 Mrd. US$
in China	1,45 Mrd. US$
in Russland	252 Mio. US$
in Westeuropa	2,5 Mrd. US$
in Deutschland	509 Mio. US$

◗ Geschätzter Verlust von Arbeitsplätzen:

Europ. Union	ca. 200.000 Stellen

(Quelle: Studie im Auftrag von Business Software Alliance [BSA] und Software Publishers Association [SPA])

Bild- und Tonträger

◗ Marktanteil von Raubkopien (1996):

Audio weltweit	33 %
Video weltweit	50 %

◗ Umsatzvolumen von Audio-Raubkopien:

weltweit 1996	5 Mrd. US$
weltweit 1995	2 Mrd. US$
in Russland 1997	120 Mio. US$
in Italien 1997	105 Mio. US$
in Deutschland 1997	72 Mio. US$

◗ Umsatzeinbuße der US-Filmindustrie:

weltweit 1997	2,3 Mrd. US$

(Quellen: International Federation of Phonographic Industry; Motion Picture Association)

Textilien und Markenkleidung (europäische Marken)

◗ Marktanteil asiatischer Plagiate (1997):

weltweit	4%
	(8,3 Mrd. US$)

◗ Umsatzeinbuße für die Hersteller:

weltweit	8,36 Mrd. US$

◗ Gesamtschaden für die Hersteller (1997):

weltweit	4,4 Mrd. US$

(entgangener Gewinn, Imageschaden, Rechtsverfolgungskosten)
(Quelle: Bericht des Institut Français de la Mode zu Textilfälschung in Asien, Jan. 1998)

Parfum

◗ Marktanteil von Plagiaten (1996):

weltweit	7 %

(Quelle: Umfrage der International Chamber of Commerce [ICC])

Armbanduhren

◗ Marktanteil von Plagiaten (1996):

weltweit	5 %

(Quelle: Umfrage der International Chamber of Commerce [ICC])

Kfz-Ersatzteile

◗ Marktanteil von Nachahmungen 1998:

weltweit	10 %

◗ Umsatzeinbuße der Originalhersteller:

weltweit	12 Mrd. US$

(Quelle: Automotive Marketing, 1998)

Medikamente

◗ Marktanteil von Nachahmungen (3/1999):

weltweit	7 %

◗ Umsatzeinbuße der Originalhersteller (1996):

weltweit	17 Mrd. US$

(Quelle: Bundesverband der Pharmazeutischen Industrie, International Chamber of Commerce [ICC])

Spielwaren

◗ Marktanteil von Plagiaten (1996):

weltweit	12 %

(Quelle: Umfrage der International Chamber of Commerce [ICC])

Betraf das Problem zu Anfang vor allen Dingen den Konsumgüterbereich, ist es nunmehr in fast allen Branchen beheimatet. Vor allen Dingen durch die neuen Medien ist die Zahl der Urheberrechtsverletzungen durch Raubkopien von Computerprogrammen bzw. Piraten-CDs sprunghaft in die Höhe gestiegen. Aber auch sicherheitsrelevante Branchen im technischen Bereich, wie die Elektroindustrie, die Kfz-Industrie und –Zulieferer, sind immer mehr das Opfer von Produkt- und Markenpiraten. Dabei wirken sich natürlich auch die Produktionsverlagerungen in Drittländer, die Notwendigkeit arbeitsteiliger Produktion und die zunehmende Konzentration der Unternehmen aus. Die Kontrolle der eigenen Produktion wird dadurch immer schwe-

Gabriela Sabatini umringt von Fälschungen

rer. Es rächt sich, wenn bei Produktionsverlagerungen nur die reine Kostenkalkulation zählt, ohne die Mentalität der Mitarbeiter bzw. das Rechtssystem des Landes, in das die Produktion ausgelagert wird, mit in das Kalkül einzubeziehen. In manchen Ländern, z. B. in China, wird eben auch die gute Kopie »bewundert«. Und selbst aus Japan berichten Geschäftsleute, dass nach erfolgreichem Geschäftsabschluss schon stolz die Kopie des eigenen Erzeugnisses gezeigt und dabei ganz offensichtlich auf ein Lob gehofft wird.

Welche Waffen bestehen gegen die neuen Freibeuter?

Die Unternehmen von heute sind gut beraten, wenn sie ihre Geschütze sorgfältig aufbauen. Dabei müssen in erster Linie die gewerblichen Schutzrechte aktiviert werden. Hierzu muss sich der Unternehmer die Rechte in seinen wichtigsten Absatzmärkten sichern. In Deutschland sollte er diese beim Deutschen Patent- und Markenamt registrieren lassen. Er hat die Möglichkeit, sich technische Schutzrechte, nämlich Patent- oder Gebrauchsmuster zu sichern. Dies setzt voraus, dass er eine Innovation im technischen

Bereich entwickelt hat, die bisher kein anderer vor ihm her- bzw. vorgestellt hat. Weiter kann er auf die Leistungsschutzrechte, nämlich allen voran die Marke, bzw. auf das Designschutzrecht, das Geschmacksmuster, zurückgreifen und diese für seine Waren oder Dienstleistungen registrieren lassen. Nur das Urheberrecht entsteht von selbst. Es setzt eine eigene individuelle schöpferische Leistung voraus, die über Alltäglichkeiten hinausgeht. Allerdings besteht beim Urheberrecht der Nachteil, dass erst in einem gerichtlichen Verfahren geklärt wird, ob der Unternehmer sich auf ein Urheberrecht berufen kann oder nicht.

Wer von diesen »Waffen« keinen Gebrauch gemacht hat, ist zur Abwehr auf rechtliche Ansprüche aus dem Recht gegen unlauteren Wettbewerb angewiesen, was im Einzelfall schwerer darzutun ist als ein Vorgehen gegen die »Freibeuter« aus registrierten Rechten.

All die genannten gewerblichen Schutzrechte – Marke, Geschmacksmuster, Patent- und Gebrauchsmuster sowie das Urheberrecht – bieten dem Schutzrechtsinhaber folgende Verteidigungsmöglichkeiten: Er kann gegen die Nachahmer auf Unterlassung und Schadensersatz klagen, bei Aufgriffen Auskunft darüber verlangen, woher die Ware bezogen wurde, und er hat die Möglichkeit, einen Strafantrag zu stellen bzw. bei der regelmäßig gewerblichen Tätigkeit der Produktfälscher auch ohne Strafantragstellung ein Strafverfahren in Gang zu setzen. Weiter kann er den Zoll einschalten, um mit einem sogenannten Grenzbeschlagnahmeantrag an den Außengrenzen der EU den Zoll als Helfer zur Sicherstellung gefälschter Waren einzusetzen. Dadurch kann er verhindern, dass der Import in die EU erfolgt, und er ermöglicht dem Zoll, diese illegalen Waren zu vernichten. Der »Vernichtungsanspruch« deckt sogar die Vernichtung von Herstellungsmitteln ab, die für die Produktion von Fälschungswaren verwandt wurden, z. B. der Maschinen.

Diese Waffen bleiben so lange in Reserve, bis der Rechtsinhaber tatsächlich von gefälschten Produkten erfährt und dann gezielt vorgehen kann. Insofern ist auch der Käufer gefordert, bei Verdacht entsprechende Hinweise zu geben. So kann er mithelfen, den dreisten Produktpiraten das Handwerk zu legen.

Kampf gegen die Piratennester

Produktpiraten sind gut organisiert. Sie nutzen oftmals auch Strukturen, die bereits an organisierte Kriminalität erinnern. Um hier einen Gegenpol zu setzen, hat die Wirtschaft Eigeninitiative ergriffen. Unter Federführung des Deutschen Industrie- und Handelstages haben der Markenverband und der Bundesverband der Deutschen Industrie im Oktober 1997 den Aktionskreis Deutsche Wirtschaft gegen Produkt- und Markenpiraterie (APM) e. V. gegründet. Dabei handelt es sich um einen Verein, der branchenübergreifend Unternehmen im gemeinsamen Kampf gegen Produkt- und Markenpiraten verbindet. Erfahrungsaustausch und Information über geeignete Maßnahmen in Drittländern, aber auch gemeinsames Vorgehen in Deutschland, zeigen Wirkung. APM spürt u. a. mit Hilfe von Dedekteien Fälschungsware auf und geht im Namen der betroffenen Unternehmen gegen die Produkt- und Markenpiraten vor. Gleichzeitig koordiniert APM Ermittlungen für die Beteiligten in Drittländern. Durch die Anbindung an den Deutschen Industrie- und Handelstag kann APM auch auf politischer und internationaler Ebene die Probleme gezielt vortragen und auf Missstände aufmerksam machen. Markenwaren oder Luxusartikel, die beispielsweise an ungewöhnlichen Verkaufsorten wie Flohmärkten oder Stadtfesten gefunden werden, sollten auch beim Käufer »rote Lichter« aufblitzen lassen.

Dies sind keine Vertriebswege, über die normalerweise ein renommierter Hersteller seine Ware vertreibt. Meist handelt es sich dabei also um Fälschungswaren oder aber Hehlerware, die aus Diebstählen stammt.

Nicht nur im APM wird gemeinsam Front gegen die ausufernde Produktpiraterie gemacht. Die stark betroffenen Branchen Video/Software/Musik haben sogar eigene Fachverbände gegründet, z. B. die BSA, Business Software Alliance in München, den Bundesverband der Phonographischen Wirtschaft e. V., Deutsche Landesgruppe der IFPI e.V. bzw. die GVU, Gesellschaft zur Verwertung von Urheberrechten – beide in Hamburg ansässig. Zwischen den einzelnen Organisationen bestehen mittlerweile gute Kontakte.

Unternehmen müssen viel Zeit und Geld in die Abwehr stecken, um ihre Märkte zu sichern. Die Ermittlungen sind oft kein Kinderspiel. Will man an die eigentlichen Hersteller der gefälschten Waren herankommen, ist auch schon mal ein »James Bond« gefordert. Auch diese Maßnahmen schlagen sich auf den Verkaufspreis nieder, verteuern die Ware und sind letztlich wieder vom Verbraucher zu tragen.

Der Kauf von »Piraten-Schnäppchen« sollte für uns alle ein Tabu werden. Würden die Fälscher keine Absatzmärkte finden, wäre das Delikt bald erledigt. Wie wäre es, wenn wir alle daran arbeiten, dass die modernen Piraten ihr Betätigungsterrain verlieren? Freibeuterei sollte sich für niemanden auszahlen. Hierzu können wir alle beitragen: Don't buy fakes!

Uwe Strohbach

Von Software- und Musikpiraten

Keine Romantik im Cyberspace

Die großen Seehandelswege aller Weltregionen haben zu allen Zeiten Piraten magisch angezogen. Kann es da überhaupt verwundern, wenn heute Datenautobahn, Cyberspace und kostbare digitale Frachten Piraten aller Länder auf den Plan rufen? Einige Aspekte dieser neuzeitlichen Beutezüge möchte ich im Folgenden etwas genauer beleuchten.

Um Authentizität bemüht, werde ich analog dem Artikel 101 der UN-Seekriegsrechtskonvention, die Piraterie in den neuen Medien als »illegalen Akt der ... Plünderung ... aus privaten Gründen der Bereicherung von Einzelnen oder Gruppen ...« betrachten, »... die sich außerhalb einer staatlichen Jurisdiktion befinden«.

Dies mag genügen, um die Grenzen dieser Form kriminellen Engagements hinreichend deutlich zu machen, auch wenn diese zuweilen fließend sind. Allerdings halte ich es für äußerst wichtig, die Unterscheidung zwischen privater und gewerblicher Piraterie im Auge zu behalten.

Aus dem großen Aktionsfeld der Produktpiraten möchte ich mich auf den Software- und Musikbereich der neuen Medien konzentrieren. Die in diesem Bereich heute mögliche extrem günstige, perfekte Massenkopie von Originalen (die Hardwareindustrie bietet z.B. Stand-alone-Mehrfach-CD-Kopierer für weit unter 1000 DM an) ist, vorsichtig formuliert, eine große Versuchung. Und mit dem Aufkommen von MP3, dazu später mehr, stellt sich in der Tat sogar die Frage nach der Zukunft der Musikindustrie, wie wir sie kennen.

Die Softwareschmieden haben über die Lizenzierungen ihrer Programme ein finanzielles Standbein, das der Musikindustrie fehlt. Eine Kopierabgabe auf alle CD- und MP3-Player, ähnlich der Abgabe auf klassische Aufnahme- sprich Kopiergeräte wie Tonbandmaschinen, Kassettendecks oder die modernen Mini-Disks würde dem aber nicht wirk-

Ein MP3-Pirat bereit zum Entern.

lich abhelfen. Die finanzielle Lücke zwischen der Zuzahlung von ein paar Mark für die notwendige Hardware und der damit möglichen Produktion hochwertigster CDs ist einfach zu groß.

Da eine solche Quasilegalisierung durch eine Kopierabgabe auf Hardware nicht erwünscht ist, weil sie die möglichen Verluste nicht annähernd ausgleicht, soll die Kriminalisierung von Raubkopierern im öffentlichen Bewusstsein verstärkt werden. Dieser Trend ist erkennbar und es kann daher nützlich sein, sich noch einmal die Entwicklung des Rechtsempfindens in diesem Bereich anzuschauen, vor allem, um sich die Grenzen solch einer Kampagne zu verdeutlichen.

Die Crux der Computer ist in diesem Zusammenhang, dass sie, anders als ihre Vorläufer, die erst mechanischen, dann elektrischen und schließlich elektronischen Schreibmaschinen, eine bestimmte Software haben müssen, um überhaupt in der Weise ihrer Vorgänger einsetzbar zu sein. Viele tausend Mark in eine Büromaschine zu investieren und dann genötigt zu sein, noch einmal viel Geld für ein Betriebssystem hinzulegen, um sie überhaupt betreiben zu können, das war neu. Und all dies vor dem Hintergrund der so leichten Kopierbarkeit selbst Tausende von Mark schwerer Programme. Die ausgefeilten und teilweise kleinkarierten Lizenzierungsbedingungen der Produzenten taten ein übriges, um bei vielen PC-Besitzern auch die letzten moralischen Bedenken zu zerstören. Und was einmal problemlos geklappt hat, wird man möglicherweise wiederholen, den folgenden Generationen von Usern zum Vorbild. Den zeitgenössischen Moralisten muss man wohl sagen, dass einem Handeln, das sich derart zur Gewohnheit eingeschliffen hat, mit moralischen Appellen nur noch schwerlich beizukommen sein wird.

Piraten und ihre Kunden haben kaum Gewissensbisse und viele Richter werden bei Delikten der Software-Heimpiraterie auch nicht gleich zur Keule schwerster Sanktionen greifen, obwohl dies möglich wäre. All dies zeigt, wie sehr das Rechts- bzw. Unrechtsbewusstsein eine Variable ist, obwohl die rechtliche Ausgangslage eindeutig ist: Der Handel mit Programmen ist illegal. Jeder User muss sein o.k. zu den Lizenzbestimmungen der Software, die er auf seinen Rechner lädt, erklären und weiß damit, was er tut. Und es tun viele, allein in Deutschland soll bereits jedes dritte Programm illegal laufen.

Doch auch diese Zahlen sollten in die rechte Perspektive gerückt werden. Dieses Drittel illegaler User ist keine homogene Masse, die Gründe für ihr Tun sind so unterschiedlich wie ihre Herkunft. Und sie gehören von vorneherein nicht unbedingt zum Stamm potentieller Käufer der Ware, d.h. die meisten von ihnen würden es unter normalen Umständen und zu diesen Preisen wohl nicht erwerben. Die Vertrautheit mit dem illegal erworbenen Programm und die kurzen Updatezyklen der Programmanbieter bringen m.E. aber auch etliche dazu, über kurz oder lang den Kauf eines lizenzierten Programms in Erwägung zu ziehen, insbesondere, wenn es professionell genutzt werden soll.

Und nicht zuletzt wird der Erfolg eines Computerprogramms auch an seiner Verbreitung gemessen. Da der Schlüssel zum dauerhaften wirtschaftlichen Erfolg aber zugegebenermaßen in der Fortentwicklung des Systems liegt, ist darauf zu achten, ob die entgangenen Lizenzgebühren die Innovationsfähigkeit der Branche wirklich gefährden.

121

Allen Unkenrufen zum Trotz ist dies aber offenbar nicht geschehen.

Und noch ein Letztes hierzu: Softwarepiraterie (und wegen des Mediums CD auch die Musikpiraterie) ist ein Sonderfall im Gesamtkonzert der Piratenaktivitäten. Im Gegensatz zur klassischen Produktpiraterie im Bekleidungs-, Medikamenten- oder Parfümsektor, in denen z.T. auch gemeingefährlich ge- und verfälscht wird, d.h. die Produkte immer ›fakes‹ sind, verwirklicht die CD-Kopie geradezu den Traum eines Replikators aus einer bekannten Science-Fiction-Serie. Im Gegensatz zur Fälschung ist sie identisch mit dem Original und damit völlig gleichwertig. Der Kopierschutz früherer Tage über den Qualitätsverlust der analogen Medien entfällt und damit auch eine weitere Hemmschwelle.

Wer die Wahl hat ...

Frühe Software wurde weitgehend mit staatlicher Förderung programmiert, natürlich sollten diese Anwendungen (wie das noch heute im professionellen Bereich übliche UNIX) möglichst vielen Anwendern verfügbar bleiben und durften deshalb nicht lizenziert werden. Erst mit Beginn der Produktion von Anwendungen für einen (Massen-)Markt kam es zur kommerziellen Entwicklung von Software, die zur Lizenzierung von Computerprogrammen führte und den Softwarebereich in der Weise kommerzialisiert hat, wie er es heute ist. Und Microsoft hat durch eine geschickte und aggressive Firmenpolitik, und zwar weniger mit seinen Programmen als mit seinem Windows-Betriebssystem, eine marktbeherrschende Quasimonopolstellung eingenommen. Das erinnert doch ganz an die Spanier, die im 16. Jahrhundert z.B. ihr Monopol im Amerikahandel höchst aggressiv verteidigten und die Freibeuter damit erst auf den Plan riefen.

Aber es gibt nach wie vor nicht nur den Kommerz, und die UNIX/Linux-Welt macht vor, dass, wo es keine lohnende Beute es auch keine Piraten gibt. Diese Bewegung gegen die Kommerzialisierung von Systemen und Programmen kam aus dem bereits erwähnten Wissenschaftsbereich. Die Free Software Foundation stellte 1984 das GNU-Projekt vor. Wie das Kürzel sagt: GNU is Not Unix, aber es ist UNIX-kompatibel und ein freies Betriebssystem. Mit dem von Linus Thorwald entwickelten Kernel wurde Linux langsam aber stetig und in der jüngeren Vergangenheit sogar zu einem zunehmend ernstgenommenen Konkurrenten Microsofts. Das fundamentalistisch anmutende Lizenzierungsmodell der GNU-Entwickler, die GNU-GPL General Public License, fordert die Offenlegung und freie Weitergabe aller Quellcodes, und zwar über alle möglichen Generationen der Weiterentwicklung hinweg. Alle unter der GPL fortentwickelten Programme und Programmteile stehen wiederum jedermann zur Verfügung – kein Copyright also, sondern ein Copyleft – und so bezeichnet man auch dieses Prinzip der Überlassung von Rechten.

Prinzipiell wird es künftig also auch anders gehen. Keiner ist in Zeiten von RED HAT oder SUSE Linux gezwungen, Produkte aus kommerziellen Softwareschmieden auf seinem Rechner laufen zu lassen. Dazu kommt eine Flut von Freeware, preisgünstige Shareware, ja ganze Office-Pakete für DOS/WINDOWS zum Null- oder wenigstens Spartarif. So verliert das Argument, ohne die »großen« Programme nicht vernünftig arbeiten zu können oder auch möglichst kompatibel zur Mehrzahl der User sein zu müssen, als Legitimation für Softwareraub zunehmend an Gewicht.

Wo spielt die Musik ...

Die CD hat sich als das Medium des zeitgenössischen Musikmarkts durchgesetzt. Da es keinen wirksamen Kopierschutz für sie gibt und zudem die Brennertechnologie immer günstiger wird und sich immer schneller verbreitet, ist nicht ausgeschlossen, dass die Profite aus dem Verkauf von Original CDs jenen kritischen Level auch unterschreiten können, jenseits dessen Musik mit dem bekannten, bewährten und teuren Marketingapparat nicht mehr produziert werden kann. Diese wachsende Piratenaktivität in ihren angestammten Gewässern hat die Musikindustrie alarmiert. Und während das alte Problem noch nicht gelöst ist, zeigt sich eine neue Gefahr: ein Verfahren, im Internet hoch qualitative Musik in optimaler Komprimierung zu übertragen (und damit die Übertragungszeiten gering zu halten), MP3 genannt.

Selbst nach Expertenmeinung der CD qualitativ gleichwertig, ist die Verfügbarkeit dieser Musik bislang nur durch die langen Übertragungszeiten im Internet (geringe Bandbreite) begrenzt. Größere Bandbreiten und einige abgebrühte und subversive Gegner der Musikindustrie, die deren Musik zwar illegal aber zum legalen ›Download‹ ins Netz stellen, sind für die Branche in der Tat ein Menetekel. Laut gegenwärtiger Gesetzeslage (nicht nach meiner Eingangsdefinition) wären wir als Otto Normalbrenner und -Surfer in den MP3-Barbareskenhäfen noch nicht einmal selbst Piraten, sondern nur ihre Handlanger.

Ein solcher Angriff auf die Musikindustrie stünde allerdings ganz sicher am ehesten in der Tradition jener zuweilen doch vom Größenwahn befallenen historischen Piraten, die glaubten, sie könnten mit ihren Schiffen Imperien bedrohen oder ganze Seehandelswege kontrollieren. Die Goldschiffe (oder treffender Galionsfiguren) der Musikindustrie schon beim Auslaufen von Netzpiraten kopiert und damit wirtschaftlich versenkt, sind dennoch der Albtraum der Musikindustrie. Aber soweit ist es ja noch nicht und ob es dazu kommt, ist auch von der weiteren technischen Entwicklung abhängig.

Noch eine andere Perspektive ...

Ich möchte zum Schluss daran erinnern, dass selbst Produktpiraterie, die sich in den Netzen austobt, prinzipiell nichts Neues ist. Die begründete Vermutung, das US-amerikanische Stellen von Beginn an das Netz auch für einträgliche Wirtschaftsspionage nutzten, ist jedoch jüngst von einer Kommission des europäischen Parlaments bestätigt worden. Die Staatspiraten der National Security Agency haben danach mit ihrem »Echelon« genannten integrierten Abhörsystem die derzeit wohl weltweit schärfsten Klingen für einen Informationskaperkrieg geschmiedet.

Der jüngste Bericht einer bundesdeutschen Regierungskommission weist dagegen auf die möglichen Gefahren von Cyberterrorismus im Internet hin. Diese Form des Terrors, die über Raub hinaus Manipulation, Störung oder Zerstörung zum Ziel haben wird, hat jedoch wenig mit Piraterie zu tun, sondern ist m.E. schlechterdings die Ouvertüre zum allseits befürchteten Net War (Krieg der Netze). Aber das ist eine andere Geschichte.

All dies mag zeigen, dass sich strukturell gar nicht so viel verändert hat. So mancher Raubzug verläuft ganz im Stile der alten Freibeuter wie Drake und anderer Kapitäne, die mit Kaperbriefen ihrer Regierungen und dem Auftrag ausgestattet waren, dem Feind seine Monopole streitig zu machen und so viel wie nur möglich zu rauben.

Peter René Becker
Piratenhaftes in der Natur

Piratenfisch-Männchen vom Pfauenlippfisch,
Zeichnung von Sonja Schadwinkel.

Es gibt Verhaltensweisen, die gelten als typisch menschlich. Dazu zählt das Foltern von Feinden ebenso wie das Dichten von Liebeslyrik, das künstlerische Gestalten ebenso wie das heimtückische Morden. Und die Piraterie?

Das zu beantworten ist schon schwieriger. Setzen die vier erstgenannten Verhaltensweisen allesamt das Vorhandensein eines reflektierenden Bewusstseins voraus und bleiben schon deshalb dem Menschen vorbehalten, so verbirgt sich hinter dem Begriff der Piraterie eine Vielzahl unterschiedlicher Verhaltensweisen und Motive, die zwar auch regelmäßig ein Reflexionsvermögen des Piraten voraussetzen, deren Ziel aber auch mit anderen, nämlich tierischen Konzepten erreicht werden kann: Beute abjagen.

Dementsprechend steht im anglo-amerikanischen Sprachraum das Wort »piracy« synonym für »kleptoparasitism«, auf fachdeutsch: »Kleptoparasitimus« oder »Kleptobiose«. Mit diesen Termini ist eine Lebensart benannt, die das Abjagen von Beute als eine Form des Nahrungserwerbs mit einschließt. Also sind alle Beute abjagenden Tiere Piraten?

Das wäre zu einfach. Die Tauben, die sich um ein hingeworfenes Stück Brot streiten, die Lachmöwen, die sich gegenseitig alte Pizzareste wegnehmen, die Sperlinge, die einander die Bruchstücke einer Eiswaffel nicht zu gönnen scheinen: Sie alle sind keine Piraten, sondern nur Futterneider. Die kleinen Streitereien enden schnell, die ordnende Hand eines Sozialgefüges sorgt für Ruhe. Im Tierreich gibt es Piraterie vorwiegend zwischen Individuen verschiedener Arten, höchst selten innerhalb einer Art. Daher können wir Piraterie im Tierreich nur als Analogon betrachten, nicht als homologe Verhaltensweise, dementsprechend die Tiere nur als Piratoide beschreiben, nicht als Piraten.

Mit dieser Einschränkung werden wir schnell fündig: Unter den Vögeln leben viele Arten, die saisonal oder permanent, fakultativ oder obligatorisch anderen Arten die Beute abjagen.

Ein Beispiel ist unsere heimische Amsel: Sie frisst zwar gerne Gehäuseschnecken, beherrscht aber keine Techniken, die Gehäuse zu zerstören, um an den leckeren Inhalt zu gelangen. Sing-, Mistel- und Rotdrosseln hingegen erbeuten Schnecken, indem sie das Gehäuse in den Schnabel nehmen und auf einem flachen Stein zertrümmern. Stumme Zeugen einer Schneckenmahlzeit sind dann die Schalenbruchstücke, die den »Schnecken-amboss« umgeben. Entdeckt nun eine Amsel solch einen Amboss, »lauert« sie den Werkzeug gebrauchenden Drosseln auf und jagt ihnen die aufgeschlagene Beute ab. Wesentlich regelmäßiger als die Amseln treten viele Vogelarten aus der Familie der Möwen als Piratoide auf. Insbesondere die Raubmöwen, auch Skuas genannt, beherrschen den Kleptoparasitismus perfekt. Sowohl innerhalb als auch außerhalb der Brutzeit überfallen sie Basstölpel, Papageitaucher, Dreizehen-möwen und andere Meeresvögel im Flug und bedrängen sie so heftig, dass die Vögel ihre erbeuteten Fische aus dem Schnabel fallen lassen bzw. aus dem Kropf hochwürgen. Sofort stürzen die Raubmöwen hinterher und fangen die Nahrung noch in der Luft auf oder sammeln sie von der Wasseroberfläche. So können sie sich wochenlang von Fisch ernähren, ohne selbst nass zu werden. Wenn auch alle sieben Arten der Raubmöwen zwischen Nord- und Südpol kleptobiotisch leben, so gibt es doch Unterschiede zwischen

ihnen. Häufig machen Kleinsäuger, Vögel, Eier, Aas, selbst gefangener Fisch und sogar Beeren in manchen Monaten einen höheren Anteil an der Nahrung aus als die piratoid erworbenen Fische. Nur die Schmarotzerraub-möwen der arktischen und subarktischen Gewässer bleiben nahezu ganzjährig der Kleptobiose treu. Sie sind wahre »Piraten der Lüfte« und jagen Seevögeln jahrein, jahraus die Beute ab. Aus dem Schnabel hängende Fische oder ein verändertes Flugverhalten bei gut gefülltem Kropf signalisieren der Schma-rotzerraubmöwe einen Erfolg versprechenden Angriff auf ihr Opfer. Sie folgt ihm im Tief-flug und stößt überraschend von unten zu. In bis zu sechzig Prozent aller Fälle schließt sie ihren Angriff erfolgreich ab, und die Beu-te der Opfer gehört ihr. Erfolg versprechen-de Gegenmaßnahmen der Angegriffenen sind schnelles Hinabtauchen ins Meer oder kur-ze, richtungsändernde Flugmanöver.

Hoher Feinddruck soll bei zwei Ar-ten von Haken-

Grosse Raubmöwe.

Putzerfische in Aktion.

sturmtauchern im tropischen Ostpazifik sogar zu einer außergewöhnlichen »Abwehrreaktion« im Laufe der Evolution geführt haben, nämlich zu Mimikry: Die jetzt lebenden Individuen beider Arten ähneln in der Färbung den dort jagenden Skuas so stark, dass sie nicht nur selbst von Piraterie verschont bleiben, da Skuas keine Artgenossen kleptoparasitieren, sondern sogar von der Färbung profitieren: Andere Vogelarten verwechseln sie mit Skuas und lassen beim Anflug der eigentlich harmlosen Hakensturmtaucher »kampflos« ihre Beute fallen.

Neben den Raubmöwen sind die Fregattvögel die erfolgreichsten Piratoiden. Sie leben in fünf Arten an den Küsten tropischer und subtropischer Meere, fangen fliegende Fische und lesen Jungvögel und frisch geschlüpfte Meeresschildkröten im Flug vom Strand oder von der Wasseroberfläche auf. Alle Arten betätigen sich aber auch kleptoparasitisch: Vorzugsweise verschiedenen Tölpelarten flie-

gen sie offensiv entgegen und hören wohl aus dem Angstschrei des Tölpels, ob sich die weitere Verfolgung lohnt: Klingt der Schrei voll, ist nichts zu holen, klingt er gepresst und hoch, transportiert der Tölpel Fische. In diesem Fall setzen die Fregattvögel ihm im Flug arg zu: Sie hacken in Flügel und Schulterbereich, ziehen am Schwanz und zerren am Schnabel, bis er die Beute frei gibt. Noch in der Luft fängt ein Fregattvogel die Nahrung auf, denn Wasserberührung vermeiden Fregattvögel, wann immer es geht, da ihr Gefieder nur wenig fetthaltig ist und sehr schnell nass wird.

Dass Seevögel auch an Land Opfer von Piratoiden werden können, zeigen uns Königs-, Zügel- und Adeliepinguine. In ihrer Heimat, dem Südpolargebiet, leben auch Weißgesicht- und Schwarzgesicht-Scheidenschnäbel. Sie haben sich darauf spezialisiert, zur Zeit der Pinguinjungenaufzucht die fütternden Altvögel derart intensiv zu bedrängen, dass die

Futterübergabe oft misslingt und statt des Pinguinjungen der Scheidenschnabel die Beute frisst.

Bis heute sind von den etwa 10.000 bekannten Vogelarten etwa 110 als Piratoide beschrieben worden, das heißt, in rund einem Prozent aller Vogelarten hat sich Kleptoparasitismus als eine der möglichen Evolutionsstrategien zum Nahrungserwerb entwickelt. Aber auch andere Verhaltensweisen von Tieren sind piratenanalog: »Unter falscher Flagge segeln« und »Angriffsabsichten verschleiern« sind sowohl bei den Piraten als auch bei den Piratoiden erfolgreiche Taktiken, Beute zu machen.

Sehr eindrucksvoll zeigen afrikanische Hyänenhunde, wie zielführend es sein kann, seine Zielgruppe zunächst zu täuschen. Anders als andere Raubtiere, die sich entweder an ihre Beute anschleichen oder ihr auflauern, machen die Hyänenhunde scheinbar keinen Hehl aus ihrer Anwesenheit. Im Gegenteil: Die etwa zehn erwachsenen Tiere eines Rudels schließen sich locker hintereinander und trotten ohne Rücksicht auf Windrichtung und Deckung geradewegs auf die potentiellen Beutetiere zu, von denen sie schon längst bemerkt worden sind. Die Lauflinie ist nicht sehr starr, die Hyänenhunde kreuzen ihre Spuren, laufen auch mal nebeneinander her, und manchmal überfallen sie sich spielerisch gegenseitig. Wenn sie auf diese unverdächtige Weise der Annäherung die kritische Fluchtdistanz ihrer Beute unterschritten haben und die potentiellen Opfer nun die Flucht antreten, ist es zu spät: Die Hyänenhunde sprinten los und sind schnell auf 70 km/h. Sie verfolgen mit großer Ausdauer und auf breiter Front die flüchtende Herde. Ständiger Blickkontakt der Jäger untereinander und Abgleich, welches Gruppenmitglied näher an einem Beutetier dran ist als man selbst und sofortiger Wechsel zu diesem stellen sicher, dass in kurzer Zeit die Angegriffenen auf

schlechte Läufer überprüft werden und sehr bald das ganze Rudel nur noch ein einziges Tier verfolgt und am Ende tötet. In der ostafrikanischen Serengeti bilden Thomsongazellen die Hauptbeute, im südafrikanischen Buschland die größeren Nyala-Antilopen.

»Unter falscher Flagge segeln« ist im Tierreich eine Form der Angriffsmimikry, die das Opfer ebenfalls bis zum Schluss im Unklaren lässt. In ganz unterschiedlichen Tiergruppen unabhängig voneinander entwickelt, wollen wir sie am Beispiel von Fischen vorstellen.

Im Indischen Ozean lebt die Meerschwalbe, ein Lippfisch, der zur funktionalen Gruppe der »Putzerfische« zählt. Sie befreien andere Fische von Hautparasiten und dürfen sogar gefräßigen Zackenbarschen gefahrlos das Gebiss reinigen. Zwischen »Putzer« und »Kunde« gibt es eine visuelle Kommunikation: Die Meerschwalbe hat nicht nur eine auffällige blau-schwarz-weiße Körperfärbung, sondern sie nähert sich dem zu reinigenden Fisch auch in einer bestimmten wippenden Schwimmweise. Auch der »Putzkunde« signalisiert mittels Körpersprache seine Bereitschaft optisch. Diese Kommunikation nun machen sich Piratoide zunutze: Dem Putzerfisch täuschend ähnlich sehend, die wippende Schwimmweise imitierend, nähert der Säbelzahn-Schleimfisch sich einem »Kunden«. Dieser merkt die Nachahmung nicht und lässt den vermeintlichen Putzer an sich heran. Doch anstatt einer Putztätigkeit nachzukommen, beißt der Säbelzahn-Schleimfisch mit seinem dafür spezialisierten Gebiß ein Stück Haut oder Flosse aus seinem »Kunden« heraus.

Diese Situation kann natürlich nur evolutionsstabil sein, wenn die Zahl der Nachahmer die Zahl der Vorbilder, hier der Meerschwalben, deutlich unterschreitet. Denn die Begegnung mit den echten Putzern muss für die »Kunden« viel häufiger sein als die mit

127

den Piratoiden, da das Kommunikationssystem sonst zusammenbräche und für jeden potentiellen Kunden die auffällige Färbung und die wippende Schwimmweise eher ein Signal zur Flucht wäre.

Eine Variante des »Unter-falscher-Flagge-Segelns« zeigen die Trompetenfische. Sie leben in den Korallengebieten der Karibik, des Atlantiks und des Pazifiks. Ihre eher träge Schwimmweise lässt nicht vermuten, dass sie räuberisch von kleinen Fischen leben. Aber wie kommen die langsamen Trompetenfische an ihre Beute heran? Sie benutzen große Fische als Deckung und Sichtschutz, um möglichst dicht an ihre Beute heranschwimmen zu können. Zu diesem Zweck dienen ihnen vor allem Papageifische, an deren Rücken sie eng angeschmiegt mitschwimmen. Da Papageifische Hartkorallen fressen und für Fische harmlos sind, fliehen die Fische auch nicht

vor ihnen. Diesen Vorteil nutzt der Trompetenfisch aus: Ist ein Fisch geeigneter Größe nah genug, gleitet der Trompetenfisch seitwärts vom Rücken des Papageifisches hinunter und schnappt sich blitzschnell die Beute.

Hatten wir es bisher mit Piratoiden zu tun, so geht es im letzten Beispiel um echte Piraterie, denn hier handelt es sich um innerartliche Vorgänge. Und noch einen Unterschied gibt es zu den bisherigen Beispielen: Dieses Mal dreht es sich nicht um Nahrung, sondern um Weibchen, folglich steht die Piraterie hier nicht im Kontext des Nahrungserwerbs, sondern der Fortpflanzung.

Beim Pfauenlippfisch aus dem Mittelmeer bauen geschlechtsreife Männchen während der 50 Tage dauernden Laichperiode einfache Algennester auf felsigem Grund. Auffallend ist, dass die größten und kräftigsten

Männchen keine Nester bauen und bewachen, sondern nur kleinere Männchen. Täglich schwimmen nun Weibchen durch das gesamte Brutgebiet und laichen in manchen Nestern ab. Nachdem die nestlosen Piraten eine Zeitlang beobachtet haben, in welchen Nestern Weibchen häufiger ablaichen und in welchen nicht, verjagen sie nach kurzem, fast immer erfolgreichem Kampf den Besitzer eines häufig frequentierten Nestes, fressen einen Großteil des Geleges auf und harren der kommenden Weibchen. Nachdem sie deren Eier besamt haben, verlassen sie das Nest, die alten Besitzer kehren zurück und bewachen zehn Tage lang das Gelege, von dem aber bestenfalls ein kleiner Teil ihre eigenen Nachkommen sind. Auf diese Weise sparen die Piraten nicht nur den Aufwand für Nestbau und Brutpflege, sondern genauen Berechnungen zufolge stellt diese Form der Piraterie die erfolgreichste Taktik im Fortpflanzungsgeschehen der Pfauenlippfische dar. Beim Augenfleck-Lippfisch aus dem Mittelmeer, einem japanischen Anemonenfisch und einer nordamerikanischen Grundbarsch-Art vermutet man ähnliche Piratenverhältnisse.

Dieser Überblick zeigt, dass piratenhafte Verhaltensweisen im Tierreich gar nicht so selten sind und immer eine evolutionsstabile Strategie darstellen. Vor allem bei der Verteilung knapper Ressourcen können wir mit Pirat(oid)en rechnen, denn sie nutzen Zeit und Energie anderer, um ihre eigenen Kosten zu senken. »Synergieeffekte« nennen Piraten das.

Trompetenfisch, eingelegt.

129

Kay Hoffmann

Unterm Pflaster liegt der Strand

Einige Anmerkungen zum Piraten im Film

»At first glance, Hollywood and pirates would seem to be made for each other, but in fact they are not. Apart from the technical difficulty that sailing ships are nightmare machines which refuse to stay still, and even large models have their problems, there is the plain fact that pirates – the real pirates of history, the Black-beards and Morgans and Kidds and Calico Jacks – are too bizarre, too larger-than-life, too unreal even for the cinema.«[1]

Schiffe mit geblähten Segeln, Fecht- und Kampfszenen, ein Schuss Romantik und Exotik gehören ebenso zum Piratenfilm wie der Schatz, die Augenklappe, das Holzbein oder »die« Piratenfahne mit Totenkopf und gekreuzten Knochen. Sie haben unsere Vorstellung vom Piraten mehr geprägt als die Populärliteratur – oft Vorlagen für Verfilmungen. Zwischen 1690 und 1730 gab es eine Phase, die als das »Goldene Zeitalter der Piraterie« bezeichnet wird.[2] Viele Piratenfilme beziehen sich auf diese Zeit, aber es werden auch ganz andere Perioden thematisiert wie die der Wikinger, die amerikanisch-englischen Konflikte im 19. Jahrhundert oder auch vereinzelt Formen moderner Piraterie, wie die Informationspiraten in »Matrix« (1999).

Der Piratenfilm ist ein Subgenre des Mantel- und Degenfilms bzw. auch des Abenteuerfilms und folgt ähnlichen Gesetzen. Mit ihnen teilt er das Interesse an Kampfszenen, der Rebellion des Einzelnen gegen eine Übermacht von Bösen und die Rolle der Frau als dekoratives und umworbenes Objekt der Begierde. »Die eigenständigen Genreelemente beruhen in erster Linie auf dem Schauplatz (Schiffe und Piratenverstecke) und dem begrenzten Personenrepertoire, was zwangsläufig dazu führt, dass die Handlungen eines Piratenfilms, die Rivalität zwischen Piratenkapitän und bösem Unterführer, die Enterung eines (meist spanischen) Schiffes und das kühne Stürmen einer Festung, noch weniger variabel sind als die der meisten Genres.«[3]

Trotz dieser dramaturgischen Einschränkungen werden Piratenfilme seit den Anfängen des Films kontinuierlich gedreht, vor allem in den USA. Aufwendige Tricks, Modelle und Stunts sind erforderlich. Es sind hunderte von Filmen entstanden, wobei es keinen Regisseur gibt, der sich auf den Piratenfilm konzentriert hätte. Die meisten drehen einen, höchstens zwei solcher Filme; eine Ausnahme ist der Italiener Domenico Paolella mit vier Filmen. Doch sind einige sehr bekannte Regisseure darunter wie der Urvater der amerikanischen Filmindustrie D. W. Griffith (»Pirate Gold«, 1913). Ebenfalls zu den klassischen Regisseuren Hollywoods gehörte Cecil B. DeMille, der mit »The Buccaneer« (1938) und »Reap the Wild Wind« (1942) sogar zwei Piratenfilme drehte. Dies trifft auch für Michael Curtiz zu, der eine der Adaptionen von »Captain Blood« (1935) drehte und kurz darauf 1940 mit »The Seahawk« (»Herr der sieben Meere«) einen Klassiker des Genres mit Errol Flynn. Der Meister des Suspense, Alfred Hitchcock, drehte 1939 als letzten Film in Großbritannien »Jamaica Inn« (»Riff-Piraten«). Er spielt nicht in der exotischen Karibik, sondern an der englischen Küste von Cornwall. Charles Laughton ist hier Chef einer Bande von Strandpiraten, die mit falschen Lichtsignalen Schiffe auf die Klippen locken, um die Ladung zu plündern. Obwohl der Film erfolgreich war, mochte ihn Hitchcock nie besonders und bezeichnete ihn als »ein völlig absurdes Unternehmen«.[4]

Roman Polanski drehte 1986 »Pirates« mit Walter Matthau als Kapitän Red und Chris Campion als seinem Schüler. Er knüpft dabei an klassische Themen an, z.B. die Plünderung eines spanischen Schiffes, inszeniert monumental und bricht die Ernsthaftigkeit dann doch durch ironisch witzige Überhöhung schwulstiger Musikunterlegung.

Für den Piratenfilm sind weniger die Regisseure entscheidend als vielmehr die Darsteller. Douglas Fairbanks war der erste männli-

1 George MacDonald Fraser: The Hollywood History of the World. London 1996, S. 97.
2 David Cordingly (Hg.): Piraten. Furcht und Schrecken auf den Weltmeeren. Köln 1999; Angus Konstam: Atlas der Beutezüge zur See. Piraten, Seeräuber, Freibeuter. Augsburg 1999.
3 Liz-Anne Bawden (Hg.): rororo Filmlexikon. Bd. 2 Filme K–S. Reinbek 1983, S. 503.
4 François Truffaut: Mr. Hitchcock, wie haben Sie das gemacht? München 1980 (5. Aufl.), S. 110.

Szene aus der Muppets-Schatzinsel von 1996: Jim Hawkins (Kevin Bishop), Gonzo, Rizzo und Fozzie-Bär stechen in See. (© Bueno Vista International)

Eva Gabor spielte das Sklaven-
mädchen in »Captain Kidd and
the Slave Girl«.
© Pressebilderdienst Kindermann

5 Georg Seeßlen: Romantik &
Gewalt. Ein Lexikon der
Unterhaltungsindustrie. Band II.
München 1973, S. 58.
6 Details siehe: Gert Koshofer:
Color. Die Farben des Films.
Berlin 1988, S. 56.
7 Ursula von Keitz: Der erotische
Oberkörper oder Film als
gymnastische Übung.
Erinnerung an Douglas
Fairbanks. In: epd Film, 6/
1999, S. 28.

che Star der Kinogeschichte. Er war auf Draufgängerrollen spezialisiert, in denen er »mit Degen, Schwert und Peitsche umzugehen weiß, das Herz aller Frauen durch seine unbekümmerte Männlichkeit gewinnt und im Abenteuer in erster Linie ein großes Vergnügen sieht«.[5] 1926 schrieb er das Drehbuch und spielte die Hauptrolle in »The Black Pirate«, einem der ersten genretypischen abendfüllenden Piratenfilme und sehr frühen Farbfilm. »Douglas Fairbanks ließ mit vier Technicolor-Kameras an der Küste von Catalina Island Farbabstimmungen impressionistisch aufnehmen und Testkopien in sechs verschiedenen Farbtönen – von Pastell

bis zu den kräftigsten Farben, die damals möglich waren – herstellen«.[6] Beim Zweifarbenverfahren wurden zwei Filme mit verschiedenen Farben gedreht und später zusammengeklebt, was annähernd den Eindruck eines Farbfilms vermittelte. »Die Fregatte, die der Schwarze Pirat erobert, ist ganz monumentales Turngerät. Hangeln, Springen und eine kaum mehr zählbare Menge von Felgaufschwüngen bestimmen die Handlung, so als wolle Fairbanks eine sportliche Konkurrenz gewinnen.«[7]

Errol Flynn gehört zur nächsten Schauspielergeneration und kommt zum Höhepunkt der amerikanischen Piratenproduktion in den 40er und 50er Jahren zum Einsatz. 1935 spielt er in der Wiederverfilmung von »Captain Blood« unter der Regie von Michael Curtiz die Hauptrolle mit der 19-jährigen Olivia de Havilland als Partnerin. Dieser Film ist vor allem deshalb erwähnenswert, da er versucht, die Piraterie in ihren historischen Kontext zu stellen und deren eherne Regeln zu berücksichtigen.[8] Wichtiger ist 1940 seine Rolle in »The Sea Hawk«, der im deutschen Kino unter dem Titel »Der Herr der sieben Meere« ins Kino kam. Er spielt Geoffrey Thorpe, den schlagkräftigen Piratenkapitän des »Seefalken«, der im 16. Jahrhundert inoffiziell für die englische Königin Elizabeth Schiffe der spanischen Flotte überfällt. So kapert er das stolze Schiff eines spanischen Gesandten und verliebt sich natürlich in dessen Nichte. Das Glück wendet sich, als er von den Spaniern gefangen und samt Mannschaft als Galeerensklave eingesetzt wird. »Es gelingt jedoch Thorpe, sich und seine Männer zu befreien, die Spanier zu überwältigen und England im letzten Augenblick vor Spaniens Überfall zu retten. Der Kapitän wird für seine kühne Tat von der Königin zum Ritter geschlagen, und seine glänzende Zukunft wird die schöne Doña Maria mit ihm teilen.«[9] Hier zeigt sich, wie politisch die

Funktion des »Freibeuters« sein kann. Denn in der Tat wurden von den Engländern regelrechte Lizenzen zum Rauben erteilt, um die spanische Vormachtstellung auf den Weltmeeren zu brechen; berühmt sind John Hawkins und Francis Drake. Gerade das englisch-spanische Verhältnis wird in »The Seahawk« sehr vereinfacht, doch kam der Film 1940 zum richtigen Moment, um den bedrängten Briten Mut zur Verteidigung zu geben – angeblich einer der Lieblingsfilme von Winston Churchill.[10] Der Film erfüllte eine politische Funktion: die der Mobilisierung gegen die Nazis, die sich selbst bestens darauf verstanden, vordergründig harmlose Unterhaltungsfilme als bewusste Zerstreuung einzusetzen. Neben den männlichen Helden wurden immer wieder auch Piratinnen in den Mittelpunkt der Handlung gestellt, die allerdings nie so berühmt wurden. Klassiker dafür sind »Anne of the Indis« (»Die Piratenkönigin«, 1951), »Buccaneer's Girl« (»Die Piratenbraut«, 1950), »The Princess Bride« (1987) und der sensationelle Streifen »Cutthroat Island« (»Die Piratenbraut«, 1995) mit Geena Davis in der Hauptrolle.

Es ist auffällig, dass die meisten Piratenfilme aus den USA kommen, insbesondere in den 50er Jahren, einige noch aus Großbritannien. »Der Piratenfilm der B-Kategorie, der sich die Schauwerte der Großproduktionen nicht leisten konnte, wich aus in die verwickelte Konstruktion von Intrige und *plot*; während der Piraten-'Großfilm' sich Zeit für seine großen Momente, vom Erscheinen der stolzen Segelschiffe bis zu den meisterhaft ausgeführten Duellen ließ, läßt der B-Film des Genres seinen Mangel durch die Atemlosigkeit der Handlung verbergen.«[11] Ende der 50er Jahre werden innerhalb von sechs Jahren zwanzig meist drittklassige Piratenfilme in Italien hergestellt. In den 70er Jahren werden große Koproduktionen üblich, an denen bis zu fünf Länder beteiligt sind. In den 90er Jahren ent-

8   George MacDonald Fraser: The Hollywood History of the World. London 1996, S. 98.
9   Illustrierte Filmbühne Nr. 32: Der Herr der sieben Meere. München o.J., S. 4.
10 George MacDonald Fraser: The Hollywood History of the World. London 1996, S. 84.
11 Georg Seeßlen: Abenteuer. Geschichte und Mythologie des Abenteuerfilms. Marburg 1996, S. 101.

Unter der Regie von Byron Haskin entstand der Klassiker der Schatzinsel in den USA. Das Bild zeigt die legendäre Hispaniola. (© DEGETON Berlin)

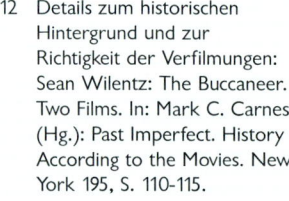

Auch die 1953 produzierte Walt Disney-Fassung von Peter Pan kennt Piraten.
(© Walt Disney Company)

12 Details zum historischen Hintergrund und zur Richtigkeit der Verfilmungen: Sean Wilentz: The Buccaneer. Two Films. In: Mark C. Carnes (Hg.): Past Imperfect. History According to the Movies. New York 195, S. 110-115.

standen die meisten Neuverfilmungen in Australien. Im Grunde werden immer wieder dieselben Geschichten erzählt. Mit am erfolgreichsten ist dabei sicher »Die Schatzinsel« nach dem Roman von Robert Louis Stevenson, die unzählige Male verfilmt wurde (z.B. 1996 mit der Muppet-Show). »Die Piraten von Penzance« wurde sechsmal verfilmt und ebenso oft lässt sich der Titel »The Buccaneer« nachweisen. Im zweiten Unabhängigkeitskrieg half der Pirat Jean Laffite 1815 den Amerikanern, New Orleans gegen die Engländer zu verteidigen.[12] Ein beliebter Stoff ist auch Peter Pan und Kapitän Hook, der mindestens ein dutzendmal verfilmt wurde, u.a. auch als Disney-Zeichentrickfilm 1953 und von Steven Spielberg. Bald wurde das Piratenthema ironisch verfremdet. 1944 gab es die Komödie »The Princess and the Pirate« mit Bob Hope und Virginia Mayo; 1948 folgte mit »The Pirate« das große MGM-Musical mit Judy Garland und Grace Kelly. Der Animationsstar Bugs Bunny musste sich des Themas ebenso annehmen (»Buccaneer Bunny«) wie es wahrscheinlich unzählige Piratenadaptionen von Mickey Mouse & Co. gibt. »Pippi Langstrumpf im Takatukaland« muss genannt werden wie die zum Gag gewordenen Begegnungen von Asterix & Obelix mit den armen Piraten. Vergessen werden sollten ebenso wenig all die Filme, bei denen Piraten Teilaspekt der Handlung sind oder verwandte Themen wie die der Südsee (»Meuterei auf der Bounty«, »Robinson Crusoe«), die Konquistadoren oder der nautische Kampf gegen Napoleon.

Die Zeiten des romantischen Abenteuerfilms scheinen ebenso vorbei wie die der Piratenfilme. Selbst wenn sie historische Ereignisse und Personen akkurat darstellen wollten, ging es nie darum, authentisch zu sein. Geschichte wurde vereinfacht, romantische Elemente dazugegeben. Trotzdem wirkten die Piraten-

filme schnell klischeehaft, gerade durch die immer ähnlichen Handlungsmuster. So lässt es sich erklären, dass dieses Genre bald als Komödie, Musical oder Satire verfremdet wurde. Wenn die ewigen Kämpfereien schon ermüdend waren, sollte man zumindest darüber lachen können. Trotzdem haben diese Filme einen großen Einfluss auf unsere Vorstellung, wie ein richtiger Pirat zu sein hat. Neue digitale Tricktechnik kann die Effekte sensationell steigern, wie es zuletzt 1995 in »Die Piratenbraut« zu sehen war. Dabei wurden trotz Anlehnung an die Piratenklassiker in den Actionszenen neue Qualitäten für das Genre erzielt. Könnte es also bald zu einer Renaissance dieses technisch aufwendigen Genres kommen?

Peter Kuckuk

Über die Vorbildfunktion von Seeräubern

Piratengeschichten in Kinderbüchern

»Billy, der Seeräuber« kapert ein Schiff, 1990

Vielleicht faszinierten mich Seeräuber (den Begriff Pirat kannte ich noch nicht) zuerst in meinem Lieblingskinderbuch *Jäpkes Insel*,[1] das ich über Jugend und Erwachsenwerden bis ins Pensionsalter hinübergerettet habe. Dort tauchen Piraten plötzlich mitten in der Geschichte um den Lappenjungen Jäpke auf. Ihrem Erscheinen ist eine Katastrophe vorausgegangen: Der Eisberg, auf dem Jäpke einem Eisbären nachsteigt, bricht krachend auseinander. Jäpke treibt auf seinem schmelzenden und sich verkleinernden Eisberg, der zur dünnen Eisscholle wird, gen Süden. Doch da taucht eine rettende Insel mit einer Palme am Horizont auf, auf die sich Jäpke mit seiner Katze Tuttelsanft flüchten kann. Doch die rettende Insel ist keine, sondern der Rükken der berühmten Schildkröte Arimanthe, die gerade ihren vieljährigen Schlaf hält.

Den Einbruch der Piraten in Jäpkes Geschichte bringt »ein großes Schiff mit einem weißen Segel und einem Totenkopf darauf«. Ein ausgesetztes Seeräuberboot mit einer Kanone beschießt die vorgebliche Insel, die Schildkröte Arimanthe wird, weil aus ihrem Schlaf gerissen, wütend, zerschmettert das Seeräuberboot und Jäpke rettet sich schwimmend – zusammen mit den pitschnassen Piraten – auf deren Schiff. Kurz vor dem An-Bord-Klettern entdeckt Jäpke hinter einem vergitterten Fenster ein verweintes Mädchengesicht: Prinzessin Esmeralde, Tochter des Königs von Lapis Lazuli, die von den Piraten gefangen gehalten wird. Obwohl von diesen gastlich bewirtet, befreit Jäpke die Prinzessin und flieht zu deren königlichem Vater. Nach allerlei Verwicklungen am dortigen Königshof endet die Geschichte mit einem Happyend: Nachdem Jäpke versprochen hat, bald wiederzukommen, fliegt er auf dem Rücken eines Pelikans in seine Heimat Lappland: »... und bald sieht man ihn nur noch wie eine kleine rosa Wolke im blauen Himmel schwimmen.« In dieser Geschichte spielten schon viele Requisiten und Motive bzw. Symbole eine Rolle, die mir später wieder begegnen sollten: die einsame Insel, der Schatz, auch die Prinzessin und natürlich die Piraten.

Worum geht es?

Es geht im Folgenden um das von Kinderbüchern übermittelte Bild des Piraten, nicht um bestimmte historische Piratengestalten. Es interessieren hier Seeräubergeschichten in großformatigen Bild-Text-Bänden für Kinder bis maximal zwölf Jahren mit »richtigen« Geschichten, nicht etwa die verdienstvollen Sachbücher zu diesem Themenkomplex. Geschichten also, die eine festgelegte, gleichsam kanonisierte Kostümierung, bestimmte piratentypische Rituale, einen Schuss Romantik und auch eine gehörige Portion Phantasie

aufweisen. Meine subjektive Lesereise ist keineswegs auf Vollständigkeit oder gar Repräsentativität angelegt, es geht vielmehr um Trends, um Tendenzen.

Der kleine Pirat,[2] so der Titel eines Kinderbuches, macht einen kleinen Jungen zur Titelfigur und schafft damit für Kinder eine Voraussetzung zur Identifikation mit diesem. Zudem begann das Tagwerk dieses Seeräubers immer erst, wenn er »seine Cornflakes gegessen und seine Milch getrunken hatte« – ein Ritual, das vielen Kindern vertraut ist, mir aber als äußerst untypisch für die Essgewohnheiten von Piraten erscheint, die sich ja bekanntlich eher von hartem Schiffszwieback und vor Maden wimmelndem Pökelfleisch in Hülsenfrüchten ernähren mussten. Entdeckt der kleine Pirat ein Schiff, so schüchtert er dessen Besatzung ein und raubt

»... und wenn er seine Cornflakes gegessen und seine Milch getrunken hatte, mußte er in den Mastkorb steigen und nach Schiffen Ausschau halten, die er ausrauben konnte; denn das ist schließlich die Arbeit der Piraten.«

das Schiff aus. Das war jedesmal dasselbe und wurde allmählich langweilig: »Aber das war eben die Arbeit der Piraten.« So kämpft der kleine Pirat gegen »berufliche« Routine und Langeweile an. Nur manchmal, wenn ein Kapitän, ein Schiffsjunge oder eine couragierte Dame Widerstand leisteten, dann freute sich der kleine Pirat, da es Abwechslung brachte. Denn ab und an »möchte man ja vielleicht auch mal was anderes machen«, lässt die Autorin die Hauptfigur maulen. Doch der kleine Pirat macht weiter »die Arbeit der Piraten« und das heißt, jeden Morgen den Mastkorb hinaufzusteigen und nach Schiffen Ausschau zu halten. Der kleine Pirat kann gerade erst bis zwölf zählen (und damit ist er unter Kindern nicht allein), so dass es ihm schwer fällt, die Gesamtzahl seiner erbeuteten Schatztruhen zu ermitteln. »Dreimal musste er bis zwölf zählen und einmal bis sieben, und das war ja schon eine ganze Menge.« Und so steht er mit seinem Seeräuberhut auf dem Kopf auf dem Deck seines Schiffes, umgeben von den 43 Schatztruhen und am Horizont versinkt die Sonne im Meer.

Am nächsten Tag will der kleine Pirat es einmal ganz anders machen: Er zieht die schwarze Piratenflagge mit dem Totenkopf und gekreuzten Knochen ein, steigt in den Mastkorb, sichtet ein Schiff und hält darauf zu. Er unternimmt einen Versuch mit der Freundlichkeit: Jetzt kommt es zu einer freundlichen Begrüßung und einem Gespräch mit Mannschaft und Passagieren. »Es war wirklich ganz anders als an den anderen Tagen, und der kleine Pirat freute sich sehr.« Doch als er seine Identität als Pirat preisgibt, flüchten alle unter Deck, er aber geht seiner üblichen Beschäftigung nach und raubt das Schiff aus.

Auch bei den nächsten Begegnungen mit Schiffen merkt der kleine Pirat, dass sich niemand mit ihm unterhalten will, denn das Rollenspiel zwischen Piraten und friedlichen Schiffsmannschaften sieht das nicht vor. Bei Widerstand richtet der kleine Pirat seufzend seine große Kanone auf das Schiff: »Ich hatte es mir so nett vorgestellt. Wir hätten gemütlich ein wenig plaudern können, und dann hätte ich in Gottes Namen ihre Schatztruhe geraubt, und heute abend wären es dreimal zwölf und neun gewesen. Aber die Men-

schen hören ja gar nicht erst zu.« Einsamkeit als Preis für Macht!

Die Geschichte endet damit, dass der kleine Pirat beim Aufstehen fürchtet, dass der neue Tag wieder sein würde wie jeder Tag: »Keiner wird mit mir reden wollen. Es wird langweilig sein. Aber das ist eben die Arbeit der Piraten.« Doch nachdem er seine Cornflakes verzehrt, die Milch getrunken, die Piratenflagge gehisst und den Mastkorb erstiegen hat, sichtet er ein ziemlich kleines Schiff. Auf diesem ist nur ein alter Mann und der hat keine Schätze. Der alte Mann ist nicht wegen eines Schatztransports unterwegs, sondern weil es ihm Freude macht. Er ist unterwegs, um Fische zu fangen und nachts in seiner Hängematte die Sterne zu zählen. Der kleine Pirat dagegen ist unterwegs, um Schiffe auszurauben, ist aber erfreut darüber, »sich einmal in Ruhe mit einem Menschen zu unterhalten ...«. Der alte Mann erklärt ihm, dass man »nicht gerne mit Leuten (redet), die einen ausrauben wollen«. Doch der kleine Pirat setzt dagegen, er habe nichts anderes gelernt. Man könne umlernen, erklärt der alte Mann. Das bedeute, Kanone, Pistole und Degen im Meer zu versenken, sieht der kleine Pirat ein. Zurück auf seinem Schiff ging er nachdenklich auf dem Deck hin und her und hatte »keine Lust, seine Schatztruhen zu zählen«. Er legte sich unter einem klaren Sternenhimmel in seine Hängematte und dachte zufrieden: »Es wäre nett, wenn die Leute sich freuen würden, wenn sie mich sehen. Natürlich wäre es schade um meinen Degen und meine Pistole und die Kanone mit den riesigen Kanonenkugeln. Aber man müsste es sich überlegen. Und dann schlief er friedlich bis zum frühen Morgen unter den Sternen.« So endet die Geschichte.

Der Kinderbuchautor Klaus-Peter Wolf stellt in seiner Geschichte *Der Schrecken der sieben Meere*[3] die nahe liegende Frage was aus all den Piraten eigentlich geworden ist, wo sie geblieben sind. Und er gibt eine Antwort, auf die der nachdenkliche Leser eigentlich selbst hätte kommen können: Die Piraten sind unter uns, unerkannt. Sie haben ihr Aussehen verändert und ihre Berufe gewechselt. Die meisten sind Bankdirektoren oder Steuereintreiber geworden, eine Erklärung, die zumindest für erwachsene Leser durchaus einsichtig ist. Und so erzählt der Autor seine amüsante Geschichte von dem Deutsch- und Erdkundelehrer, der früher der »gefürchtete Seeräuber Hannes« gewesen ist: »Er hat die ganze Welt gesehen und alle Meere mit seinem Schiff durchkreuzt. In jeder Hafenstadt hat er schon einmal im Knast gesessen. In Rio wäre er fast gehängt worden. Das war damals, während des Karnevals ...«

Das schärfste – geradezu unheimlichste – Abenteuer vom Lehrer Hannes als Pirat war folgendes: »Vor Grönland hat er sein Bein verloren. Ein Mörderwal hat es ihm abgebissen. Zum Glück erwischte er den Wal mit einer Harpune. Während der Wal vom Koch zu Lebertran verarbeitet wurde, nähte der Steuermann dem Hannes das Bein wieder an.« Und um das ungläubige Staunen des Lesers zu kontern: »Ja! Er hat das toll gemacht. Man sieht nicht einmal mehr eine Narbe.« Und weiter geht es mit einem Lehrer-Piraten Hannes, der in jeder Hinsicht der Größte war: »Herr über Leben und Tod auf seinem Schiff.« Und zuletzt Kommandant von acht Schiffen »mit mehr als zweihundert Kanonen und tausend Mann Besatzung«. Während damals niemand dem Piraten Hannes zu widersprechen gewagt hätte, war es in der Klasse des Lehrers Hannes manchmal so laut, dass man sein eigenes Wort kaum verstehen konnte. Aber in solchen Situationen lässt der Lehrer Hannes dann nicht etwa den Klassensprecher köpfen oder den frechen Schüler den Haien zum Fraß vorwerfen. Nein, er erzählt einfach eine Geschichte. Vermutlich ein Abenteuer, das er als Pirat erlebt hat.

Aber Seeräuber sind nicht nur sympathische Bösewichter, sie sind auch Menschen, mit all deren Schwächen. *Billy, der Seeräuber*[4], so der Titel, »war der gefährlichste Seeräuber der Welt«. Durch ein nachgeschobenes »sagte er« aber wird diese Aussage relativiert und – augenzwinkernd – eine kritische Distanz für den Leser geschaffen. Und diese Distanz bewirkende Technik wird im Text durchgehalten: »Er war der Schrecken der sieben Meere – sagte er.« »Er hat all seine Schätze versteckt – sagte er.« In verfallenen Schlössern, auf einsamen Inseln, im Dschungel, am Nordpol und am Südpol. Aber Billy, der Seeräuber hatte auch drei Geheimnisse: Er musste für seine Frau das Geschirr abwaschen (aus weiblicher Sicht sicher keine Untugend!), er hatte 25 Kinder und »er hatte ein schlechtes Gedächtnis«. Und das wird verhängnisvoll. Denn nach einem langen und recht erfolgreichen Berufsleben, in dem er viele Schatzschiffe geentert, viele Schätze erbeutet hat und er sich an seinem Lebensabend zu seiner wohlverdienten Ruhe setzen und seine Schätze genießen will (Piraten sind bekanntlich nicht rentenversichert), da hat er vergessen, wo er diese versteckt hat. Billy wird ein Opfer seiner eigenen Vergess-

lichkeit. Die Geschichte endet mit dem Satz: »Bestimmt waren die Schätze noch da. Irgendwo .... Sagte er.«
Demselben Problem der Altersversorgung widmet sich die Geschichte vom alten Piraten *Kapitän Hakenhand*,[5] der in Rente gehen will. Er hat – wie bekanntlich viele Seeräuber – seine linke Hand verloren und diese durch einen eisernen Haken ersetzt, der ihn gefährlich aussehen lässt. »Viel gefährlicher, als er in Wirklichkeit ist.« Mit seinen inzwischen siebzig Jahren fühlt sich der Kapitän zu alt zum Piratenleben, das er inzwischen gründlich satt hat; er will nur noch seine Ruhe haben und beantragt deswegen seine Rente. »Wenn man sich sein ganzes Leben lang so abgerackert hat wie er, dann will man schließlich im Alter etwas davon haben. Zumindest ein bisschen Anerkennung und ein gutes Auskommen.« Erst muss Kapitän Hakenhand auf dem Amt mit anderen Antragstellern warten, was ihm gar nicht passt. Der Sachbearbeiter hat gerade Mittagspause und isst sein Leberwurstbrot. Der Kapitän tritt die Tür ein und trägt sein Begehren vor. Es stellt sich heraus, dass er nie in die Rentenversicherung eingezahlt hat und deswegen auch nicht antragsberechtigt ist. Wütend verlässt der alte Piratenkapitän das Zimmer; doch ein alter Mann hat das Gespräch mitgehört und spricht bewundernd Kapitän Hakenhand an. Er selbst ist »nur ein alter, einsamer Mann. Ein Rentner.« Das nötigt Kapitän Hakenhand Respekt ab: »Rentner? Wie haben Sie das nur geschafft?« Nun, der alte Mann war Postbote, und das war

Er brannte ganze Städte nieder.

recht langweilig, so dass der Postbote von Abenteuern nur hat lesen und träumen können. Nach kurzem Schweigen beschließen die beiden alten Männer, einfach zu tauschen: »Seitdem macht ein ehemaliger Postbote die Weltmeere unsicher, während ein ehemaliger Piratenkapitän im Stadtpark die Tauben füttert. Niemandem fällt das wirklich auf. Nur manchmal wundern sich die Leute über den Eisenhaken an der linken Hand des einsamen Rentners.«

Den Gipfel an seeräuberischem Defätismus bietet der jüngst erschienene *Papa Pirat*,[6] der seinem Seeräuberleben den Rücken kehrt, um drei kleine Vögel aufzuziehen. Und das kam so: Piratenkapitän Rotbart trägt das typische Outfit eines Seeräubers: Augenklappe, Holzbein und Degen. Selbstredend war er »der schrecklichste Pirat«, und auch seine Mannschaft war geradezu Furcht erregend. Sieben Tage in der Woche enterte und versenkte sie »ohne Furcht und Bedenken« Schiffe. Doch da naht in Form eines sterbenden kleinen Vogels die Katharsis und die Konversion des Piraten. »Und Rotbart, sonst ein wilder Mann, fing wie ein Kind zu weinen an.« In seiner besten (Schatz-) Truhe findet der Vogel sein Seemannsgrab, betrauert auch von der Besatzung. Doch (welch eine Fügung!): in seinem verwilderten Bart findet der Piratenkapitän ein Nest mit drei Eiern. Er brütet sie dort aus, während die Mannschaft bereits Babyzeug strickt. Er mutiert vom Piraten zum sorgenden Vater! Als die drei Vögel ausgeschlüpft sind, näht man eine neue Fahne: drei kleine Vögel auf schwarzem Grund, und das Unterdeck wird zum Kindergarten. Kapitän Rotbart lebt in der Vaterrolle neu auf »und bringt sogar ganz einwandfrei den Vögelchen das Fliegen bei«. Doch auch Piraten – abgesehen von denen, die so erfolgreich waren, dass sie gehängt wurden, ertranken oder im Kampf gefallen sind, aber die kommen in diesen Kinderbüchern ohnehin nicht

vor – werden älter und müde. Und der Piratenkapitän fragt sich, »ob bei den wilden Seepiraten die Vöglein ordentlich geraten«. Er trennt sich von seinen Kumpanen und bleibt mit den drei heranwachsenden Vögeln auf einer Insel. Als er diese erkundet, trifft er am Strand auf seine Feinde, die verhassten Seeräuberkollegen, nein, Konkurrenten: »Schwarzer Hund und Teufelsblitz, Kanonen-Karl und Säbel-Fritz.« Die resignativen Schlussverse lauten: »Wenn ich jetzt meinen Haken hätt! Ich würde sie doch allemal

... Ach, lassen wir's, ist auch egal!« Auch hier wiederum die Geschichte einer Konversion vom Seeräuber zum besseren Menschen, die Verwandlung im Rahmen einer Biographie.

Billy, der »gefährlichste Seeräuber der Welt« bei der Hausarbeit.

Ergebnisse? Einsichten? Erkenntnisse?

Wie sieht also ein echter Seeräuber im Kinderbuch aus? In der Kleidung und seiner Ausrüstung genauso, wie wir ihn uns vorstellen: zeitlos und typisch präsentiert sich der große wie der kleine Pirat mit dem Dreispitz als Kopfbedeckung, einer Augenbinde, einer Hakenhand, einem Säbel sowie einer Kanone am Bug des Schiffes, einem Mastkorb als Ausguck und natürlich einer schwarzen Seeräuberfahne mit dem Totenkopf und den gekreuzten Knochen darunter. Und zu seinem Berufsleben gehören Schatzkisten und Schatzkarten. Mindestens. Aber die Seeräuber in den Kinderbüchern sind gar nicht so grausam und skrupellos (jedenfalls nicht durchgängig), wie aus der historischen Realität berichtet wird

»Jäpkes Insel«, ein Kinderbilderbuch von 1941.

1 Gaul, Lenore: Jäpkes Insel. Ein
   Kinderbilderbuch. Hamburg
   1941.
2 Boie, Kirsten/Brix-Henker,
   Silke: Der kleine Pirat.
   Hamburg 1992.
3 In: Wolf, Klaus-Peter:
   Seeräubergeschichten.
   (Zeichnungen von Maria
   Wissmann). Bindlach 1993.
4 Carter, Peter/Korky, Paul: Billy
   der Seeräuber. Wiesbaden/
   Zürich 1990. (Titel der
   Originalausgabe: Captain
   Teachum's Buried Treasure)
5 In: Wolf, Klaus-Peter:
   Seeräubergeschichten.
6 Lemaitre, Pascal: Papa Pirat.
   (Deutsch von Dorothee
   Haentjes). Hamburg 1999.

raten sind doch keine 68er? Oder doch? Doch der Aufruf »Piraten aller Länder vereinigt Euch« unterbleibt.

Die hergebrachte verbindliche Ordnung wird nur kurzfristig bzw. partiell in Frage gestellt, denn der kleine Pirat isst regelmäßig und ohne Widerrede morgens seine Cornflakes und über Papa Pirat heißt es: »Als ordentlicher Seepirat nahm Rotbart monatlich ein Bad.« Weitgehend ausgespart bleibt auch die Gesetzlosigkeit der Piraten, die anarchische Komponente ihrer Existenz, ihr Außenseitertum, ihre Weigerung, sich üblichen gesellschaftlichen Normen anzupassen.

Die Kinderbücher abstrahieren von den jeweils wechselnden Operationsgebieten der Piraten, die historische Zuordnung unterbleibt. Da die besonderen gesellschaftlichen Verhältnisse und die historische Realität ausgeblendet bleiben, kommt auch keine Sozialkritik auf. Der Pirat als Sozialrebell kommt in den Kinderbüchern also nicht vor. Piratengeschichten als ein Transportmittel radikaler oder gar revolutionärer Ideen habe ich auf meiner Leserreise nicht gefunden. Vielmehr werden die Piraten in den Kinderbüchern als Aussteiger aus der Gesellschaft transformiert zu Einsteigern in die Gesellschaft, ihre Entwicklung ist ein Prozess der Anpassung an die Norm. Die Kinderbuchautoren verwandeln die Furcht erregende Figur des Piraten in eine positive Sozialisationsinstanz, in ein Vorbild, das zwar das traditionelle/hergebrachte Kostüm behält, dessen Inhalt und Tendenz aber durch die vorgenommene Domestizierung ins Gegenteil verkehrt wird. Aus dem Schrecken der Meere wird ein Gutmensch im Kinderzimmer. So aber kommen die Piraten auf den Hund.

Piraten in Kinderbüchern sind also heutzutage auch nicht mehr das, was sie früher waren. Sie erleben eine Katharsis, auf jeden Fall aber eine Konversion, sie entwickeln sich damit vom Bösen zum Guten, vom Negati-

und wie es zu unserem Bild vom Piraten gehört. Vielmehr stellt sich bei ihnen in den Piratenbüchern für Kinder plötzlich wenn nicht eine totale Umkehr so doch eine gewisse Zögerlichkeit beim Draufgängertum ein, die nicht so recht zum Piratenbild passt, vielmehr dessen Rolle relativiert. Seeräuber in Kinderbüchern sind nicht gerade Antihelden, aber doch schon eher halbe Helden, zumindest Helden mit kleinen Schwächen.

Die Möglichkeit, dass der Leser sich selbst in die Piratengestalten hineinträumt, wird nicht genutzt: Was wäre, wenn auch wir ...? Wenn auch wir – wie die Piraten – aus der Ordnung ausbrechen und uns nicht mehr alles gefallen lassen würden? Kinder dürfen – offenbar nur kurzfristig – die Träume von größerer Freiheit, mehr Selbstbestimmung träumen. Träume, die wir Älteren, vom Beruf, vom Leben Verbrauchten, zunächst nur verdrängt, dann aber gänzlich vergessen haben. Wenn auch wir ein selbstbestimmtes Leben führen würden, ein autonomes Leben, ein Leben, befreit von Zwängen und Fremdbestimmung jeder Art (nicht nur der elterlichen)? Aber Marx ist doch passé und die Piven zum Positiven, eben vom Piraten zum Lehrer, zum Rentner oder zum Vater.

Nur zeitweise wird in diesen Piratenbüchern vom Seeräuber ein in der Existenz des Normalbürgers (und -lesers) nicht gelebtes Leben vorgeführt. Zu ihm gehört der Geist der Aufmüpfigkeit, des Ungehorsams, der Verweigerung. Das gefällt mir, und daran wird es dem Leser später oft genug fehlen. Piratenleben wird uns also als eine von uns nicht gelebte, weil nicht gewagte Möglichkeit – allerdings nur als vorübergehende Alternative – vorgeführt.

Ansonsten kann sich das vorhandene Protestpotenzial in der Kostümierung und ei-

ner zugestandenen kleinen Portion Aufmüpfigkeit und Freiheit ausleben, dann aber schlägt die Anpassung an die Normen und die Normalität durch und aus Piraten werden Lehrer, Papas und Rentner. Am Schluss der Geschichten steht also immer die Integration in diese unsere Gesellschaft, die Resozialisierung. Schade! Die wahren Piraten aber sind, wie wir alle wissen, – unerkannt – mitten unter uns, sie haben das Kostüm gewechselt, sich verkleidet, sie tragen heute Nadelstreifenanzüge und leben ihr Piratenleben weiter als Bankdirektoren, Immobilienmakler, Investmentberater und als Broker ....

»Der kleine Pirat« glücklich am Ende seiner Piratenlaufbahn.

Karin Kuckuk

Von den unglaublichen Abenteuern wilder Piraten

Der Rote Korsar – ein Comic

Das faszinierende Leben der Piraten ist nicht nur in Büchern und Filmen, sondern auch in Comics dargestellt. Einer der bekanntesten ist »Der Rote Korsar« (nicht zu verwechseln mit dem gleichnamigen US-amerikanischen Film) mit über 30 Fortsetzungen.[1]

Versetzen wir uns in die Neue Welt, genauer in die Karibik zu Beginn des 18. Jahrhunderts. Die Westindischen Inseln und Teile Amerikas sind zwischen Spanien, Portugal, England, Frankreich und Holland aufgeteilt. Selbstgefällige Gouverneure und ein eitler spanischer Vizekönig, durch monatelange Seereisen von ihren Regierungen getrennt, halten Hof in verschwenderischem Reichtum auf dem Rücken der einheimischen Bevölkerung sowie importierter afrikanischer Sklaven. Viele der mit Gold und anderen Schätzen schwer beladenen Schiffe erreichen Europa nicht, denn sie werden Beute der Piraten. Einer der Erfolgreichsten ist der Rote Korsar.

»Das gefürchtete Lachen des hühnenhaften Rotbartes übertönt jeden Orkan und jedes waffenklirrende Seegefecht. Nur wenige, die seinen ›Schwarzen Falken‹ mit der wehenden Totenkopffahne an der Mastspitze zu Gesicht bekommen haben, konnten jedoch vom ›Teufel der Karibik‹ berichten, denn der Rote Korsar kennt keine Gnade« (Bd. 3, S. 2).

Ebenso gnadenlos jagen ihn ganze Kriegsflotten der Kolonialmächte. Aber mit seemännischem Geschick, Mut und List entkommt der Rote Korsar seinen Verfolgern immer wieder – und das macht mit die Spannung dieses Piratencomics aus.

Im Mittelpunkt der meisten Abenteuer steht jedoch nicht der Rote Korsar, sondern Rick. Dessen Eltern wurden bei einem Überfall des Roten Korsaren getötet. Als der Pirat den kleinen Jungen unter Deck findet, lacht der ihn

fröhlich an und zeigt keinerlei Angst vor dem wilden Gehabe des Rotbarts. Er beschließt, ihn zu adoptieren und zu seinem Nachfolger und Erben heranzuziehen.

In dem geheimen Piratenversteck auf einer Karibikinsel lernt Rick die praktischen Dinge des Lebens und des Überlebens, die Grundkenntnisse der Seefahrt und des Kampfes. Aber für seinen Sohn will der Rote Korsar mehr; nur das Beste ist ihm gut genug. In der Vorstellung des Piraten gehören die klassischen Fächer wie Latein und Mathematik unbedingt zu einer guten Ausbildung. So überfällt er die damals berühmteste Schule der Neuen Welt in Cartagena und entführt deren entsetzte Lehrer. Da Lernen allein bekanntlich keinen Spaß macht, besorgt er Rick auch gleich einen Mitschüler, den Sohn des spanischen Vizekönigs. Aber Rick will kein Gelehrter werden und ist erleichtert, als der Rote Korsar die Entführten bald wieder freilassen muss, um die eigene Haut zu retten.

Je älter Rick wird, um so kritischer beurteilt er das Treiben seines Vaters. Die erste große Seeschlacht, in der er an der Seite des Roten Korsaren anfangs begeistert kämpft, bringt für ihn die Wende: Er will »die gewissenlose Seeräuberei nicht mitmachen« (Bd. 2, S. 5). Der Rote Korsar, den keine moralischen Skrupel plagen und der Widerworte nicht gewohnt ist, steht fassungslos und enttäuscht vor Ricks Entscheidung. Letztendlich respektiert er sie jedoch aus Liebe zu seinem Sohn. Als Rick den Wunsch äußert, die Königliche Seeakademie in London zu absolvieren, beschafft er ihm die entsprechenden falschen Papiere und ermöglicht ihm ein Studium als reicher portugiesischer Edelmann.

Rick zur Seite stehen zwei Getreue des Roten Korsaren: Zum einen der Riese Baba, ein Schwarzer mit übermenschlichen Kräften, den der Pirat aus der Sklaverei befreit hat und der nahezu mütterliche Gefühle für Rick empfindet. Zum anderen der schlaue und

listige Dreifuß, ein ehemaliger Gelehrter, der Cicero oder Cäsar bei passender Gelegenheit im Original zitiert. Seinen Namen verdankt er einem Holzbein und der dazugehörigen Krücke. Er ist eine liebenswerte und in den rauhen Piratenkreisen ungewöhnliche Figur. Übrigens tauchen der Rote Korsar, Baba und Dreifuß persifliert regelmäßig in den »Asterix«-Heften als glücklose Piraten auf, denen – im Gegensatz zu ihren Vorbildern im Roten Korsar – immer alles misslingt.

Nach dem freien und wilden Leben in der Karibik sieht sich Rick in Europa nun zum ersten Mal mit der gesellschaftlichen Realität konfrontiert – und gerät in Konflikte. Die Welt, in der sich Rick nun befindet, ist voller Verrat und Betrug: ein verlogener europäischer Adel, eine skrupellose, nur auf Profit orientierte Kaufmannschaft (bis auf eine Ausnahme, s. Bd. 4) sowie ein arrogantes Militär. Die Mannschaften auf Handels-, Kriegs-, aber auch auf den Piratenschiffen sind lediglich »Menschenmaterial«, das rücksichtslos, nur den eigenen Interessen untergeordnet, »verbraucht« wird.

Trotz seiner edlen Herkunft (Rick ist, wie sich herausstellt, der Sohn französischer Adliger) findet er nicht seinen Platz in dieser Gesellschaft, die ihn zudem noch als Sohn des Roten Korsaren ächtet. Er hat inzwischen das Kapitänspatent erworben und ihn erfüllt nur ein Wunsch: ein Schiff zu befehligen und seinem, dem französischen König zu dienen. Lediglich bei außerordentlich gefährlichen Aufträgen, die kein anderer übernehmen will, greifen seine französischen Landsleute auf ihn zurück. Aber um sie ausführen zu können, benötigt Rick wiederum die Hilfe des außerhalb der Gesetze stehenden Roten Korsaren. Stets aufs Neue gerät Rick bei seinen Unternehmungen in ausweglose Situationen: ob zum Tode verurteilt in der Bastille in Paris, ob als Galeerenhäftling von den algerischen Piraten entführt und als Sklave in Nordafrika

1 Zwischen 1959 und 1974 erschienen die ersten 17 Folgen, gezeichnet und getextet von den Belgiern V. Hubinon und J.M. Charlier. Eine deutsche Übersetzung wurde in den 70er Jahren im »ZACK« veröffentlicht; die Sammelbände im Carlsen-Verlag folgten ab 1985. Mit dem Zeichner Gaty (ab Band 18), der nach Hubinons Tod 1979 dessen Aufgabe übernahm, verändern sich die Comics auch inhaltlich: Statt abgeschlossener Handlungen in einem Band ziehen sich die Abenteuer über mehrere Folgen hin. Die Bände 28 bis 32 gestaltet Gaty mit dem neuen Texter Ollivier zusammen. Alle Folgen wurden kürzlich neu aufgelegt bei Kult-Editionen. Seit 1998 erscheint »Die Jugend des Roten Korsaren« (Band 1 bis 3) von Redendor und Perressin. Sie versuchen, über die Vergangenheit des berüchtigten Piraten Aufschluss zu geben.

verkauft, ob eingekesselt im Hafen von der englischen und spanischen Flotte oder gefangen in dem tiefsten Verließ einer Kasbah – der Rote Korsar und seine Mannen – pfiffig, phantasievoll und gewalttätig – finden immer einen Weg, Rick in letzter Minute zu befreien. Aber auch Rick lässt alles stehen und liegen, wenn sich sein Vater in Todesgefahr befindet. Als ein Freund ihn fragt: »Warum hilfst du ihm immer wieder. Er ist nur dein Stiefvater ... und er hat den Strick tausendfach verdient«, antwortet Rick: »Der Rote Korsar ist den Spaniern nur deshalb in die Falle gegangen, weil er mich in ihren Händen glaubte. Ich muss ihm helfen« (Bd. 3, S. 10). Mit List und Wagemut holt er ihn aus den sichersten, als uneinnehmbar geltenden Gefängnissen der Engländer oder Spanier heraus.

Selbst die Kräfte des Himmels – oder der Hölle – sind mit dem Roten Korsaren und seinen Mannen: So, als sie sich in einer Höhle verstecken, vor deren einzigem Ausgang die Engländer warten, die sie auszuräuchern versuchen und zusätzlich dynamitbeladene Bluthunde hineinjagen. Just in dem Augenblick, als die Piraten sich ergeben wollen, bricht ein Vulkan aus – und die Rollen werden neu gemischt.

Nach überstandenen Gefahren trennen sich die Wege von Vater und Adoptivsohn wieder: Rick kehrt in die bürgerliche Gesellschaft zurück, die ihn nicht akzeptiert (»Ich werde nie wieder das Leben eines Piraten führen.« Bd. 7, S. 47); der Rote Korsar in sein Piratenversteck, um neue Überfälle zu planen und sich an der Gesellschaft zu rächen, »die mich damals ausgestoßen und fortgejagt hat und die mir den Rang, den ich verdient hätte, verweigert«. (Bd. 1, S. 48). Ein Problem – zwei Wege, es zu lösen.

Warum macht es solch ein Vergnügen, sich in diese Piratenwelt zu versenken und sich von den wirklich unglaublichen Abenteuern faszinieren zu lassen?

Die Sympathieträger sind der Rote Korsar und Rick, die in tiefer Vater-Sohn-Liebe miteinander verbunden sind. (Dass der Pirat der Mörder seiner Eltern ist, wird nie erwähnt und scheint Rick nicht zu beeinflussen.) Die unbedingte Loyalität und Gerechtigkeit gegenüber ihren Freunden und Getreuen läßt das Herz erwärmen. Dabei kann man seine dunkle Seite ausleben, indem man sich mit dem wilden, jähzornigen und gewalttätigen Rotbart, dem Outlaw ohne moralische Skrupel, identifiziert. Oder mit dem Gutmenschen Rick, edel, gebildet und zivilisiert, der von ethischen Werten erfüllt und treu seinem König verbunden ist.

Seite an Seite kämpfen sie, einer für den anderen, gegen den Rest der Welt, vor allem aber gegen die Herrschenden. Und dabei gerät ins Hintertreffen, dass sie es nicht aus politischen, sondern aus materiellen Gründen tun, denn jene besitzen das Gold, das der Rote Korsar erbeuten will.

Den wilden Verfolgungsjagden quer über die Weltmeere, den blutigen Seeschlachten und grauenhaften Gemetzeln (dabei muss ich manchmal einige Bilder überschlagen) entkommen der Rote Korsar, Rick, Dreifuß und Baba – meist als Einzige – lebend. Übrigens auch in der 17. Folge ohne erkennbare Alterung.

Ihre Kämpfe sind voller gewagter und phantasievoller Tricks, Listen und Täuschungen und natürlich immer gegen die Kolonialmächte gerichtet – und gerade deshalb kommt jedes Mal klammheimliche Freude auf, wenn sie wieder siegen.

Und dennoch: Meine Welt ist es nicht, diese rauhe und draufgängerische Männergesellschaft, immer kampfbereit und rauflustig, in der sich der Rote Korsar und Rick bewegen. Eine Welt, in der Frauen – bis auf wenige Ausnahmen – auch gar nicht vorkommen.

DER ROTE KORSAR

6

DAS SCHIFF DER VERLORENEN SEELEN

J. M. Charlier

V. Hubinon

Peter Kuckuk

Die Beschädigung eines Berufsbildes

Piraten als ständige Verlierer
im Serien-Comic »Asterix und Obelix«
– über eine marginale Parodie
des Piraten-Comics »Der Rote Korsar«

Wer kennt sie nicht: Asterix und Obelix, die beiden Helden des französischen Fortsetzungs-Comixs, pardon, Comics? Wen haben nicht schon ihre Abenteuer, die sie in einem immerwährenden Kampf um die Unabhängigkeit ihres gallischen Dorfes gegen den imperialen Anspruch Roms und dessen Herrscher Julius Cäsar bestehen, gefesselt oder zumindest amüsiert? Auf ihren abenteuerlichen Reisen – vor allem über See – begegnen die beiden gallischen Helden immer und immer wieder einem ungleichen unglückseligen Dreigespann: einem namenlosen Piratenkapitän, nachgebildet dem Roten Korsaren, Dreifuß und dem Numidier Baba aus der nach Ersterem benannten Comicserie. Der Piratenkapitän erscheint wie sein Vorbild mit Vollbart, einer Augenklappe, einer breiten Schärpe über dem roten Wams und statt des im 18. Jahrhundert üblichen Dreispitz mit einem Helm mit zwei Hörnern, neben ihm Dreifuß mit einer ebensolchen Kopfbedeckung.

Von der ersten Fortsetzung an tauchen diese drei Figuren immer wieder unverhofft, aber zunehmend auch vom Leser erwartet, auf, die die Autoren/Erfinder der Asterix-Serie aus dem Comic »Der Rote Korsar« entlehnt haben. Doch der Rote Korsar, Dreifuß und Baba erscheinen hier in deformierter Form mit leichten Beschädigungen gegenüber der Vorlage: Baba hat einen Sprachfehler, er kann das »r« nicht aussprechen, so dass von ihm ein römisches Schiff folgendermaßen angekündigt wird: » 'ömisches Schiff di'ekt vo'aus O G'aus!«[1] Vielleicht anfänglich nur als Zitat der Hauptfiguren eines Kollegen entstanden, (viele Comicautoren parodieren einzelne Figuren bzw. Charaktere aus den Serien ihrer Kollegen) gewinnt dieses zeichnerische Zitat zunehmend ein Eigenleben in den Asterixheften.

Der erste Auftritt der Piraten in der Asterix-Serie erfolgt im zweiten Heft »Asterix und

Zwei Titelbilder
der legendären Asterix-Reihe.

Kleopatra«. Asterix und Obelix sowie der Druide fahren zusammen mit dem ägyptischen Baumeister Numerobis – natürlich per Schiff – nach Alexandria. Sie wollen diesen beim Bau eines Palastes mit Hilfe ihres Zaubertrankes unterstützen. Während der Baumeister gerade vor Seeräubern warnt, zeigt bereits das nächste Bild den Roten Korsaren.[2] Im Ausguck kündigt Baba ein nahendes ägyptisches Schiff an. Bei Obelix löst – dies ist das übliche Verhaltensmuster bei dem rauflustigen Junggesellen – diese Begegnung einen Freudenschrei aus, ergibt sich doch hier die Möglichkeit zu einer kräftigen Schlägerei. Der Rote Korsar, aus Furcht grün im Gesicht, will noch fliehen, doch die Gallier sind schneller. Er ergreift eine Axt: »Wir versenken uns! Das Resultat ist dasselbe, aber wir ersparen uns ein paar Hiebe!« Und so endet diese Episode auf der Fahrt nach Ägypten mit einem Bild, auf dem sich der Rote Korsar und Dreifuß auf den Wellen treibend an einen Balken klammern, während Baba mit dem Mastkorb und auch die schwarze Totenkopffahne im Meer versinken.

Die Gallier absolvieren ihre Abenteuer in Ägypten und treten auf einer ihnen von Kleo-

patra geschenkten Galeere die Heimfahrt an. Auf deren Ruderbänken treffen wir den Roten Korsaren und Dreifuß kräftig rudernd wieder: »Ich musste diese Arbeit annehmen, um mein letztes Schiff zu bezahlen. Aber sobald ich ein neues kaufen kann, zahl' ich's diesen Galliern heim!«[3]

Doch dazu kommt es nicht; denn in den Asterix-Heften erhalten der Piratenkapitän und seine beiden Kumpanen, die negativen Doubles des Roten Korsaren, von Dreifuß und Baba, die Rolle der ewigen Verlierer zugeschoben – ganz im Gegensatz zur Comicserie über den »Roten Korsaren«. Das ist sozusagen der inhaltliche Kern, die »Message«. Dabei stellen sie eine Parodie auf den Wagemut und das Draufgängertum des »richtigen« Roten Korsaren und seiner Spießgesellen Dreibein und Baba dar.

Bei Asterix und Obelix werden die Piraten als Randfiguren zu kurzfristigen Handlungsträgern. Ihr Auftauchen bedeutet immer nur eine Fermate in der Asterix-Story, die den eigentlichen Ablauf des jeweiligen Abenteuers der beiden gallischen Krieger nur kurzfristig aufhält. Dann geht es weiter im Text, pardon, in der Bildfolge des Comics. Immer wieder, von Fortsetzung zu Fortsetzung, von

Heft zu Heft, bringen die Piraten eine kurze Geschichte in der Geschichte, liebenswerte, manchmal variierte, aber auch sich wiederholende Marginalien. Seit dem erstmaligen Auftauchen der Piraten in dem zweiten Heft der Asterix-Reihe wird beim Leser die Erwartung, dass die drei unglücklichen Piraten mit ihrem Schiff unter der schwarzen Flagge irgendwann am Horizont auftauchen müssen, zum Spannungselement. Und da sind sie wieder!

Immer, wenn ein von Baba aus dem Mastkorb gesichtetes Schiff – sei es eine Galeere, ein Fischerboot oder welches Wasserfahrzeug auch immer – auf die Piraten geradewegs zuhält, anstatt – wie es sich in solchen Situationen üblicherweise ziemt – die Flucht zu ergreifen, weiß der Rote Korsar Bescheid: »Also sind *sie* an Bord! Fragt mich nicht, wie und warum, aber *sie* sind an Bord! Wir müssen fliehen! Fliehen!« Und das Piraten-Dreigespann mitsamt der ganzen Mannschaft findet sich auf einem hölzernen Floß mit Notsegel wieder.[4]

In diesem Heft tauchen die Piraten kurz vor dem Ende des Abenteuers auf der Heimfahrt der Gallier noch einmal auf. Als Schiffbrüchige hatten sie von ihrem Floß aus den Phöniziern für teueres Geld ein neues Schiff abgehandelt, dass sich noch amortisieren musste. Aber auch dieses wird versenkt und die Piraten finden sich als Schiffbrüchige wieder. Auch bei ihrer Rückkehr von den Olympischen Spielen treffen die Gallier auf das Seeräuberschiff. Als der Ausguck der Piraten viele schreckliche gallische Krieger ausmacht, ist normalerweise Panik angesagt, doch ausnahmsweise verliert der Piratenkapitän nicht seine Contenance, sondern befiehlt souverän: »Ruhe bewahren. Alle Mann auf verlorenen Posten gehen. Rette sich, wer kann! Versenkt das Schiff!« Nach dem Entern des Piratenschiffes sitzen die Seeräuber alle in einem Boot, ihrem Rettungsboot![5]

Aus Frust wegen der Überfälle der Gallier, die das Rollenspiel zwischen Piraten und Opfern völlig pervertieren, indem sie es umdrehen, eröffnen die Piraten schließlich in einem Schiff am Strand die Kneipe »Zum gestrandeten Piraten«. Hier machen Asterix und Obelix Halt und durchstöbern das Schiff auf der Suche nach einem Kupferkessel. Obelix kommentiert die ritualisierte Schlägerei mit den Worten: »Weißt du, mir sind sie auf dem Meer lieber. Da sind sie mehr in ihrem Element. Hier find ich sie so vertrocknet, nicht recht in Form.« Und der Rote Korsar erklärt am Ende dieser Sequenz: »Das Leben an Land ist keine Spur sicherer. Kommt, Jungs, wir machen den Kahn wieder flott!«[6]

Als die beiden Gallier im Hafen von Massilia (Marseille) ein Schiff suchen, dass sie heimlich nach Korsika bringt, wird ihnen das Piratenschiff vermittelt. Der Rote Korsar freut sich: »Passagiere mit Gold wie Heu! Auf offener See plündern wir sie aus und werfen sie ins Wasser. Neue Technik: statt entern entfern...« Die Gallier gehen im Dunkeln unerkannt an Bord und legen sich schlafen. Die Piraten wollen sie überfallen, sind aber in höchstem Maße überrascht, dass ihre Passagiere ihre gefürchteten Gegner sind. Sie verlassen kampflos das eigene Schiff, flüchten mit ihrem Rettungsboot und sind froh, ausnahmsweise ohne Hiebe davongekommen zu sein.[7]

Während die beiden Gallier auf der Überfahrt in die Neue Welt begriffen sind und dabei argen Hunger leiden, von dem der umfangreiche Obelix bekanntlich besonders oft und intensiv befallen wird –, treffen sie (welch ein Zufall!) auf das Piratenschiff, wo die Mannschaft ihrem Roten Korsaren zu seinem Geburtstag ein üppiges Büffet angerichtet hat. Diesmal ganz geistesgegenwärtig schlägt der Rote Korsar, nachdem Asterix und Obelix sein Schiff geentert haben, vor, um die jetzt üblicherweise anstehende Keilerei zu vermeiden: »Moment noch, ja? Lasst uns diesmal den Spielverlauf abändern, ich hab' nämlich heute Geburtstag... den wollt ihr mir doch nicht verderben? Sagt einfach, was ihr wollt. Ihr bekommt es und versenkt uns diesmal nicht. Einverstanden?« So räumen die beiden Gallier nur das Büffet ab, laden es auf ihr Schiff um und fahren davon.[8] Die Piraten sind wieder mal die Düpierten. Auf ihre Art und Weise haben sie jedoch noch mal Glück im Unglück. Mit Galgenhumor bringen die Seeräuber ihrem ergrimmten Kapitän sogar noch ein Geburtstagsständchen: »Zum Geburtstag viel Freud' wünschen alle wir heut ...«[9]

Ungeschick passiert den Piraten nicht nur, als sie versuchen, erbeutete Hinkelsteine, die gerade in Rom groß in Mode gekommen sind, zu transportieren, aber ihr Schiff unter dieser Last versinkt.[10] Beim Bau der Trabantenstadt hatten sie sogar bis zu deren Fertigstellung als Skaven schuften müssen.[11] Aber auch mit des Himmels Mächten gelingt es ihnen nicht, einen für sie positiven Bund zu flechten; ganz im Gegenteil: Ihr Schiff kentert im Sturm.

Als die Laderäume der Piraten »bis obenhin voll mit gepökeltem Wildschwein« sind, der Leib- und Magenspeise von Asterix und Obelix, steuern die Gallier sie an, weil ihnen der Proviant ausgegangen ist, versorgen sich wie in einem Selbstbedienungsladen, während die Piratenmannschaft, selbst Baba im Mastkorb, wegen Mangel an Nahrungsmitteln jetzt angeln muß.[12]

Und vor der belgischen Küste geraten der Rote Korsar und seine Mannen in eine kriegerische Auseinandersetzung zwischen Belgiern und römischen Truppen, obwohl der Piratenkapitän, als ihn Dreifuß warnt, betont: »Pah, wir sind ganz friedliche Piraten und noch dazu neutral! Was sich zwischen Belgiern und Römern abspielt, kann uns doch egal sein.« Doch die Steinkugel einer römischen Wurfmaschine trifft das unschuldige Piratenschiff, dessen Kiel birst, worauf das Schiff sinkt. Die Piraten retten sich pitschnass an den Strand und der Rote Korsar schimpft: »Aber die ersetzen mir mein Schiff! Die haben überhaupt kein Recht, mein Schiff zu versenken!«[13] Eine bei Caesar in dessen Sprechstunde vorgebrachte Beschwerde durch den Piratenkapitän höchstselbst fruchtet nichts, sondern bewirkt lediglich einen Zornesausbruch des großen Imperators.[14]

Als die Piraten auf ihrem Schiff römische Legionäre nach Brivates Portus (Brest) transportieren wollen, erscheinen Asterix und Obelix schwimmend (!) an Backbord. Darauf springt der Rote Korsar mit seiner Mannschaft über Bord und überlässt seinen überraschten römischen Passagieren sein Schiff. Er folgt dabei offenbar der morgenländischen Parole »Die Flucht ist die Mutter aller Schlachten.«

Eine recht defensive Bündnis- bzw. Unterwerfungspolitik praktizieren die Piraten auch, als sie »durch die Gewässer, die gewöhnlich von den verrückten Galliern befahren werden«, steuern. Sie stellen sich unter den Schutz der glücklicherweise gerade erscheinenden Römer: »Römer! Klasse! Nutzen wir ihr Aufkreuzen und unterstellen uns ihrem Schutz!« Das sollte sich aber als falsche Hoffnung erweisen, denn die Römer versenken auf Befehl Caesars das Piratenschiff.[15]

Und wollen die Piraten endlich einmal die lang ersehnten Früchte ihrer Bemühungen mustern, das Unternehmensziel ihres beruflichen Engagements durch die Sichtung der erbeuteten Schätze bilanzieren (»Los, Jungs! Alles rauf an Deck aus dem Laderaum! Jetzt woll'n wir mal in Ruhe anschauen, was wir in dieser Piratensaison an Beute gemacht haben!«), da tauchen doch unerbittlich gerade in diesem Moment ihre beiden gallischen Gegner auf einem fliegenden Teppich bei ihrer Fahrt ins Morgenland auf und erkennen sie als alte Bekannte. Da Idefix, der Hund

1   Band XXIX, S. 19.
2   Band 2, S. 9f.
3   Band 2, S. 47.
4   Band X, S. 35.
5   Bd. XII, S. 20.
6   Bd. XIII, S. 17.
7   Band XX, S. 19.
8   Band XXII, S. 13ff.
9   Band XXII, S. 14.
10 Band XXIII, S. 40.
11 Band XVII, S. 31.
12 Bd. XIV, S. 26.
13 Band XXIV, S. 26.
14 Band XXIV, S. 38.
15 Band XXIX, S. 19.
16 Band XXVIII, S. 15.
17 So vergeht der Ruhm der
    Welt. (Band XXVIII, S. 16,
    Anmerkung).

von Obelix, gerade ein »großes Hüngerchen« hat, durchstöbern die Gallier auf der Suche nach Essbarem das Schiff und schleudern dabei »lauter Plunder«, so die Feststellung von Obelix, nämlich Schatztruhen und andere kostbare Beute, achtlos über Bord.

Immerhin bezahlen sie mit einem (!) Goldstück die akquirierten Vorräte, so dass der Piratenkapitän resignierend sagen kann: »Naja! Besser als gar nichts! Schließlich hätten sie ja auch das Schiff versenken können!« Doch das hat inzwischen routinemäßig bereits Baba eingeleitet, indem er mit einem Beil ein Loch in den Schiffsrumpf geschlagen hat, so dass die Piraten doch noch einmal im Meer baden gehen, wie sie es gewöhnt sind.[16] Aber schlimmer als das kalte Bad im Meer erscheint dem Leser die Kränkung der Seeräuberehre: Ihre Schätze gingen achtlos über Bord, sie werden einfach in ihrer Profession nicht für voll genommen!

Wenn der »richtige« Rote Korsar ein mutiger, draufgängerischer, bedenkenloser Held ist, stellt sein Doppelgänger in den Asterix-Geschichten den mutlosen, feigen, vom Pech verfolgten Hasenfuß dar. Und der in der Korsarenserie kräftige und mutige Baba degeneriert zum lächerlichen Waschlappen. Nur Dreifuß klopft in beiden Serien unbeirrt seine lateinischen Sprüche – »Sic transit gloria mundi«[17] –, die ihn als einen studierten Mann ausweisen, und bewahrt damit seine personale Konsistenz. Die erfolglosen Piraten sind eigentlich reif für eine Umschulungsmaßnahme. Sie sind liebenswerte Verlierer. Die Message? Nobody is perfect! Erfolgreicher sind inzwischen die modernen Piraten, die mittlerweile nur noch wenige entschlossene Männer fürs Entern der computergesteuerten, nur mit einer Besatzung von wenigen Spezialisten bemannten Schiffe benötigen. Summa summarum: Die Bilanz schreibt für den imitierten, den falschen Roten Korsa-

ren rote Zahlen: Beute? Außer Hinkelsteinen? Keine! Dagegen Verluste! Viele Schiffe, Proviant .... Wie viele Siege? Nein, nur Schiffbruch auf Schiffbruch! Und was ist das: Ein Pirat, der Gerechtigkeit einfordert! Welch verkehrte Welt! Überhaupt: Piraten als ewige Verlierer? Die Täter werden hier zu Opfern. In dieser Comicserie liegt eine eindeutige Schädigung des Berufsbildes des Piraten vor! Kein Wunder, dass in Deutschland niemand mehr Pirat werden will.

Glossar

Bukanier: (vom französischen *boucan* = Fleisch im Rauchhaus haltbar machen) ursprünglich westindische Jäger und Häutehändler des 17. Jhs., meist britischer oder französischer Herkunft, die später zu Piraten wurden und von Tortuga und Port Royal aus die Küsten der spanischen Kolonien Mittel- und Südamerikas plünderten.

Flibustiers: zeitlich begrenzte Variante englischer, französischer und niederländischer Piraten im Raum der Großen und Kleinen Antillen, die ihr Handeln durch vom jeweiligen König ausgestellte Kaperbriefe legitimierten.

Freibeuter: Die Freibeuter handelten im Auftrag einer Regierung, die ihnen in Form von Kaperbriefen die Genehmigung gab, in Kriegszeiten feindliche Schiffe zu überfallen und aufzubringen. Damit sparten sie die Kosten für den Bau einer eigenen Flotte.

Friesische Häuptlinge: örtliche Machthaber in Friesland, die sich im Mittelalter ihre eigenen Herrschaften schufen und den Vitalienbrüdern sowie anderen Piraten Unterschlupf gewährten.

Galeere: wenig seetüchtiges Ruderschiff des Mittelalters und der frühen Neuzeit, meist mit zusätzlichen Segelmasten ausgerüstet. Die Kriegsgaleeren des 14. bis 18. Jahrhunderts, die auch die Piratenflotte der Barbaresken bildeten, waren 40 bis 50 m lang, 5 bis 6 m breit, und wurden von 200 bis 500 Ruderern angetrieben.

Galeone: stärkstes Segelschiff des Spätmittelalters mit schweren Geschützen. Von den Portugiesen entwickelt und später von den Engländern nachgebaut. Galeonen bildeten den Kern der spanischen Kriegsflotte (Armada) und wurden im 17. Jh. zum Transport des Silbers aus Amerika eingesetzt, womit sie ein begehrtes Ziel für Piraten waren.

Hanse: im Jahre 1241 gegründete Gemeinschaft mehrerer norddeutscher Städte zur gemeinsamen Vertretung von Handelsbelangen sowie zum gegenseitigen Schutz. In der Blütezeit gehörten der Hanse 70 Städte zwischen Holland und Finnland an, nach 1630 nur noch Bremen, Hamburg und Lübeck. Der hanseatische Seehandel war bestimmt durch die Entwicklung des Schiffstyps der *Kogge*, die Hanse wurde zum bedeutensten Gegner der Piraten Nordeuropas.

Jolly Roger: (frz. *jolie rouge* = schönes Rot) Bezeichnung für die Piratenfahne, deren bevorzugte Farbe ursprünglich Rot war. Erst ab dem 17. Jh. setzte sich die schwarze Fahne mit Totenkopf und gekreuzten Knochen als *Jolly Roger* durch.

Kaperbrief: von einer Regierung erteilte Genehmigung, in Kriegszeiten feindliche Schiffe zu überfallen. Als Gegenleistung erhielt die Regierung einen bestimmten Anteil an der Beute.
Erste Kaperbriefe sind aus dem 13. Jh. belegt. In England wurden Kaperbriefe direkt vom Monarchen ausgestellt, später auch von Regierungsbeamten und den Gouverneuren der Kolonien.

Kielholen: ein Schiff auf die Seite legen, um den Rumpf von Muscheln zu säubern. Ein starker Bewuchs mit Muscheln konnte die Geschwindigkeit des Schiffes erheblich mindern.
Kielholen 2: einen Mann an einer langen Leine unter dem Schiff durchziehen; eine oft tödlich endende Disziplinarstrafe in der Seefahrt früherer Jahrhunderte.

Kogge: vom 13. bis 15. Jh. beherrschender Handelsschiffstyp Nord- und Westeuropas, insbesondere der Hanse. Sehr seetüchtig, bis 30 m lang, Tragkraft bis zu 300 t. Die Kogge hatte ein fest eingebautes Deck, und an Bug und Heck kastellartige Aufbauten, auf denen sich die Bewaffnung befand. Teilweise wurde die Kogge auch für Kriegszwecke eingesetzt; die bekannte »Bunte Kuh« Klaus Störtebekers gehörte ebenfalls diesem Schiffstyp an.

Korsar: (von *la course* = die Kaperfahrt) Die Korsaren waren von den muslimischen Herrschern ermächtigte Piraten im Mittelmeerraum, deren Hauptgruppe die von Tunis und Algier aus agierenden Barbaresken bildeten. Sie selbst betrachteten sich als *Freibeuter* im Rahmen des heiligen Krieges gegen die Christen. Diese revanchierten sich, indem die Korsaren von Malta im Auftrag des christlichen Malteserordens muslimische Schiffe plünderten.

Linienschiff: ursprüngl. Bezeichnung für ein Kriegsschiff der Segelschiffzeit mit schwerer Bewaffnung. Später Bezeichnung für ein relativ langsames, stählernes Dampfschiff mit starkem Panzerschutz und starker Artillerie.

Ostindienfahrer: Handelsschiffe, die die Routen zwischen den europäischen Kolonialländern (Portugal, England, Holland) und den Besitzungen im Indischen Ozean (Indien und die Gewürzinseln) befuhren.

Pirat: (vom griechischen *peirates* = versuchen, wagen, unternehmen) Seeräuber außerhalb aller Gesetze, die Schiffe jeder Nationalität überfielen, sowohl auf offener See wie auch in Buchten, Häfen oder Flüssen. Um der strengen Bestrafung (meist der Todesstrafe) zu entgehen, bezeichneten sich viele Piraten beschönigend als Freibeuter oder Bukaniere. Da Piraterie zur Gegenwart der internationalen SeeSchifffahrt gehört, wurde sie 1982 in den Artikeln 101-110 der UNO-Seerechtskonvention geächtet.

Prise: gewaltsam aufgebrachtes Schiff samt Ladung.

Sloop: englisch für: *Schaluppe*, typisches Piratenschiff; einmastiger, schneller Küstensegler mit Gaffelsegel.

Strandrecht: anfänglich das Recht der Meeresanwohner auf Leib und Gut Schiffbrüchiger. Ab dem 13. Jh. umfasste das Strandrecht bei angespültem Gut (Strandgut) nur noch das Bergerecht.

Vitalienbrüder: auch »Likedeeler« genannt. 1487 als Hilfstruppen König Albrechts von Schweden im Kampf gegen Dänemark in der Ostsee auftretende Freibeuter, die 1389–1392 das eingeschlossene Stockholm mit Lebensmitteln *(»Viktualien«)* versorgten und vor allem die Hanseschifffahrt beeinträchtigten. Nach der Vertreibung von ihrem Stützpunkt Gotland 1398 durch den Deutschen Orden verlegten sie ihr Tätigkeitsfeld in die Nordsee, wo sie bei den ostfriesischen Häuptlingen Unterschlupf fanden. Ihre Anführer Klaus Störtebeker und Godeke Michels wurden 1401 in Hamburg hingerichtet.

Whydah: 1716 in England gebaute dreimastige Handelsgaleere für den Sklaventransport von Westafrika in die amerikanischen Kolonien. 1717 von dem Piraten *Sam Bellamy* gekapert und zu dessen Flaggschiff ausgebaut, lief die Whydah am 26. April des gleichen Jahres auf eine Sandbank bei Cape Cod/Neuengland, auf und sank. 1984 wurde sie von dem amerikanischen Schatzsucher *Barry Clifford* wiederentdeckt und ihre Überreste geborgen.

Ausgewählte Literatur

Brockmann, H.J.; Barnard, C.J.: Kleptoparasitism in Birds. Anim. Behav., 27 (1979), 487-514.

Chambers, Anne: Granuaile, the Life and Times of Grace O'Malley, 1530–1603, Wolfhound Press, 1991.

Cordingly, David und Falconer, John: Pirates: Fact and Fiction, London 1992.

Cordingly, David: Unter Schwarzer Flagge. Legende und Wirklichkeit des Piratenlebens, Zürich 1999.

Cordingly, David (Hrsg): Piraten. Furcht und Schrecken auf den Weltmeeren, Köln 1997.

Dekker, Rudolf und van de Pol, Lotte: Frauen in Männerkleidern, Berlin 1990.

Gosse, Philip: The Pirates' Who's Who, London und Boston 1924. Reprinted Glorieta N.M. 1988.

Helsper, Helga: Das Meer gehört uns. Piratinnen und andere Seefrauen, Zürich 1997.

Jacobsen, Friederich Johann: Seerecht des Friedens und des Krieges in Bezug auf die Kauffahrteischifffahrt, Altona 1815.

Johnson, Charles: A General History of the Robberies and Murders of the Most Notorious Pyrates, 1724, Hg. von Schonhorn, Manuel, Dent 1972.

Klausmann, Ulrike; Meinzerin, Marion: Piratinnen, München 1992.

Konstan, Angus: Atlas der Beutezüge zur See, Augsburg 1999.

Leip, Hans: Bordbuch des Satans, Berlin 1960.

Marx, Jeniffer: Pirates and Privateers of the Carribean, Malabar 1992.

Murray, Dian H.: Pirates of the South China Coast 1790–1810, Stanford 1987.

Olsen, K.M.; Larsson, H.: Skuas and Jaegers. Pica Press, Sussex (1997).

Stanley, Jo, Hg.: Bold in her Breeches, London 1995.

Surland, J.J.: Grund-Sätze des Europäischen See-Rechts, III. Buch: Von den Pflichten verschiedner Völker gegen einander in Kriegs-Zeiten, Hannover 1750.

Twiss, Travers: The Law of Nations, considered as independent political communities, Oxford 1863.

Berghe, E.P. van den: Piracy as an alternative reproductive tactic for males. Nature 334 (1988), 697-698.

Autoren

David Cordingly, Dr. phil., Studium der Neueren Geschichte in Oxford. Experte für die Geschichte der Seefahrt und für Piraterie. Lebt heute als freier Autor und Berater für Fragen der Seefahrtsgeschichte in Brighton/England.

Robert Bohn (geb. 1952), Dr. phil., Privatdozent für Mittlere und Neuere Geschichte an der Universität Kiel. Forschungsschwerpunkt Seefahrtsgeschichte.

Helke Kammerer-Grothaus, Dr. phil., Archäologin und Kunstwissenschaftlerin, Universität Bremen.

Ulrich Weidinger (geb.1950), Dr. phil., Studium der Geschichte, Germanistik und Politikwissenschaften. Beschäftigung mit Schiffahrts- und Hafengeschichte sowie bremischer Stadtgeschichte. 1987–1996 wissenschaftlicher Mitarbeiter des Deutschen Schiffahrtsmuseums in Bremerhaven. Seit 1997 wissenschaftlicher Mitarbeiter an der Universität Bremen.

Hartmut Roder (geb. 1951), Dr. phil., Historiker. Leiter der Abteilung Handelskunde im Übersee-Museum, Bremen. Diverse Publikationen zur Bremer Handelsgeschichte.

Renate Niemann (geb. 1961), Studium der Kulturwissenschaft und Romanistik an der Universität Bremen.

Detlef Quintern (geb 1960), Diplom-Politologie. Veröffentlichungen zu außereuropäischer- und Kolonialgeschichte sowie zu geschichtstheoretischen Fragestellungen.

Barry Clifford (geb. 1946) Hebt 1984 das Wrack des Piratenschiffes »Whydah« vor Cape Cod. Gründer des Lab and Learning Centers in Provincetown, Massachusetts.

Udo Allerbeck (geb. 1956), M.A., Historiker, Sinologe. Wissenschaftlicher Mitarbeiter im Übersee-Museum Bremen, Abteilung Handelskunde.

Jann Markus Witt (geb. 1967), Promotion in Kiel über die Lebenswelt des Handelschiffskapitäns im 18. und 19. Jhd.

Heide Menge (geb. 1948) Studienrätin, Museumspädagogin im Übersee-Museum Bremen.

P. K. Mukundan, Kapitänspatent und MAB (Master of Business Administration). Direktor des ICC International Maritime Bureau in London und seit 1999 auch Leiter des ICC (Comercial Crime Service).

Doris Möller (geb. 1957), Juristin, Referentin des Deutschen Industrie- und Handelstages, Bereich gewerblicher Rechtsschutz. Geschäftsführerin Aktionskreis Deutsche Wirtschaft gegen Produkt- und Markenpiraterie.

Peter René Becker (geb. 1950), Dr. rer.nat., Leiter der Abteilung Naturkunde im Übersee-Museum Bremen. Veröffentlichungen u.a. »Werkzeuggebrauch im Tierreich«, Stuttgrat, 1993, und »Tiertod – Wirklichkeiten und Mythen«, Münster 1996.

Kay Hoffmann, Dr. phil., Filmpublizist und Kulturmanager, Texte–Bilder–Events, Freiburg.

Peter Kuckuk (geb. 1938), Dr. phil., Studium der Geschichte und Germanistik, Historiker, Professor (erem.) an der Hochschule Bremen. Veröffentlichungen zur Bremer Geschichte.

Karin Kuckuk (geb. 1942), Lehrerin.

Uwe Strohbach (geb. 1956), Diplom-Religionswissenschaftler und Ethnologe.

Impressum

Die Deutsche Bibliothek – CIP-Einheitsaufnahme
Ein Titeldatensatz für diese Publikation ist bei Der Deutschen Bibliothek erhältlich.
ISBN 3-86108-536-4

Katalogbuch zur Ausstellung
»Piraten. Herren der Sieben Meere«

Herausgegeben von Hartmut Roder

Die Beiträge von Barry Clifford, P. K. Mukundan und David Cordingly wurden übersetzt von Friedegund Reynolds und Heide Menge

Gestaltung: Lutz Liffers

Herausgeber und Verlag haben sich intensiv bemüht, die jeweiligen Rechteinhaber der Abbildungen zu ermitteln. In einigen Fällen gelang dies nicht. Etwaige Rechteinhaber mögen deshalb die betreffende Reproduktion nicht als Akt der Piraterie betrachten, sondern sich an den Herausgeber wenden.

© 2000 Edition Temmen
Hohenlohestraße 21
28209 Bremen
Tel. 0421-34843-0
Fax 0421-348094
E-mail: Ed.Temmen@t-online.de

Gesamtherstellung: Edition Temmen